Previdência Privada e Arbitragem

Ronaldo Guimarães Gallo

Previdência Privada e Arbitragem

De acordo com a

REFORMA da PREVIDÊNCIA

2020

EDITORA *Jus*PODIVM

www.editorajuspodivm.com.br

EDITORA *Jus*PODIVM
www.editorajuspodivm.com.br

Rua Território Rio Branco, 87 – Pituba – CEP: 41830-530 – Salvador – Bahia
Tel: (71) 3045.9051
• Contato: https://www.editorajuspodivm.com.br/sac

Diagramação: Lupe Comunicação e Design (*lupecomunicacao@gmail.com*)

Capa: Ana Caquetti

ISBN: 978-85-442-3143-2

Aos meus pais, *Fonte* de tudo;
À Evelise, que é *Flor*, amor da vida;
À Isadora, que é *Sol*, razão de tudo.

AGRADECIMENTOS

Meu retorno à vida acadêmica é a retomada de uma caminhada, depois do "fim" de outra caminhada que preenchia completamente a minha vida. Independentemente do destino (ou das opções) à frente, a academia passa a ter lugar cativo; longa caminhada.

Esta caminhada contou com dedicação solitária, muitas vezes prazerosa, outras nem tanto; mas ela não foi toda *solidão* e, nos mais diversos momentos, contou com a *companhia* (consciente ou inconsciente) de muita gente. Penso que os *agradecimentos* devem se voltar para essas pessoas que me acompanharam em parte, ou toda, essa jornada.

Aos meus pais, Orney e Silvia, minha esposa Evelise e minha filha Isadora, pelo tempo que lhes surrupiei, tendo em retorno a compreensão, a paciência e o amor.

Ao meu irmão Ricardo, meus afilhados Gustavo e Frederico, humildemente agradeço por todo o respeito que tiveram (e têm) com minhas longas ausências.

Ao amigo Danilo Miranda, que divide comigo cotidianamente o "quilo de sal", pela entrega e disposição em sempre se fazer presente e ajudar.

Ao meu orientador Daniel Pulino, pela amizade e sabedoria que me foi entregue com muita humildade.

Ao amigo Olavo Ferreira, pela paciência, ensinamentos e contribuições diárias na caminhada.

Aos professores Wagner Balera, Marcelo José Magalhães Bonizzi, Cláudio Finkelstein e Ionas Deda Gonçalves, pela generosidade com que analisaram esta obra, gerando críticas construtivas que redundaram em importante aprimoramento.

APRESENTAÇÃO

O sistema de seguridade social brasileiro representa uma rede de proteção complexa desenvolvida pelo legislador constituinte e erigido à condição indispensável para garantir o mínimo existencial do cidadão; é direito social gravado na Constituição Federal e que vem sendo ajustado, tempos em tempos, para prosseguir gerando a proteção necessária à população brasileira, diante das realidades econômicas e sociais que se transformam e se sobrepõem velozmente num mundo altamente conectado.

A rede de proteção social brasileira sempre contou com a dualidade complementar de regimes jurídicos públicos e privados. Assim, o Sistema Único de Saúde – SUS é ladeado pelo regime de Saúde Complementar. Do mesmo modo, o Regime Geral de Previdência Social é igualmente complementado pelo regime de previdência privada. Além desses dois pilares, cito a assistência social, para complementar a tríade que sustenta a seguridade social, voltada para os cidadãos que não conseguem amparo nas proteções sociais anteriores (os que se encontram em situação de miserabilidade).

A previdência privada sempre contou com importante função no regime previdenciário. As perspectivas de futuro tendem a dilatar seu protagonismo e, por consequência, o interesse, especialmente em tempos de perene contingenciamento orçamentário.

Estas mesmas nuances também conferem importância à modelagem de resolução de conflitos na sociedade brasileira, em um constante aprendizado quanto ao melhor instrumento para o alcance desse resultado, notadamente em vista do conflito a ser enfrentado, objetivando o ganho contínuo de eficiência e de efetividade no sistema de justiça.

A obra que ora faço a apresentação conta com o ineditismo de desenvolver os fundamentos do regime de previdência privada, integrante da rede de proteção da seguridade social brasileira, juntamente com os alicerces da arbitragem, componente do sistema multiportas de justiça.

O objetivo do trabalho é verificar se a arbitragem é passível de ser utilizada, enquanto mecanismo de solução de conflito, no regime de previdência privada. Mas a resposta não vem de forma fácil.

Com essa perspectiva o autor desenvolve longa abordagem jurídica para investigar os principais elementos do contrato de previdência privada, não descurando das recentes alterações que foram inseridas no Texto Constitucional pela recém promulgada Emenda Constitucional n. 123, de 12 de novembro de 2019.

O mesmo trabalho científico é desenvolvido para a arbitragem, que parte de uma longa perspectiva histórica, é inserida no moderno entendimento do sistema multiportas como solucionador de conflitos e busca examinar os principais conceitos que propiciam o completo entendimento da temática.

A conclusão do trabalho é leitura obrigatória e não será antecipado logo na apresentação.

A obra vem em momento muito oportuno, quer por desafiar tecnicamente a compatibilidade da previdência privada com a resolução arbitral, quer por deixar subjacente uma discussão que envolve orçamentos públicos, na forma como se constrói a rede de aposentadorias que conserva a dignidade na velhice, e no modo como se pode resolver conflitos modernamente.

Conceitos e perspectivas atuais se fazem presentes nas projeções advindas das alterações constitucionais pós EC nº 123/2019 e no enfrentamento do tema que envolve demandas coletivas, redundando na desafiadora análise das chamadas arbitragens coletivas.

São muitas as novas conexões, realinhamentos e possibilidades trazidas neste livro de agradável leitura.

Antonio Carlos Ferreira

Ministro do STJ

PREFÁCIO

Ainda que a maior parte da população brasileira tenha na previdência social conferida pelo Estado a única forma de proteção individual e familiar diante dos infortúnios que podem acometer aqueles que sobrevivem à custa do próprio trabalho, é visível a olhos nus o crescimento da importância de planos de previdência complementar privada em nosso país, em especial, e de modo progressivo e cada vez mais acelerado, nos últimos quarenta anos. Várias razões podem ser apontadas para esse fenômeno, tanto no espectro universal - a refletir-se inegavelmente entre nós dentro de uma dinâmica imposta por um mundo cada vez mais globalizado, provocando alterações no sistema produtivo e laboral e assim na forma como isso pode vir a ser regulado pela ordem jurídica nacional - quanto diante de questões essencialmente atinentes ao caso brasileiro, onde não por acaso o tema tem se apresentado inclusive sob a forma de demandas por reforma na estruturação do sistema previdenciário (parte de um mais amplo sistema de seguridade social, segundo a estruturação originalmente desenhada pela Constituição cidadã brasileira de 1988) e do papel que nele estão reservados ao Estado e à iniciativa privada.

Deixando de lado, no entanto, as causas que têm levado ao apontado crescimento da previdência complementar privada em nosso país - um deixar de lado, diga-se, que nos fornece a oportunidade, paradoxalmente, de registrar que é justamente a atenção à essencialidade desse aspecto causal ao tema que leva o Autor a buscar já compatibilizar a corrente publicação de seu trabalho aos eventuais impactos que o atualíssimo momento de Reforma Previdenciária pode oferecer –, é certo que a propagação de planos de previdência privada traz consigo um aumento não apenas da quantidade de planos complementares de previdência criados, e assim de empresas, associações ou instituições de mercado que os oferecem respectivamente a seus empregados, associados e consumidores, e reflexamente de uma maior quantidade de trabalhadores e familiares protegidos, e ainda de um sem-número de relações de investimento que se travam entre os gestores das entidades previdenciárias privadas que têm o dever de aplicar o crescente (e vultoso) capital que lhes cumpre administrar e os diversos atores do mercado de capitais que haverão de figurar como contraparte. É claro que o recrudescimento de todas essas diferentes relações que se travam no ambiente da previdência privada acaba dando margem a que também aumentem, naturalmente, por assim dizer, os conflitos no setor. Pois é justamente para saber se, e em que medida, esses variados conflitos que podem surgir no "pequeno gigantesco" universo da previdência privada podem ou não ser resolvidos por arbitragem que reside o foco de todas as atenções do trabalho que ora temos a honra de apresentar.

O esforço pela clareza na exposição do raciocínio – tão característica do Autor, hão de dizer os que já o conhecem – faz-se presente por inteiro e revela-se na própria estruturação dada ao trabalho: faz-se primeiro a adequada inserção sistemática da matéria de fundo, desde as suas raízes constitucionais, dentro do amplo sistema de seguridade social, como que a não nos deixar perder de vista sua natureza e fins estritamente afinados à sobrevivência humana, no emaranhado de questões técnicas e especificidades procedimentais que a proteção situada em nível complementar e a eventual resolução de conflitos em jurisdição privada fatalmente nos levarão a visitar na sequência. É nesta linha que as características fundamentais do regime privado e os elementos do contrato previdenciário são preparados para as discussões que serão enfrentadas adiante.

Feito isso, põem-se em relevo os elementos estruturantes da arbitragem como método de resolução de conflitos de acordo com sua regulação no direito brasileiro, destacando a resistência inicial que a Lei de Arbitragem teve de enfrentar no país, seus princípios vetores, e suas características e fundamentação legal, com destaque para a disciplina e efeitos de cada uma das espécies de convenção arbitral, para a arbitrabilidade – i. e., os óbices possíveis à sua utilização, ponto de enorme importância neste trabalho em vista dos questionamentos advindos não apenas da pluralidade de sujeitos que orbitam em torno das diferentes relações que se estabelecem na previdência privada, como também diante da delicada caracterização da disponibilidade patrimonial dos interesses em jogo, sobretudo em vista da natureza fundamental dos direitos de fundo, não à toa tão cuidadosamente demarcada nos capítulos anteriores – e para a exata delimitação da confidencialidade e da privacidade.

Postas assim as duas primeiras partes do trabalho, passam então a ser enfrentadas abertamente as diversas discussões referentes à viabilidade ou não da utilização da arbitragem na previdência complementar, sempre tendo como norte a eficiente proteção dos interesses em disputa e em busca de caminhos que possam apontar para a adequada pacificação dos inevitáveis conflitos que o crescimento do setor traz e continuará a trazer a reboque.

Entregue agora ao público, o livro poderá ser posto à prova tanto pelos estudiosos do Direito quanto pelos especialistas que já militam na prática do setor de previdência privada e de arbitragem, com a segurança de ter sido produzido não apenas por quem possui sólida visão acadêmica – que, diga-se pela oportunidade, renderam a Ronaldo Guimarães Gallo a nota máxima perante sua banca de Mestrado na PUC-SP, que pude presidir como seu orientador, em 10 de junho deste ano, ao lado dos Professores Wagner Balera e Marcelo Bonizzi, repetindo aliás a fecunda formação de ter sido avaliado sempre pelos mais renomados especialistas tanto do Direito Previdenciário quanto da Arbitragem no Brasil, como já ocorrera em seu exame de qualificação com os Professores Ionas Deda Gonçalves e Cláudio Finkelstein, pouco antes, em 29 de abril – quanto rica atuação profissional (Gallo é Procurador Federal de larga experiência, tendo inclusive chegado a ocupar o cargo máximo de Procurador-Geral Federal, além de ter sido Gerente Jurídico na FUNPRESP-EXE, entidade fechada de previdência complementar que administra os planos dos servidores públicos dos Poderes Executivo e Legislativo federais, e de atuar atualmente na SUSEP, o órgão regulador das entidades seguradoras e de previdência privada aberta, sendo ainda um dos idealizadores de uma rede privada de solução de conflitos por arbitragem, mediação e conciliação).

Desejo a todos uma ótima leitura, com a confiança de que há vários pontos de aprendizado, mas, acima de tudo, com a esperança de que muitas reflexões e novos caminhos de pensamento possam a partir daqui produzir-se.

Daniel Pulino

Davis, Califórnia, outubro de 2019.

LISTA DE ABREVIATURAS E SIGLAS

CF	– Constituição Federal
CC	– Código Civil
CDC	– Código de Defesa do Consumidor
CGPC	– Conselho de Gestão da Previdência Complementar
CNSP	– Conselho Nacional de Seguros Privados
CPC	– Código de Processo Civil
CV	– Contribuição Variável
EAPC	– Entidade Aberta de Previdência Complementar
EC	– Emenda Constitucional
EFPC	– Entidade Fechada de Previdência Complementar
EPC	– Entidade de Previdência Complementar
LA	– Lei de Arbitragem
LC	– Lei Complementar
MPAS	– Ministério da Previdência e Assistência Social
MPS	– Ministério da Previdência Social
PREVIC	– Superintendência Nacional de Previdência Complementar
RGPS	– Regime Geral de Previdência Social
RPPS	– Regime Próprio de Previdência Social
SUSEP	– Superintendência de Seguros Privados

SUMÁRIO

INTRODUÇÃO

O desenvolvimento de um trabalho que tem como objetivo concatenar o instrumento de resolução de conflito arbitragem com a previdência privada pode, num primeiro olhar, parecer trilha simples, especialmente antevendo algumas das características (o regime *privado*) que *cercam* ambos os institutos.

Mas por detrás desta *pseudo*simplicidade, desvenda-se tarefa árdua, que começa justamente *afastando* essas *certezas*, que conduzem a conclusões açodadas, de modo a avançar com mais vagar, porém em bases muito mais sólidas, na compreensão técnico-jurídica de cada um dos institutos e dos elementos que lhes compõem.

Nesse desiderato, o maior desafio sempre foi a natureza da previdência privada ante as prescrições Constitucionais a respeito do tema (e sua evolução histórica). A conclusão advinda da incursão que possibilita responder a esta importante premissa é medida indispensável para a evolução do trabalho, não se olvidando que o resultado pode ser um *forte inviabilizador* do desenvolvimento técnico-doutrinário ora proposto, na medida em que a conclusão pode ser no sentido da inarbitrabilidade da matéria.

Desenvolvida a análise no ambiente normativo constitucional, há a necessidade de se perscrutar o arcabouço legal, com a completa decomposição do instituto previdência privada. Tal se faz com duplo objetivo: a análise dos elementos permitirá a compreensão do todo; o conhecimento a respeito desses mesmos elementos jurídicos será indispensável quando iniciado o estudo da viabilidade da relação com a arbitragem.

Em face de tal razão faremos a análise das principais características da previdência privada, desbravando, passo seguinte, quais são os sujeitos que firmam e participam dessa relação jurídica, o conceito e a natureza jurídica dos contratos previdenciários, o mesmo sucedendo com os planos de benefícios, que contarão com atenção diferenciada diante da importância da formação e defesa do respectivo patrimônio, sendo de relevo também a pesquisa voltada para as diferentes modalidades possíveis de participação nesses planos.

Decomposto o regime de previdência privada, igual medida será adotada na "Parte II" do trabalho com relação à arbitragem, e tal qual desenvolvido na "Parte I", agora também se inicia uma análise doutrinária que irá situar a arbitragem no atual ambiente jurídico de resolução de conflitos, sem perder de vista um rápido histórico que tem como propósito o auxílio na contextualização da matéria.

Novamente passaremos a tecer a caracterização jurídica do instrumento de resolução de conflito, de modo que se viabilize a compreensão, concatenando-se os principais conceitos. Tais *conceitos* são aqueles indispensáveis para responder aos questionamentos objeto deste trabalho: a viabilização do uso da arbitragem para a resolução de conflitos no âmbito da previdência privada.

Nesse caminhar, indispensável a compreensão dos princípios norteadores da arbitragem, que também findam por evidenciar suas *qualidades*, o que nos leva à *necessidade* de conceituar e analisar a natureza jurídica da convenção arbitral, elemento chave da arbitragem. Finalmente, necessária a análise individualizada da confidencialidade, normalmente presente nos processos arbitrais, de modo a que se possam enfrentar questionamentos que, pode-se antever, surgirão na "Parte III" deste trabalho.

E a parte final deste estudo deve ser iniciada com um primeiro cotejo entre arbitragem e previdência privada, que naturalmente evolui para a análise do contrato de previdência privada e dos sujeitos que participam dessa relação jurídica, tendo como anteparo a possibilidade da arbitragem a lhes servir de instrumento hábil a dizimar conflitos. Também é o momento de se pontuar o quão são relevantes, especificamente para a previdência privada, características atribuídas à arbitragem, como a celeridade, economicidade, entre outras.

Não devem passar despercebidas as distintas características existentes entre as diferentes *entidades* que viabilizam a estruturação dos planos de previdência privada, especialmente no que diz respeito à espécie de contratos que são ofertados para aqueles que intentam esse tipo de proteção previdenciária. Dessa análise provém a ponderação de como viabilizar a *opção* pela arbitragem.

Os planos de previdência privada relacionam juridicamente uma coletividade de pessoas, não há plano de benefícios que contenha apenas um único indivíduo. Tal característica também deve ser observada, o que significa dizer, quanto à arbitragem, o enfrentamento da condição de instrumento de resolução de conflitos para uma coletividade, é dizer, a necessária análise da viabilidade do instrumento para ser útil a um instituto com tal característica *coletiva*.

Percorrido todo este trajeto, o desafio passa a ser a análise da eficácia da arbitragem em face das diversas possibilidades que se descortinam no regime de previdência privada, bem como os efeitos (em sentido amplo) do resultado por ventura alcançado.

Parte I

PREVIDÊNCIA PRIVADA

CAPÍTULO 1

A PREVIDÊNCIA PRIVADA NA CARTA REPUBLICANA DE 1988

Percorremos um longo caminho. Pouco mais de duzentos anos separam a vinda da família real para o Brasil e a comemoração do vigésimo quinto aniversário da Constituição de 1988. Nesse intervalo, a colônia exótica e semiabandonada tornou-se uma das dez maiores economias do mundo. O Império de viés autoritário, fundado em uma Carta outorgada, converteu-se em um Estado constitucional democrático e estável, com alternância de poder e absorção institucional das crises políticas. Do regime escravocrata, restou-nos a diversidade racial e cultural, capaz de enfrentar – não sem percalços, é certo – o preconceito e a discriminação persistentes. Não foi uma história de poucos acidentes. Da Independência até hoje, tivemos oito Cartas constitucionais: 1824, 1891, 1934, 1937, 1946, 1967, 1969 e 1988, em um melancólico estigma de instabilidade e de falta de continuidade das instituições. A Constituição de 1988 representa o ponto culminante dessa trajetória, catalisando o esforço de inúmeras gerações de brasileiros contra o autoritarismo, a exclusão social e o patrimonialismo, estigmas da formação nacional. Nem tudo foram flores, mas há muitas razões para celebrá-la.

Luís Roberto Barroso[1]

1. *Curso de direito constitucional contemporâneo:* os conceitos fundamentais e a construção do novo modelo. 6. ed. São Paulo: Saraiva, 2017. p. 486. (Versão digital.)

A Constituição Federal de 1988 é o produto[2] que finaliza e identifica politicamente um longo período na sociedade brasileira em que a democracia e as vontades de uma nação encontravam-se subjugadas aos mandos de um movimento militar iniciado em 31 de março de 1964.

Com a vitória da chapa oposicionista para presidência da República, integrada por Tancredo Neves e José Sarney, em 15 de janeiro de 1985, encerra-se o período do regime militar que por mais de 20 anos foi responsável pelo Estado brasileiro, dando início à *Nova República*, ou seja, à retomada da condução dos destinos da nação pela sociedade brasileira, com impactos diretos em inúmeros pontos abarcados por este estudo.

Esse o caldo[3] histórico do qual emerge a *Constituição Cidadã*,[4] como a apelidou o congressista Ulysses Guimarães

---

2. "Um pacto politico-constitucional não se exaure nos limites da realidade formal e da validade normativa, pois as relações de sua eficácia estreitam-se mais intimamente com o social, com o econômico, com o político e com o cultural. Ora, o texto constitucional, ao definir os fundamentos estruturais de um sistema político, intenta não só disciplinar o exercício do poder, como também, refletindo os condicionantes históricos, recompõe as bases de legitimidade de uma organização social. Os fatores socioeconômicos e políticos-ideológicos determinantes na elaboração e na composição de um texto constitucional de direitos fundamentais permitem precisar tanto os valores eleitos por uma Constituinte quanto pelos múltiplos interesses materiais e as tendências culturais predominantes, na singularidade de um processo histórico particular" (WOLKMER, Antonio Carlos. Antecedentes históricos dos direitos sociais no Brasil. In: TOLEDO, Cláudia (Org.). *Direitos sociais em debate*. Rio de Janeiro: Elsevier, 2013. p. 189).
3. "Na euforia – saudável euforia – de recuperação das liberdades públicas, a constituinte foi um notável exercício de participação popular. Nesse sentido, é inegável o seu caráter democrático. Mas, paradoxalmente, essa abertura para todos o setores organizados e grupos de interesse fez com que o texto final expressasse uma vasta mistura de reivindicações legítimas de trabalhadores e categorias econômicas, cumulados com interesses cartoriais, reservas de mercado e ambições pessoais. A participação ampla, os interesses múltiplos e a já referida ausência de um anteprojeto geraram um produto final heterogêneo, com qualidade técnica e nível de prevalência do interesse público oscilantes entre extremos. Um texto que, mais do que analítico, era casuístico, prolixo e corporativo" (BARROSO, Luís Roberto. *Curso de direito constitucional contemporâneo* cit., p. 513).
4. O texto da Constituição da República Federativa do Brasil promulgado em 05.10.1988 surge com 245 artigos no corpo permanente, distribuídos em nove títulos: (a) princípios fundamentais; (b) direitos e garantias fundamentais; (c) organização do Estado; (d) organização dos poderes; (e) defesa do Estado e instituições democráticas; (f) tributação e orçamento; (g) ordem econômica e financeira; (h) ordem social; (i) disposições gerais.

no célebre discurso proferido na sessão de 05 de outubro de 1988, na Câmara dos Deputados, data da promulgação do instrumento normativo máximo.

Decorrência dessa trajetória a Constituição Federal de 1988 já deixa consignado, logo no seu Preâmbulo, sua preocupação e compromisso com o Estado Democrático de Direito e o exercício dos "direitos sociais e individuais, a liberdade, a segurança, o bem-estar, o desenvolvimento, a igualdade e a justiça como valores supremos de uma sociedade fraterna, pluralista e sem preconceitos [...]".

O longo caminho histórico redundou em instrumento cuja força normativa enseja ordenação jurídica[5] ao mesmo tempo transformadora e estabilizadora do ambiente social. Transformadora na medida em que a nova ordem traz objetivos e fundamentos voltados à proteção do ser humano, à preocupação com o seu bem-estar; e estabilizadora ante sua força normativa que, mais do que absorver e refletir o lumiar de um processo histórico, conforma a realidade fática e política, *dirigindo* a atuação para a prática de posturas necessariamente respeitosas à dignidade da pessoa humano, ao bem-estar e à justiça social.[6]

Soma-se ao corpo permanente um Ato das Disposições Constitucionais Transitórias, com 70 artigos [...]" (SARLET, Ingo Wolfgang; MARINONI, Luiz Guilherme; MITIDIERO, Daniel. *Curso de direito constitucional.* 7. ed. São Paulo: Saraiva Educação, 2018. p. 256 – Versão digital).

5. "O significado da ordenação jurídica na realidade e em face dela somente pode ser apreciado se ambas – ordenação e realidade – forem consideradas em sua relação, em seu inseparável contexto, e no seu condicionamento recíproco. Uma análise isolada, unilateral, que leve em conta apenas um ou outro aspecto, não se afigura em condições de fornecer resposta adequada à questão. Para aquele que contempla apenas a ordenação jurídica, a norma 'está em vigor' ou 'está derrogada'; não há outra possibilidade. Por outro lado, quem considera, exclusivamente, a realidade política e social ou não consegue perceber o problema na sua totalidade, ou será levado a ignorar, simplesmente, o significado da ordenação jurídica" (HESSE, Konrad. A força normativa da Constituição. Trad. Gilmar Ferreira Mendes. *In: Temas fundamentais do direito constitucional*; textos selecionados e traduzidos por Carlos dos Santos Almeida, Gilmar Ferreira Mendes, Inocêncio Mártires Coelho. São Paulo: Saraiva, 2009. p. 127 – Versão digital).

6. Quanto à expressão "justiça social", que será utilizada neste trabalho, até porque repete expressão utilizada na Constituição Federal, vale trazer à colação o entendimento de Ana

Nessa toada, logo no Título I da Carta Republicana de 1988, no artigo que inicia o conteúdo do Texto Constitucional, a *dignidade da pessoa humana* é erigida a fundamento da República Federativa do Brasil. Não obstante a representatividade de tal inserção normativa, necessário observar que esta não foi a primeira aparição do princípio em uma Constituição nacional. A primeira vez que a dignidade da pessoa humana aparece num Texto Constitucional foi na Carta de 1934, sem dúvida por influência da Constituição de Weimar de 1919.[7] Naquele momento (Constituição Federal de 1934), o princípio da dignidade da pessoa humana (artigo 115[8]) havia sido inserido entre os princípios da ordem econômica e social[9]

Cláudia Redecker: "A própria expressão 'justiça social', na minha opinião, é descabida, porque a Justiça é só uma e não carece de qualificativos limitativos. Quando muito se admitirá, em termos lógicos, a destrinça tradicional entre Justiça comutativa e Justiça distributiva, a qual tem em vista apenas a diversidade de sujeitos, que não a natureza, a essência, do conceito. A expressão surgiu, com intuitos demagógicos, e como reação contra uma Justiça, característica do século XIX, que visaria interesses individuais e burgueses. Mas se a ordem oitocentista foi dominada por interesses individuais e burgueses, sem cuidar do bem-comum, da harmonia do conjunto, é porque foi injusta, não porque houvesse uma Justiça burguesa, ou individualista, a qual nunca se poderia confundir com Justiça, pura e simples, sem qualificativos, reflexo do paradigma valorativo de justo, ou de bom, ou de direito, conforme se apresenta nas nossas visões de uma beleza eterna perdida, complexo de perfeições inseparáveis. Também o adjetivo 'social', quando ligado a Justiça, me parece, pelo menos, inútil, porquanto a Justiça constitui fonte e reflexo do Direito, e este, por definição, por essência, é social, não faz sentido relativamente ao homem isolado. Semelhante ilogismo depara-se na expressão 'questão social' e noutras. Por motivos semelhantes" (*Comentários à Constituição Federal de 1988.* Coordenadores científicos: Paulo Bonavides, Jorge Miranda, Walber de Moura Agra; coordenadores editoriais: Francisco Bilac Pinto Filho, Otávio Luiz Rodrigues Júnior. Rio de Janeiro: Forense, 2009. p. 2102 – Versão digital).

7. "El texto original de la Constitución mexicana de 1917, no contenía ninguna referencia expresa a la dignidad de la persona. No al menos como se encuentra ahora en el tercer párrafo del artículo 1º. Será 84 años después, el 14 de agosto de 2001, cuando se incluya tal expresión en el texto constitucional tal y como hoy lo tenemos. [...]" (SALDAÑA, Javier. *La dignidade de la persona.* Fundamento del derecho a no ser discriminado injustamente. Disponível em: https://www.conapred.org.mx/userfiles/files/BD-DND-8.pdf. Acesso em: 6 maio 2019).

8. "Art 115. A ordem econômica deve ser organizada conforme os princípios da Justiça e as necessidades da vida nacional, de modo que possibilite a todos existência digna. Dentro desses limites, é garantida a liberdade econômica."

9. "Entre nós, a referência a uma 'ordem econômica e social', nas Constituições de 1934 até a de 1967, com a Emenda n. 1, de 1969 – salvo a de 1937, que apenas menciona

(Título IV), de modo a indicar fundamento normativo dos mais importantes, especialmente com relação à limitação da liberdade econômica.[10]

Voltando à Constituição Republicana de 1988, observa-se que a *Carta* propugna a construção de uma sociedade livre, justa e *solidária*, que se volta para a erradicação da pobreza e a redução das desigualdades sociais e regionais, vontades constitucionais expressamente inseridas no artigo 3º e que passam a corporificar atuação necessária do Estado brasileiro, na medida em que objetivos fundamentais da República.

Inaugurando o Título II (Dos Direitos e Garantias Fundamentais) da Carta Fundamental de 1988, o artigo 5º traz longo rol de direitos e deveres individuais e coletivos, que abarcam uma série de direitos fundamentais do Homem e que, decorrência óbvia, carece da necessária atuação estatal tanto no que diz respeito à implementação, quanto à observância, incluído neste ponto a limitação da atuação quando tendente a ofender quaisquer das *garantias* fundamentais.

Ainda dentro do mesmo Título, mas já no Capítulo II, intitulado "Dos Direitos Sociais", o artigo 6º anuncia que, nos moldes estabelecidos pela Constituição Federal, inserem-se no *gênero* direitos sociais "a educação, a *saúde*, a alimentação, o trabalho, a moradia, o transporte, o lazer, a segurança, a *previdência social*, a proteção à maternidade e à infância, a *assistência aos desamparados*". Numa interpretação rasa e topográfica já se vislumbra que os direitos supraelencados estão abarcados pelos direitos fundamentais inaugurados pelo Título II, restando

a 'ordem econômica' – e a duas ordens, uma 'econômica', outra 'social', na Constituição de 1988, reflete de modo bastante nítido a afetação ideológica na expressão. O que se extrai da leitura despida de senso crítico, dos textos constitucionais, é a indicação de que o capitalismo se transforma na medida em que assume novo caráter, *social*" (GRAU, Eros Roberto. *A ordem econômica na Constituição de 1988* (interpretação e crítica). 17. ed. atual. São Paulo: Malheiros, 2015. p. 64).

10. SARLET, Ingo Wolfgang; MARINONI, Luiz Guilherme; MITIDIERO, Daniel. *Curso de direito constitucional* cit., p. 266.

também patente a conexão da *enumeração* transcrita no artigo citado com a proteção arvorada a princípio fundamental da República, qual seja, a dignidade da pessoa humana.

Expressamente elencado como *direito social* no artigo 6º da Carta Magna (saúde, previdência social e assistência social[11]), a Seguridade Social[12] vem inserida no Título VIII, Da Ordem Social, trazendo o artigo 193 as bases fundantes do referido sistema: o primado do trabalho, o bem-estar e a justiça social.

Relembra Daniel Pulino,[13] ressaltando a unidade normativa da Constituição quanto ao tema, que "[...]o art. 170 da Lei Maior, que traça os fundamentos da própria "Ordem Econômica e Financeira", que também tem por base "*a valorização do trabalho humano*" (além da *livre iniciativa*, que aqui aparece

11. A tríplice finalidade do Sistema de seguridade social brasileiro (saúde, previdência social e assistência social) se configura em diversas vertentes, que se expressam em outros tantos regimes jurídicos" (BALERA, Wagner. *Sistema de seguridade social*. 7. ed. São Paulo: LTr, 2014. p. 14).

12. "La expresión seguridad social – que ya fuera utilizada em 1819 por el libertador Simón Bolívar en su famoso discurso pronunciado en Angostura – tiene dos acepciones principales: a) En su sentido amplio y comprensivo, la seguridad social está constituída por el bienestar y la felicidad moral y material de la comunidad; b) Em su sentido stricto y concreto – que es indudablemente el que consagra la Constituición nacional – la seguridad social – como fue definida por la Conferencia Internacional del Trabalho reunida en Filadélfia, Estados Unidos da América, en 1944 – engloba el conjunto de las medidas adoptadas por la sociedad com el fin de garantizar a sus miembros, por medio de una organización apropiada, una protección suficiente contra ciertos riesgos a los cuales se hallan expuestos. El advenimiento de esos riesgos entraña gastos imprevistos a los que el individuo que dispone de recursos módicos no puede hacer frente por sí solo, ni por sus propios médios, ni recurriendo a sus economias, ni siéndole tampoco posible recurrir a la asistencia, de carácter privado, de sus allegados. Se consideran como instituciones de seguridad social exclusivamente las que corresponden a un régimen de atribución de prestaciones a los ciudadanos para la prevención de las enfermedades y el tratamiento de los enfermos, así como de toda clase de prestaciones destinadas a socorrerlos cuando se vem privados de sus médios de existência y a restituirles a capacidad de ganacia perdida" QUINTANA, Linares V. Tratado de la ciência del derecho constituicional argentino y comparado. Buenos Aires: ed. Alfa, 1936, vol. 5, pp. 102-103. *Apud*: REDECKER, Ana Cláudia. *Comentários à Constituição Federal de 1988*. Coordenadores científicos: Paulo Bonavides, Jorge Miranda, Walber de Moura Agra; coordenadores editoriais: Francisco Bilac Pinto Filho, Otávio Luiz Rodrigues Júnior. Rio de Janeiro: Forense, 2009. p. 2110 (Versão digital.).

13. *Previdência complementar:* natureza jurídico-constitucional e seu desenvolvimento pelas entidades fechadas. São Paulo: Conceito Editorial, 2011. p. 26.

senão de modo mais expressivo, ao menos mais evidente), estabelece como *fim* da ordem econômica assegurar a *todos existência digna* (eis o bem-estar social, sob outra vestimenta), conforme os *ditames da justiça social*, observados, entre outros, os seguintes princípios: "redução das desigualdades regionais e sociais" (inciso VII) e "busca do pleno emprego" (VIII)".

No mesmo sentido Ana Cláudia Redecker:

> Ao prescrever no artigo 193 o fundamento e o objetivo da ordem social, o constituinte procurou harmonizar a matéria com aqueles princípios da ordem econômica (insculpidos no art. 170), sob pena de se tornar um dos objetivos impossíveis, fundados na valorização do trabalho humano, assegurando a todos uma existência digna, conforme ditames do bem-estar e da justiça social (art. 170, *caput*, *in fine*).[14]

Mais uma vez, ante a observação *supra*, calha ressaltar que a conexão que se depreende do Texto Constitucional se destina à incolumidade da dignidade da pessoa humana, como, diga-se de passagem, já pudemos comentar neste capítulo quando rememoramos que também na Constituição de 1934, especificamente no campo destinado à ordem econômica, de forma arrojada o ordenamento pátrio já previa a necessária atenção à *existência digna*.

A Constituição Cidadã em diversos momentos, como os que estamos a enumerar, costura um manto protetivo que, especialmente no sistema da seguridade social, objetiva o bem-estar e a justiça sociais, e, sobretudo, reconhece

> [...] categoricamente que é o Estado que existe em função da pessoa humana, e não o contrário, já que o ser humano constitui a finalidade precípua, e não meio da

14. *Comentários à Constituição Federal de 1988* cit., p. 2115.

> atividade estatal. Em outras palavras, no momento em que a dignidade é guindada à condição de princípio estruturante e fundamento do Estado Democrático de Direito, é o Estado que passa a servir como instrumento para a garantia e promoção da dignidade das pessoas individual e coletivamente consideradas.[15]

No mesmo sentido Mattia Persiani quando aponta que "[...[a ideia de seguridade social exprime a exigência de que venha garantida a todos os cidadãos a libertação das situações de necessidade, na medida em que esta libertação é tida como condição indispensável para o efetivo gozo dos direitos civis e polítivos".[16]

Orbitando em torno do sistema de Seguridade Social, ressaltamos novamente que este comporta tríplice finalidade protetiva: no âmbito da Saúde (art. 196 e seguintes da CF), da Previdência Social (art. 201 e seguintes da CF) e da Assistência Social (arts. 203 e 204 da CF). Sem querer descurar da óbvia importância que a Saúde e a Assistência Social têm enquanto parte indispensável do Sistema, a análise prossegue tão somente em face da Previdência Social para que possamos manter o foco na proposta que se desnuda neste trabalho.

E quanto ao tema, ensina Wagner Balera:[17]

> De um lado, vigora o regime geral de previdência, regulado pelo preceituário estampado na Constituição e nas Emendas ns. 20, 41 e 47, cuja disciplina infraconstitucional foi objeto das Leis ns. 8.212 e 8.213, de julho de 1991, e cuja vocação é fornecer cobertura das contingências sociais básicas.

---

15. SARLET, Ingo Wolfgang; MARINONI, Luiz Guilherme; MITIDIERO, Daniel. *Curso de direito constitucional* cit., p. 268.
16. *Direito da Previdência Social.* Prefácio à edição brasileira: Wagner Balera. São Paulo: Quartier Latin, 2009. p. 31.
17. BALERA, Wagner. *Sistema de seguridade social* cit., p. 14.

> De outro, é configurado o regime próprio dos servidores dos Poderes Públicos, preordenado pelo art. 40 da Constituição, segundo a redação que lhe deram as Emendas acima referidas e cujo regramento básico se encontra estabelecido na Lei n. 9.717, de 27 de novembro de 1998.
>
> E, finalmente, o regime complementar que acrescenta as prestações devidas, assim pelo regime geral como pelos regimes próprios, certo acréscimo.

De forma simplista pode-se dizer que a previdência tem como objetivo a proteção daqueles que compõem o corpo social, em face de infortúnios que podem redundar em *necessidades*.[18] Essas *necessidades*, e é importante este entendimento, num primeiro momento podem ser entendidas como um baque individual e restrito, mas, em verdade, é *colisão* irradiada para toda a sociedade e pode causar danos que irão muito além daquele que sofreu o infortúnio.[19]

As sociedades buscam o equilíbrio e a necessária estabilidade (*segurança*[20]), sendo imprescindíveis para tal desiderato uma justiça social efetiva e que reflita no bem-estar dos seus

18. "La inclinación por el riesgo y el deseo de seguridade representan dos tendências fundamentales del espiritu humano. Uma u outra de esas tendencias predomina, dependendo de cada individuo, pero también de cada época" (DURAND, Paul. *La política contemporánea de Seguridad Social* cit., p. 51).

19. "O interesse de prover satisfação é ainda, como sempre, o interesse público, mas este não visa mais somente à manutenção da ordem social, nem à capacidade econômica nacional. A satisfação do interesse público, na perspectiva indicada pelos princípios constitucionais, está direta e imediatamente vinculada à satisfação do interesse do indivíduo que se encontra em situação de necessidade, enquanto instrumento do interesse de toda a coletividade, para que todos os cidadãos estejam em condições de *gozar* dos direitos civis e políticos" (PERSIANI, Mattia. *Direito da Previdência Social*. Prefácio à edição brasileira: Wagner Balera. São Paulo: Quartier Latin, 2009. p. 46).

20. "Segurança é um dos termos do binômio que, com a liberdade, forma o sustentáculo da felicidade humana. Pode ser dito que o homem, ao integrar-se em uma sociedade, abre mão de uma parcela de liberdade, em troca da quantidade de segurança que almeja. É de Stuart Mill a afirmação de que o único fim que justifica uma autorização para a humanidade, individual ou coletivamente considerada, intervir com a liberdade de ação de qualquer um dos seus membros é a sua autoproteção. O único propósito pelo qual o poder pode ser legitimamente exercido sobre qualquer membro de uma comunidade civilizada, contra a sua vontade, é o de prevenir o mal a outros" (COIMBRA,

membros. É a chamada responsabilidade múltipla[21] que sempre permeou os relacionamentos sociais e vem expressamente consignada na Carta Republicana de 1988.[22]

O Regime Geral da Previdência Social e os Regimes Próprios de Previdência Social são as chamadas *previdências públicas* ou *oficiais*, eis que são *impostos* por meio de lei, e as relações jurídicas que findam por se subsumir à ordem legal restam automaticamente abarcadas por este subsistema previdenciário. É o Estado intervindo[23] de forma a regular e estruturar a forma que as necessidades sociais serão suportadas e superadas. Nesses dois regimes, basicamente a filiação aos sistemas se dá por meio do desenvolvimento do trabalho, valendo destacar que no âmbito do RGPS há a possibilidade do chamado segurado facultativo (art. 13, Lei n. 8.213/91[24]), que não necessita desenvolver uma relação laboral como pressuposto de filiação.

J. R. Feijó. *Direito previdenciário brasileiro*. 11. ed. Rio de Janeiro: Edições Trabalhistas, 2001. p. 44).

21. "[...] na história da segurança social, foi o princípio da responsabilidade múltipla que orientou a construção dos modernos sistemas previdenciários, dentro de uma filosofia que, repudiando tanto a teoria individualista da segurança como a teoria coletivista, estabelecem que a responsabilidade da proteção social cabe em conjunto ao Estado, às Empresas, aos indivíduos e à família, restando à comunidade política definir os esquemas que atendam à realidade da nação" (PÓVOAS, Manuel Sebastião Soares. *Previdência privada*. Filosofia, fundamentos técnicos, conceituação jurídica. São Paulo: Quartier Latin, 2007. p. 45).

22. "Art. 194. A seguridade social compreende um conjunto integrado de ações de iniciativa dos Poderes Públicos e da sociedade, destinadas a assegurar os direitos relativos à saúde, à previdência e à assistência social."

23. "Por isso que o vocábulo e expressão não são absolutamente, mas apenas relativamente, intercambiáveis. *Intervenção* indica, em sentido forte (isto é, na sua conotação mais vigorosa), no caso, atuação estatal em área de titularidade do setor privado; *atuação estatal*, simplesmente, ação do Estado tanto na área de titularidade própria quanto em área de titularidade do setor privado. Em outros termos, teremos que *intervenção* conota atuação estatal no campo da *atividade econômica em sentido estrito; atuação estatal*, ação do Estado no campo da *atividade econômica em sentido amplo*" (GRAU, Eros Roberto. *A ordem econômica na Constituição de 1988* (interpretação e crítica) cit., p. 91).

24. "Art. 13. É segurado facultativo o maior de 14 (quatorze) anos que se filiar ao Regime Geral de Previdência Social, mediante contribuição, desde que não incluído nas disposições do art. 11".

Já no que diz respeito ao terceiro *pilar* da Previdência Social, a previdência privada,[25] nota-se que inicialmente a Constituição Federal de 1988 trouxe pouca normatização quanto aos contornos desse regime previdenciário, fato que foi alterado com as reformas imprimidas pelas Emendas Constitucionais n. 20, de 15 de dezembro de 1998, n. 41, de 19 de dezembro de 2003 e agora, novamente, ganha novos contornos com a Emenda Constitucional n. 103, de 12 de novembro de 2019.

Antes das reformas constitucionais supramencionadas, já constava da redação primeira da Carta Política, artigo 21, inciso VIII, ser a União competente para a fiscalização das operações de seguro e previdência privada.[26]

Vale destacar, como bem esclarece Pulino,[27] que,

> [...] se *comparada à ordem constitucional precedente*, a Constituição de 5 de outubro de 1988 já foi mais detalhista na determinação das atividades financeiras ou a esta assemelhadas que incumbia à União fiscalizar. De fato, a Constituição de 1967, com o texto dado pela Emenda Constitucional n. 1, de 17 de outubro de 1969, no correspondente dispositivo atribuidor da competência federal para fiscalização dessas atividades, não se referia,

25. "A Previdência Privada é espécie que acompanha a Previdência Social. O conceito 'complementar' ou 'suplementar' não tem mais o sentido que tinha antes (não complementa nem suplementa necessariamente benefícios da Previdência Social). Dentro da divisão da Seguridade Social (Saúde e Assistência Social) a Previdência Social é acompanhada pela chamada Previdência Complementar.

    Justamente por estar inserida na rede de proteção social da Seguridade Social é que há toda a diferenciação da Previdência Privada em relação ao simples seguro privado. Os riscos sociais envolvendo o âmbito previdenciário denotam a importância deste tratamento complexo" (WEINTRAUB, Arthur Bragança de Vasconcellos. *Previdência privada* – Doutrina e jurisprudência. São Paulo: Quartier Latin, 2005. p. 15).

26. "Art. 21. Compete à União: [...]

    VIII – administrar as reservas cambiais do País e fiscalizar as operações de natureza financeira, especialmente as de crédito, câmbio e capitalização, bem como as de seguros e de previdência privada;"

27. *Previdência complementar:* natureza jurídico-constitucional e seu desenvolvimento pelas entidades fechadas cit., p. 98-99.

expressamente, como fez (e faz) a atual, às operações de previdência privada, eis que dispunha, em seu art. 8º, inciso X, que competia à União "fiscalizar as operações de crédito, capitalização e seguros". Isso se explica pelo fato de que, embora não se possa afirmar a completa inexistência de entidades privadas de previdência no Brasil naquele período, o fato é que nem sequer tínhamos à época uma lei regulando, de forma abrangente *e específica*, o setor de previdência complementar, o que só viria a ser feito alguns anos após, em 1977, com a edição da Lei n. 6435.

Voltando às importantes alterações implementadas pelo poder constituinte derivado quanto ao tema, tem-se que a Emenda Constitucional n. 40, de 2003, alterou o artigo 192 da Carta Republicana, que abre o Capítulo IV – Do Sistema Financeiro Nacional, revogando o inciso II, que continha a seguinte redação:

> Art. 192. O sistema financeiro nacional, estruturado de forma a promover o desenvolvimento equilibrado do País e a servir aos interesses da coletividade, será regulado em lei complementar, que disporá, inclusive, sobre:
>
> [...]
>
> II – autorização e funcionamento dos estabelecimentos de seguro, resseguro, previdência e capitalização, bem como do órgão oficial fiscalizador (grifos nossos).

Para além da reestruturação (ou estruturação) normativa constitucional que foi conferida pela Emenda Constitucional n. 20, de 1998, a alteração advinda com a EC n. 40/2003 teve o mérito de alocar, topograficamente, a Previdência Privada no lugar que atina com sua essência, qual seja, a "ordem social", Título que abre o capítulo para as disposições voltadas para a seguridade social.

É certo que, num primeiro pensar, o legislador constituinte desenvolveu entendimento voltado para a segurança com que devem ser curadas as reservas técnicas (vultosas) que espelham e dão base ao regime de previdência privada, quase todo *ele* direcionado para o sistema financeiro, de modo a poder ampliar o numerário que gerará o pagamento dos benefícios almejados pelos participantes. Nesse sentido, fez-se a alocação da previdência privada no Capítulo do Sistema Financeiro Nacional.

Todavia, não olvidando que o produto final da previdência privada passa e depende da boa gestão dos ativos no sistema financeiro, indubitável que o regime complementar é desenvolvido e estruturado num sistema que tem o financeiro como traço transversal, necessário, sem dúvida, mas que não perfaz sua essência. Portanto, mesmo que mera reconfiguração topográfica, a reforma constitucional findou por atender e conferir, sistematicamente, mais sintonia ao sistema de seguridade social.

Não se perdeu de vista que a alteração anteriormente comentada aconteceu em 2003, com a Emenda Constitucional n. 40, ou seja, quando todo o artigo 202 da Constituição Federal já havia sido alterado por força da Emenda Constitucional n. 20 do ano de 1998, sendo certo que referida estruturação normativa já se encontrava inserida na Seção III – Da Previdência Social, que, por sua vez, está inserido no Título VIII – Da Ordem Social.

Como bem destacou Pulino,[28] havia

> [...] na Constituição, uma dupla referência contextual, digamos, quanto às entidades de previdência privada, às quais se fazia menção tanto no âmbito do sistema financeiro nacional – menção esta que dava margem à possibilidade de a lei (ou as leis complementares) que deveria(m) disciplinar tal sistema poder(em) dispor sobre o próprio *funcionamento* dessas entidades e, nessa medida, acabar por regular, em si, toda a *atividade* de

28. *Previdência complementar:* natureza jurídico-constitucional e seu desenvolvimento pelas entidades fechadas cit., p. 102.

> previdência privada no âmbito do sistema financeiro –, quanto no âmbito do sistema de seguridade social, precisamente no subsistema previdenciário – o que, por sua vez, permitia que se considerasse tais entidades, e suas atividades, relacionadas, de alguma forma, às funções protetivas empreendidas pela previdência social e, mais amplamente, pela seguridade social.

Já mencionamos anteriormente que a realocação topográfica finda por alinhar o regime de previdência privada com a sua finalidade primeira.[29]

Outra disposição constitucional, *anterior* às reformas impostas pelo constituinte derivado (EC nº 20/2008) e que vale a menção, diz com o artigo 201, §§ 7º e 8º:

> Art. 201. Os planos de previdência social, mediante contribuição, atenderão, nos termos da lei, a:
>
> [...]
>
> § 7º A previdência social manterá seguro coletivo, de caráter complementar e facultativo, custeado por contribuições adicionais.
>
> § 8º É vedado subvenção ou auxílio do Poder Público às entidades de previdência privada com fins lucrativos.

Referidos dispositivos viabilizavam a criação de uma "previdência complementar", de caráter facultativo, pelo poder público, de modo a *suplementar* o benefício concedido pela

---

29. "Portanto, *ab initio*, fique claro que a previdência complementar é previdência social. Previdência porque oferece benefícios tecnicamente previdenciários (há uma massa de contribuintes que aportam valores em favor de um fundo que se presta para custear as prestações desse contribuinte e de outros). A previdência social, básica ou complementar, num primeiro momento, consiste em obter facultativa ou obrigatoriamente importâncias de uma clientela protegida e num segundo momento, propiciar-lhe a devida proteção previdenciária (que se realiza na forma de prestações em dinheiro, de pagamento continuado ou único e em serviços)" (MARTINEZ, Wladimir Novaes; FERRAZ, Ana Flávia; KOSUGI, Dirce Namie. *Curso de previdência complementar*. São Paulo: LTr, 2014. p. 48. Edição do Kindle).

previdência oficial obrigatória. O dispositivo também deixava claro que essa modalidade de previdência complementar seria mantida por contribuições *adicionais*, leia-se, adicionais às que já são pagas para a previdência obrigatória.

De forma a bem delinear os contornos da ideia abstraída do supracolacionado § 7º, na sequência o § 8º[30] do mesmo normativo deixa claro que para as entidades de previdência privada com finalidade lucrativa não se poderia destinar subvenção estatal.

Fato é que a ideia consagrada nos normativos nunca foi implementada, por uma série de fatores, que vão desde a dificuldade em encontrar o equilíbrio do valor dos benefícios da previdência obrigatória, para bem conjugá-los com a previdência *complementar* estatal, de forma holística e com o propósito adequado ao sistema de seguridade social, até a impropriedade do poder público enveredar competindo com o setor privado na *comercialização* da previdência privada (esse último aspecto, para além da necessária observância do quanto disposto no artigo 173, CF, também geraria uma série de contingências, inclusive a dificuldade de desenvolvimento dessa modalidade de previdência no setor privado).

Com a Emenda Constitucional n. 20/1998 o artigo 202 da Constituição Federal foi inteiramente reformulado, conferindo bases sólidas à previdência privada, que mantém seu caráter complementar, contando com organização autônoma em face do regime previdenciário público e obrigatório, provida de facultatividade quanto à contratação.

Entre as inúmeras regulamentações com estatura constitucional, que serão melhor analisadas nos itens 1.1 a 1.3 deste trabalho, vale observar que o § 3º do artigo 202 manteve a proibição de aporte de recursos públicos em entidades de previdência privada, exceção feita na condição de *patrocinador*,

30. § 8º É vedado subvenção ou auxílio do poder público às entidades de previdência privada com fins lucrativos.

lembrando que, pós *reforma constitucional* (EC nº 20/1998) não se vislumbra mais a possibilidade do poder público *intervir* no regime previdenciário na condição de *instituidor* do *benefício complementar* (leia-se: na condição de responsável pela criação de um seguro coletivo de caráter complementar e facultativo, no âmbito da previdência social pública, que propicie *acrescer* valores acima do teto do RGPS, por meio de *contribuições adicionais*), pois que tal possibilidade hoje é circunscrita ao regime privado, por meio das Entidades de Previdência Complementar.

Ainda pautado nas inovações de alicerce constitucional, observa-se que o artigo 202 da Constituição Federal sinaliza que lei complementar disciplinará a relação jurídica entre os entes federados, suas autarquias, fundações, sociedades de economia mista e empresas estatais controladas (direta ou indiretamente) enquanto patrocinadores junto às entidades fechadas de previdência complementar.

Referido dispositivo também é *alvo* de alteração por meio da Emenda Constitucional n. 103, de 12 de novembro de 2019, que, por sua vez, anuncia que as exigências relacionadas às entidades *fechadas* de previdência cedem espaço para regramento que meramente diz "planos de benefícios previdenciários, e as entidades de previdência complementar", ou seja, resta "*quebrado*" o "*monopólio*" das EFPC para firmar relação jurídica de previdência privada junto à administração pública direta e indireta[31]. A matéria, consoante indicado no art. 202, §4º da EC n. 103/2019, carece de regulamentação por meio de lei complementar.

1.1 AS ALTERAÇÕES ADVINDAS DA EMENDA CONSTITUCIONAL Nº 103/2019

A proposta *original*, é dizer, aquela com a redação formulada e encaminhada pelo *Poder* Executivo e consubstanciada

31. A respeito das diferenças entre Entidades *Fechadas* e *Abertas* de Previdência Complementar vide item 6.1.

na Proposta de Emenda à Constituição nº 6/2019 ("reforma da previdência"), *inovava* com às hipóteses de planos *públicos* de previdência (no Regime Geral de Previdência Social e nos Regimes Próprios de Previdência Social) ancorados no regime de capitalização[32] em duas hipótese: art. 40, §6; e o art. 201-A. Vale a transcrição de ambos os dispositivos que *constavam* originalmente na retro referida PEC:

> Art. 40. (...)
>
> § 6º A União, os Estados, o Distrito Federal e os Municípios instituirão para o regime próprio de previdência social o sistema obrigatório de capitalização individual previsto no art. 201-A, no prazo e nos termos que vierem a ser estabelecidos na lei complementar federal de que trata o referido artigo.
>
> Art. 201-A. Lei complementar de iniciativa do Poder Executivo federal instituirá novo regime de previdência social, organizado com base em sistema de capitalização, na modalidade de contribuição definida, de caráter obrigatório para quem aderir, com a previsão de conta vinculada para cada trabalhador e de constituição de reserva individual para o pagamento do benefício, admitida capitalização nocional, vedada qualquer forma de uso compulsório dos recursos por parte de ente federativo. (NR)

Segundo o artigo 115 do Ato das Disposições Constitucionais Transitórias contido na proposta *original* da PEC nº 6/2019, o regime de capitalização para o RGPS e RPPS seria um modelo *alternativo* aos atuais RGPS e RPPS, o que leva a crer que seria exigida a *prévia* e *expressa* autorização[33] para a

32. Sobre "regime de capitalização", vide 2.1, item *f*, nesta obra.

33. Quanto à "prévia e expressa autorização", à título de exemplo, vide Lei nº 12.618/12, artigo 1º, §1º.

migração de regime, nos moldes do que hoje já é feito para os servidores públicos federais que têm interesse em migrar do RPPS para um regime de previdência complementar.

Três pontos *dignos* de nota quanto à proposta supra e em destaque. O primeiro deles é que a hipótese de adoção do regime de capitalização para as previdências "públicas" sempre remeteu à reforma previdenciária chilena da década de 1980[34], que implementou o regime de capitalização na respectiva previdência pública, de forma obrigatória.

Diferentemente, no Brasil a proposta veio sob o manto *alternativo*, o que remete à *faculdade* da adesão, deixando a entender que o regime de repartição seria mantido concomitantemente com o *novel* regime de capitalização (diferentemente do que aconteceu no Chile, em que o regime de repartição teve sobrevida apenas para *abrigar* aqueles que não foram abarcados pelo regime de capitalização).

O segundo ponto é que (e agora nos parece que há óbvia inspiração no retrospecto da experiência chilena) o regime então proposto de capitalização individual das *reservas* já trazia uma garantia básica não inferior ao salário mínimo.

O regime de capitalização chileno, com a constituição de reservas individualizadas e que não conta com o pagamento de contribuição do *empregador* para a *conta* do *empregado-segurado*, redundou em benefícios previdenciários com valores muito *baixos* e que sequer conseguiam *alcançar* o valor do salário-mínimo.

Para tentar *contornar* o problema o governo chileno instituiu o chamado *pilar solidário*, que nada mais é do que uma subvenção advinda do orçamento público e que *complementa* os valores dos benefícios gerados pelo regime de capitalização

34. Sobre regime previdenciário Chileno vide 2.1, item *c* desta obra.

individual, para que se consiga uma prestação de valor (ao menos) equivalente ao salário mínimo[35].

Finalmente, o terceiro ponto de destaque é que a proposta trazia a possibilidade de "contribuições patronais" e de "entes federativos", todavia a contribuição veio grafada como *possibilidade*, o que torna difícil antever como isso funcionaria no sistema então proposto.

Certamente, ter-se-ia que aguardar a definição infraconstitucional para se vislumbrar a amplitude e consequência da *ideia* contida na reforma pretendida, sem perder de vista que dentre os princípios constitucionais que regem o sistema de previdência está o que exige a diversidade da base de financiamento (artigo 194, VI, CF), que certamente teria que ser observado no regramento infraconstitucional.

O regime de capitalização enquanto regime público de previdência não obteve êxito na reforma previdenciária brasileira que redundou na edição da EC n. /2019. Mas o regime privado de previdência foi foco de algumas alterações e segue com vigor na arquitetura constitucional de seguridade social.

Referidas alterações foram mais *exploradas* no chamado regime próprio de previdência social, o que não significa dizer que o impacto não retumbou em todo o sistema, na medida em

35. "En el caso de la pensión mínima garantizada (PMG), se trata del derecho del afiliado al régimen de capitalización individual, con veinte años de cotizaciones en cualquier régimen previsional, a acceder una pensión mínima. Ella fue reemplazada por el APS, en los términos estudiados y solo se encuentra vigente para quienes, habiéndola obtenido, desean conservarla

(...)

Este mecanismo complementario de pensiones y aportes solidarios como derecho personal, asegura beneficios a un número significativo de adultos mayores y de inválidos. Con las pensiones de cálculo que complementa lleva a que cerca del 90%111 de las personas mayores con 65 años o más alcancen pensiones por vejez e invalidez, según el caso112. Dicho total incluye a los beneficiarios de PBS de vejez o invalidez, así como a los de otros regímenes. A fines de noviembre de 2017 la población cubierta por el pilar solidario alcanzaba a 1.414.980 beneficiarios (...)". (Cifuentes Lillo, Hugo. El Sistema de Seguridad Social Chileno: Descripción y aspectos generales (Spanish Edition). Ediciones UC. Edição do Kindle. p. 780).

que os entes federativos (e respectiva *administração indireta*) poderão trabalhar com entidades de previdência complementar fechadas ou abertas na instituição dos planos de benefícios que tenham interesse em desenvolver para os respectivos *servidores* ou *empregados*.

Como já referido, aqui a alteração também carece de normatização infraconstitucional (lei complementar) a regrá-la, mas já se pode antever uma maior competição entre as EPC, voltada para a *captação* dos fundos de benefícios patrocinados por estes entes políticos. Essa pluralidade de atores também *pode* redundar em uma diminuição dos custos arcados pelos *participantes*, bem como uma *majoração* das possibilidades de planos de previdência privada, fatores que, por si só, já seriam benéficos para todos os participantes.

Aparentemente a lei deve manter a formatação *distinta* para as EFPC e as EAPC, já que o artigo 40, §15, com a redação que lhe conferiu a EC n. /2019, de forma expressa mantém a possibilidade de ambas as EPC oferecerem planos de benefícios (todos restritos à modalidade *contribuição definida*).

O entendimento também é confirmado pelo §6º do artigo 202, que *sinaliza* com a estruturação de EFPC (veja-se, não EPC, que pode desenvolver relação jurídica no mercado *fechado* de previdência privada, mas sim EFPC) para tratar da atividade dos participantes do plano de previdência nos colegiados e instâncias de decisão.

A alteração constitucional deixa a desejar nesse ponto. Primeiro porque é de conhecimento que as EAPC não cumprem com um dos princípios constitucionais que regram, de forma geral, o *subsistema* de previdência, inserto no inciso VII do artigo 194, CF, qual seja, o caráter *democrático* (vide item 1.3), com a integração dos participantes no processo decisório e fiscalizatório das *entidades*.

Com a alteração constitucional sob comentário, é dizer, a possibilidade das EAPC firmarem contrato de previdência privada também no *mercado fechado* (antes restrito às EFPC), o mínimo que se poderia esperar é o encurtamento das *diferenças* na formatação estrutural das entidades, aproveitando o que há de *melhor* em ambas.

Da forma como se implementou a aletarção normativa constitucional, para um mesmo mercado *fechado* de previdência privada teremos uma EPC com exigências para a integração dos seus participantes no processo decisório (atendendo a preceito constitucional constante do artigo 194, CF) e outra EPC que não contará com qualquer exigência neste sentido (mantendo-se a inobservância quanto ao mesmo preceito constitucional).

Nessa toada, prossegue a supervisão destes mercados sendo desenvolvida por reguladores distintos, quais sejam, a Superintendência Nacional de Previdência Complementar - PREVIC, para o mercado de previdência privada *fechada*, e a Superintendência de Seguros Privados – SUSEP, para o mercado *aberto*.

Com as EAPC passando a atuar no mercado *fechado* de previdência complementar, quem resta competente para a supervisão? A Previc, eis que a matéria continua sendo previdência privada *fechada*, ínsita à sua competência.

Finalmente, destaca-se que o artigo 40, §2º da EC n. /2019 impõe como *piso* e *teto* para os benefícios previdenciários conferidos no âmbito do RPPS os mesmos valores concedidos para as prestações previdenciárias no âmbito do RGPS. Tendo em vista que os subsídios auferidos no setor público são, de forma geral, superiores à media dos salários da iniciativa privada, bem como que há perspectiva de *queda* (ou, ao menos, não elevação) do valor que expressa esse *teto*, referido regramento deve dinamizar a *complementação* da remuneração da aposentadoria por meio do contrato de previdência privada. Os parágrafos 14 e 15 do mesmo artigo 40 corroboram o raciocínio retro desenvolvido.

1.2 A PREVIDÊNCIA PRIVADA COMO DIREITO SOCIAL

Tendo em vista a digressão feita no capítulo anterior, já se poderia adiantar o entendimento que se consubstanciará ao final dessa explanação. Partindo dos fundamentos e objetivos da República, alcançando os direitos e garantias fundamentais e o que consignado no artigo 6º da Carta de Princípios com relação aos direitos sociais, também rememorando a *desconstrução* didática com relação ao sistema de Seguridade Social e ao regime de Previdência Social, pode parecer que não há o que desenvolver neste tópico, posto que já respondido no anterior.

Não é o que poderemos observar. Trazendo desde já a ressalva de que o tema contará com importância fulcral quando da análise da arbitrabilidade (Seção 5.5) da temática ora sob estudo.

Iniciando os desdobramentos do assunto, vale trazer à colação entendimento preambular a respeito do direito social, que, segundo Eliane Romeiro Costa,[36]

> [...] consiste em direito humano, coletivo, cujos princípios fundamentais são a solidariedade e cuja finalidade é o alcance das normas de justiça social. O direito social tem conteúdo moral, de justiça social, refletindo seus fundamentos nos direitos à segurança social. Como questão social, relaciona-se com a crise do emprego e com o que a doutrina social qualifica de interesse coletivo.

Pensamos que a primeira base para a extração do verdadeiro significado do direito social é a normativa, logo, o artigo 6º da Carta de Princípios. Obviamente que o "direito social" não se restringe ao conteúdo do normativo retromencionado,

36. COSTA, Eliane Romeiro. *Previdência complementar na seguridade social:* o risco velhice e a idade para a aposentadoria. São Paulo: LTr, 2003. p. 15.

ao contrário, o artigo meramente inaugura a temática que se espraia por uma série de outros normativos espalhados pela Constituição Federal e cujo cotejo se faz indispensável mediante interpretação sistemática que conectará o emaranhado de disposições, conferindo-lhe o verdadeiro sentido.

Nessa toada, alerta Flávio Roberto Batista[37] que,

> [...] ainda do ponto de vista estritamente normativo, tais direitos são desdobrados no próprio texto constitucional e em uma infinidade de leis que os concretizam. Para ficar em poucos exemplos, os artigos 7º a 11 tratam de um extenso rol de direitos dos trabalhadores, que integram o aludido direito ao trabalho do *caput* do artigo 6º, os artigos 196 a 200 tratam dos desdobramentos do direito à saúde, os artigos 201 e 202 esmiúçam o sistema de previdência social, enquanto os artigos 203 e 204 tratam da assistência aos desamparados. Exemplos semelhantes poderiam ser encontrados em relação à moradia, segurança e todos os demais, embora de maneira não tão direta. Encerro a enumeração por aqui, entretanto, porque o direito do trabalho, unido ao direito da seguridade social – integrado, por sua vez, pelos subsistemas de saúde, previdência e assistência social, conforme disposição do artigo 194 da Constituição Federal – forma o que é tido pela doutrina como uma espécie de núcleo duro dos direitos sociais, ou seja, aquelas partes do direito que lhe emprestam o modelo geral de funcionamento. Não à toa, não faltam autores que atribuem aos direitos previstos no artigo 6º da Constituição Federal a condição de direitos econômicos, sociais e culturais, com o que tal rol englobaria três categorias distintas de direitos.

37. *Crítica da tecnologia dos direitos sociais:* uma contribuição materialista histórico-dialética. Tese (Doutorado). Universidade de São Paulo – Faculdade de Direito. São Paulo, 2012. p. 138-139.

Ainda do ponto de vista normativo, retomando a interpretação constitucional do tema, vale lembrar que a Constituição Federal de 1988, após indicar quais são os princípios e objetivos fundamentais da República, entre eles a dignidade da pessoa humana, elencou no Título II uma série de garantias fundamentais que abarcam não somente dos *direitos e deveres individuais e coletivos*, quanto dos demais direitos enunciados no *Título*, incluindo os direitos sociais.

Vale advertir, concordando com Ingo Wolfgang Sarlet,[38] que

> a decisão em favor da fundamentalidade de todos os direitos e garantias como tais consagrados na Constituição (que, de resto, abarcam também direitos previstos em outras partes do texto constitucional) não significa necessariamente um tratamento jurídico equivalente de todos os direitos fundamentais (especialmente no concernente à sua proteção, eficácia e efetividade), há de ser igualmente considerado como pressuposto da nossa análise e também corresponde, na sua essência, ao pensamento dominante hoje no Brasil, o que não equivale a dizer que o regime jurídico dos direitos fundamentais não seja substancialmente o mesmo.

Mas sem dúvida significa dizer que a interpretação[39] deve ser sistemática e de forma a conferir a máxima efetividade das

---

38. SARLET, Ingo Wolfgang. Neoconstitucionalismo e influência dos direitos fundamentais no direito privado: algumas notas sobre a evolução brasileira. In: SARLET, Ingo Wolfgang (Org.). *Constituição, direitos fundamentais e direito privado.* 3. ed. rev. e ampl. Porto Alegre: Livraria do Advogado, 2010. p. 16-17.

39. "À luz destas considerações, inclusive, seriam justificáveis todas as ponderações realizadas anteriormente a respeito da inviabilidade de interpretações constitucionais restritivas dos direitos sociais. Assim, parece-nos justificável, por exemplo, que a interpretação constitucional é indispensável na consolidação subjacente de uma teoria dos direitos sociais enquanto direitos fundamentais da pessoa humana. A técnica de interpretação evolutiva da Constituição assume efetiva relevância quando são mencionados os direitos sociais inscritos no texto constitucional" (CORREIA, Marcus Orione Gonçalves. Os direitos sociais enquanto direitos fundamentais. *Revista de Direito do Trabalho*, v. 117, p. 7, jan.-mar. 2005 – Revista dos Tribunais online).

normas constitucionais e, nesse ponto, é inviável, sob qualquer perspectiva, afastar a fundamentalidade dos chamados direitos sociais.[40]

A dignidade da pessoa humana, fundamento da República, só é alcançada se observadas e conferidas as condições indispensáveis para a incolumidade dessa *dignidade*, dessa *humanidade*. Tal não se alcança sem a observância dos direitos sociais consagrados na Constituição Federal. E se não há dignidade humana, não há democracia, mas sim um arremedo de Estado Democrático.

De forma tranquila se pode concluir que os direitos sociais são tão fundamentais quanto o é o princípio da dignidade da pessoa humana, sem aqueles não há base mínima a sustentar este, o que implica grave fragilização (para dizer o mínimo) do Estado Democrático de Direito.

E não é demais reforçar que o Sistema de Seguridade Social faz parte deste núcleo *consagrado* como direito social pela Carta Republicana, o que implica dizer que a análise das regras que dão contorno e balizamento à Saúde, Assistência

40. "Assim, em que pese a circunstância de que a situação topográfica do dispositivo poderia sugerir uma aplicação da norma contida no art. 5º, §1º, da CF apenas aos direitos individuais e coletivos, o fato é que este argumento não corresponde à expressão literal do dispositivo, que, consoante frisado, utiliza a formulação genérica 'direitos e garantias fundamentais', revelando que, mesmo em se procedendo a uma interpretação meramente literal, não há como sustentar uma redução do âmbito de aplicação da norma a qualquer das categorias específicas de direitos, nem mesmo aos – como já visto, equivocadamente designados – direitos individuais e coletivos do art. 5º. Em sentido contrário, todavia, houve inclusive quem propusesse uma 'nova exegese' da norma contida no art. 5º, § 1º, CF, sustentando a sua necessária interpretação restritiva quanto ao alcance (embora extensiva quanto à eficácia), já que, segundo tal orientação, o Constituinte 'disse mais do que o pretendido', o que, contudo sugere a adoção de uma interpretação baseada não apenas na questionada e questionável 'vontade do Constituinte', mas num 'originalismo' ancorado numa vontade presumidamente contrária ao próprio teor literal do dispositivo, o que, à evidência, não nos parece seja sustentável" (SARLET, Ingo Wolfgang. Notas sobre o regime jurídico-constitucional dos direitos sociais na condição de direitos fundamentais, com ênfase na "aplicabilidade imediata" das normas de direitos fundamentais. In: COPETTI NETO, Alfredo; LEITE, George Salomão; LEITE, Glauco Salomão (Coord.). *Dilemas na Constituição*. Belo Horizonte: Fórum, 2017. p. 90).

Social e Previdência Social (inclusa neste último, como visto, a Previdência Privada) devem ser efetivadas levando-se em consideração todo o cuidado indispensável que se deve ter com as garantias fundamentais, que preservam e mantêm o Estado Democrático e, sobretudo, a dignidade da pessoa humana.

1.3 PRINCÍPIOS DA PREVIDÊNCIA PRIVADA

Perscrutando a Constituição Federal de 1988, topograficamente observa-se que no Capítulo voltado para a Seguridade Social, mais especificamente no artigo 194,[41] estão dispostos (sob a batuta das "Disposições Gerais) os princípios ("objetivos") norteadores da Seguridade Social.

Ainda, referido normativo constitucional deixa claro que a Seguridade Social é desenvolvida por meio de um *conjunto integrado de ações* que demanda a participação da sociedade e do Poder Público, competindo também a este a organização[42] desse sistema.

---

41. "Art. 194. A seguridade social compreende um conjunto integrado de ações de iniciativa dos Poderes Públicos e da sociedade, destinadas a assegurar os direitos relativos à saúde, à previdência e à assistência social.

Parágrafo único. Compete ao Poder Público, nos termos da lei, organizar a seguridade social, com base nos seguintes objetivos:

I - universalidade da cobertura e do atendimento;

II - uniformidade e equivalência dos benefícios e serviços às populações urbanas e rurais;

III - seletividade e distributividade na prestação dos benefícios e serviços;

IV - irredutibilidade do valor dos benefícios;

V - eqüidade na forma de participação no custeio;

VI - diversidade da base de financiamento;

VII - caráter democrático e descentralizado da administração, mediante gestão quadripartite, com participação dos trabalhadores, dos empregadores, dos aposentados e do Governo nos órgãos colegiados".

42. Referida determinação constitucional também aparece na normatização infraconstitucional. Vale observar o que disposto no artigo 3º da Lei Complementar n. 109, de 29 de maio de 2001, que tem por escopo a regulamentação determinada pela Constituição Federal do Regime de Previdência Privada:

"Art. 3º A ação do Estado será exercida com o objetivo de:

I - formular a política de previdência complementar;

Conforme já sublinhamos no item 1.1, o sistema de Seguridade Social comporta os *direitos relativos* à saúde, previdência e assistência social. Também já tecemos o entendimento de que a previdência privada é espécie do que disciplinado de forma geral para a previdência social, portanto, os princípios gerais estabelecidos no artigo 194 da CF irradiam seus efeitos para o regime de previdência privada.

É necessário, todavia, para o acerto e devido fundamento da conclusão, que o entendimento vá além do mero condicionamento topográfico da Carta Republicana, conforme ensina Daniel Pulino:[43]

> [...] o que interessa, para o jurista, é a forma como a disciplina da previdência complementar foi realizada pelo sistema normativo, pelo direito positivo, vale dizer, o que interessa é saber se há normas jurídicas (constitucionais e infraconstitucionais, estas editadas em consonância com aquelas) relacionando a matéria direta ou indiretamente ao sistema de seguridade social, e, nessa medida, qualificando a previdência complementar como parte da seguridade social, a quem se reserva mais ou menos amplo papel no sistema total.
>
> Nesse sentido, os critérios acima aventados da topologia e da matéria não podem ser bastantes em si, decisivos, para o jurista, ainda que possa – isto sim – revelar uma pista para a questão formulada no início deste Capítulo. No entanto, para confirmar o correto direcionamento dessa "pista" não pode faltar – eis o ponto realmente relevante – a análise das normas jurídicas [...], para saber se e em que medida elas impõem à matéria previdência

---

II – disciplinar, coordenar e supervisionar as atividades reguladas por esta Lei Complementar, compatibilizando-as com as políticas previdenciária e de desenvolvimento social e econômico-financeiro;

[...]".

43. *Previdência complementar:* natureza jurídico-constitucional e seu desenvolvimento pelas entidades fechadas cit., p. 318.

complementar os princípios e regras que conformam o sistema de seguridade social.

E para evoluir no raciocínio, iniciada a partir da análise topográfica da Carta de Princípios, prosseguimos para a interpretação sistemática das normas constitucionais. Assim fazendo, rememoramos que as regras inseridas no sistema de Seguridade Social são *direitos sociais*, com as decorrentes *implicações* que pudemos especificar no tópico anterior (item 1.1). O que significa dizer que a Seguridade Social perfaz sistema que importa à dignidade da pessoa humana, sustenta (pois que fundamento) o Estado Democrático de Direito e tem como objetivo o bem-estar e a justiça social.

Para alcançar tão intrincados objetivos o Constituinte de 1988 arquitetou um *sistema* (Seguridade Social) que abarca (de modo a "*dar conta*") e tem por finalidade assegurar os direitos relacionados à saúde, previdência e assistência social. E nessa arquitetura sabiamente não se incutiu todos esses direitos dentro de um mesmo regime jurídico (*privado* ou *público*).[44]

Ao contrário, por meio da diversificação da execução de direitos tão caros, o constituinte projetou, e alcançou, a abrangência necessária, advinda do imenso escopo e da transversalidade que abraça, sustenta e equilibra, de uma forma ou de outra, toda a sociedade brasileira.[45]

---

44. "[...] é preciso sustentar que, a despeito das dúvidas de parte da doutrina, os seguros privados também cumprem função previdenciária, ainda que seja diferente o meio pelo qual tal função é desincumbida, tal como é diferente a ordem de interesses que dela deriva. No seguro privado, a eliminação da situação de necessidade é assumida pelo segurador que tem a obrigação de suportar os efeitos econômicos do temido evento, depois do correspondente pagamento do prêmio por parte do segurado. Nos seguros tradicionalmente designados como seguros sociais, ao contrário, a eliminação das situações de necessidade é efetivada através da organização de um serviço público" (PERSIANI, Mattia. *Direito da Previdência Social* cit., p. 53).

45. "A seguridade social, como meta essencial do Estado, diz respeito apenas às necessidades essenciais. Esse sistema encontra limites em sua própria função, que é, necessariamente, a de efetivar, recorrendo à solidariedade geral, um interesse público geral [...]. Além de tal limite, a eliminação da necessidade é, e deve ser, deixada para a previdência privada". Idem, ibidem.

Mas o sistema é um só, é o da Seguridade Social, com os contornos que a Carta Republicana vem lhe conferindo desde seu artigo inaugural, até a especificação que ora comentamos, encetada na abertura do Título VIII. E se o sistema (como não poderia deixar de ser, sob pena de não perfazer um *sistema*) conta com coesão e unicidade, e os princípios que lhe regem ricocheteiam (*irradiam*) para os regimes que lhe fazem parte integrante (aliás, regimes que sustentam - ou dão corpo - ao próprio sistema).

Tal raciocínio também possibilita explicar uma série de pseudocomplicações que são foco doutrinário há muito tempo, como, *e.g.*, o modo pelo qual referidos princípios do artigo 194 poderão iluminar os contornos da previdência privada, haja vista a *disparidade* de regimes e, consequentes, características.

Como já referido anteriormente, a pluralidade de regimes a sustentar as bases (e objetivos) da Seguridade Social tem como propósito justamente viabilizar que se cumpram os desígnios constitucionais que, no caso, são de considerável amplitude e relevo.

Portanto, há na Seguridade Social a previdência de caráter público e filiação obrigatória e a previdência privada e de contratação facultativa, ambas voltadas para o mesmo objetivo; o mesmo a se dizer no que diz respeito à saúde, com um regime universal de atendimento e outro de contornos privados, também demandando contratação.

Por isso não há que se falar que em decorrência da universalidade do inciso I do artigo 194 da CF se viabilizará a concessão de benefício, no regime de previdência privada, sem previsão contratual. E não se viabiliza tal raciocínio porque, como explicado, o regime jurídico é outro, completamente diferente do regime da previdência pública, porém, isso não significando que o princípio (da universalidade) não irradia seus efeitos por sobre a previdência privada, na forma e na medida que demanda este regime.[46]

De novo, a pluralidade de regimes, com contornos públicos e privados, com mandamentos obrigatórios e facultativos, é a base engenhosa do sistema de Seguridade Social, que confere estabilização social e sinaliza a direção do bem-estar e justiça social.

Mas a previdência privada, não se perca de vista, é desenvolvida sob a égide das atividades de índole privada e sofre os influxos dos princípios constitucionais advindos do Título VII (Da Ordem Econômica e Financeira) e Capítulo I (Dos Princípios Gerais da Atividade Econômica) da Constituição Federal, isso significando dizer que o regime da previdência privada tem ínsito a lhe reger os princípios enumerados no artigo 170 da CF, em especial a valorização do trabalho humano e a livre-iniciativa, conectados à justiça social e ao bem-estar, por sua vez geradores da existência digna.

O princípio da unidade[47] da Carta de Princípios poderia aqui ser chamado a acudir eventuais contraposições havidas no

---

46. "Ainda que, em princípio, o conjunto de objetivos explícitos da seguridade social seja aplicável à previdência complementar fechada, as particularidades do regime de previdência complementar impostas pela Constituição e concretizadas nas Leis Complementares ns. 109 e 108, de 2001, especificamente para o segmento fechado, haverão, evidentemente, de impor o *sentido* e a *intensidade* que cada um daqueles princípios terá na matéria, sendo possível *até* a *eventual derrogação* provocada pelos subprincípios decorrentes da natureza particular do regime de previdência privada" (PULINO, Daniel. *Previdência complementar:* natureza jurídico-constitucional e seu desenvolvimento pelas entidades fechadas cit., p. 323).

47. "É precisamente por existir pluralidade de concepções que se torna imprescindível a unidade na interpretação. Afinal, a Constituição não é um conjunto de normas justapostas, mas um sistema normativo fundado em determinadas idéias que configuram um núcleo irredutível, condicionante da inteligência de qualquer de suas partes. O princípio da unidade é uma especificação da interpretação sistemática, e impõe ao intérprete o dever de harmonizar as tensões e contradições entre normas. Deverá fazê-lo guiado pela grande bússola da interpretação constitucional: os princípios fundamentais, gerais e setoriais inscritos ou decorrentes da Lei Maior" (BARROSO, Luís Roberto. *Interpretação e aplicação da Constituição:* fundamentos de uma dogmática constitucional transformadora. 7. ed. rev. São Paulo: Saraiva, 2009. p. 202).

regime de previdência privada, na medida em que se desenvolve sob a batuta de diferentes regramentos constitucionais.

Como ensina Luís Roberto Barroso,

> o papel do princípio da unidade é o de reconhecer as contradições e tensões — reais ou imaginárias — que existam entre normas constitucionais e delimitar a força vinculante e o alcance de cada uma delas. Cabe-lhe, portanto, o papel de harmonização ou "otimização" das normas, na medida em que se tem de produzir um equilíbrio, sem jamais negar por completo a eficácia de qualquer delas. Também aqui, a simplicidade da teoria não reduz as dificuldades práticas surgidas na busca do equilíbrio desejado e na eleição de critérios que possam promovê-lo.[48]

No caso ora sob análise não vislumbramos tal antinomia, na medida em que, como já explicado, o Sistema de Seguridade Social foi arquitetado para se utilizar, engenhosamente, de uma pluralidade de regimes, que findaram por alcançar os nobres objetivos traçados pela Lei Suprema.

Em sintonia com o entendimento anteriormente sufragado, Pulino[49] explicita que a

> [...] assimilação daqueles princípios dentro da atividade de previdência complementar fechada haverá de ocorrer tanto no momento em que o *Estado*, *organizando* (artigo 194, parágrafo único) o setor, edite *as leis* (enquanto agente *normativo*, cf. art. 174 da Constituição) conformadoras daquela atividade (o que foi especificamente encomendado pelo art. 202, *caput*, da Constituição),

48. BARROSO, Luís Roberto. *Interpretação e aplicação da Constituição:* fundamentos de uma dogmática constitucional transformadora cit., p. 206.

49. *Previdência complementar:* natureza jurídico-constitucional e seu desenvolvimento pelas entidades fechadas cit., p. 327.

quanto no momento do desenvolvimento das próprias relações (contratuais e facultativas) pela *sociedade*, isto é, pelos *sujeitos* (patrocinadores e instituidores, participantes e assistidos, e as entidades), que, *atuando como particulares*, agindo no campo da autonomia privada, realizam concretamente a (atividade econômica de) previdência complementar fechada.

A natureza privada das relações advindas do regime de previdência complementar são decorrência do querer do legislador constitucional quando da arquitetura do sistema de Seguridade Social, logo, não havendo o que se falar em antinomia, sobreposição ou contraposição, mas sim em observância das regras que dão contorno e conformam o sistema, sob pena de se desnaturar o próprio sistema.

Atentos a essas considerações, vale iniciar a abordagem dos princípios constitucionais que regem a Seguridade Social (artigo 194 da CF) e sua aplicação à previdência privada, partindo do panorama traçado por Daniel Pulino,[50] que destaca a

> [...] relevância dos *princípios constitucionais* para a interpretação e aplicação do direito na matéria, impondo-se, nessas tarefas, sejam eles levados em conta – em linha, por assim dizer, decrescente de densidade jurídica, mas crescente de sentido para a compreensão sistemática da ordem jurídica brasileira –, desde os princípios específicos do regime de previdência complementar (art. 202 da Constituição), passando pelos setoriais da seguridade social (194) e da atividade econômica (170 e seguintes), todos coordenados pelos fundamentos (art. 1º) e objetivos (art. 3º) consagrados para a República brasileira e que, exatamente por isso, *refletem-se* naquelas duas "ordens" do texto constitucional brasileiro, a "ordem econômica"

50. *Previdência complementar:* natureza jurídico-constitucional e seu desenvolvimento pelas entidades fechadas cit., p. 374.

(art. 170, *caput*) e a "ordem social" (art. 193), quer em seus "próprios" fundamentos (no primeiro caso, "a valorização do trabalho humano", aqui *acrescida* – importa notar – da "*livre inciativa*", e, no segundo, o "*primado do trabalho*"), quer em seus "próprios" objetivos (o "assegurar a todos existência digna", que não é senão, com outra roupagem, o "bem-estar social", além da "justiça social", que aparece com idênticas palavras nos dois dispositivos).

O primeiro princípio que desponta no artigo 194 da CF é o da *universalidade*[51] da cobertura e do atendimento, objetivo dos mais importantes do sistema de seguridade social,[52] e assim o é porque exige a extensão protetiva da seguridade social para toda a sociedade brasileira. O Estado, por intermédio da arquitetura criada para dar cabo a desafiador objetivo, deve conferir a proteção social a quem quer que seja (universalidade subjetiva) e tendo em vista qualquer risco que impacte negativamente o cidadão, afastando-o do bem-estar social.

No âmbito da previdência privada, a universalidade dita *subjetiva* deve ser entendida como o necessário oferecimento à participação daquele que se interessar em um plano de benefícios, observadas as peculiaridades do regime. Nesses

51. "O princípio motor do sistema, primeiro pilar estrutural do mesmo, se expressa no inciso I, do parágrafo único do art. 194 da Constituição e é assim enunciado: universalidade da cobertura e do atendimento.
Pode-se dizer que, dessa base, a universalidade, fórmula com a qual a seguridade social pretende operar sobre certo ambiente – a Ordem Social –, todas as demais derivam.
As próprias regras de transformação do sistema estão sujeitas, de modo permanente, a essa verdadeira pedra fundamental em que se encontra apoiado todo o edifício" (BALERA, Wagner. *Sistema de seguridade social* cit., p. 30).

52. "Considerando que a universalidade é a característica mais marcante do modelo de seguridade social, desde o seu aparecimento histórico, inspirado nos relatórios de Beveridge, não seria exagerado dizer que, a rigor, todos os demais princípios do art. 194, parágrafo único, de nossa Constituição, são, de algum modo, repercussões da universalidade. Nessa medida, muito do que adiante se dirá a respeito de cada um dos princípios acabará nos trazendo de volta ao porto seguro da universalidade" (PULINO, Daniel. *Previdência complementar:* natureza jurídico-constitucional e seu desenvolvimento pelas entidades fechadas cit., p. 387).

termos, resta atendida a universalidade subjetiva quando nos planos de benefícios de previdência privada fechada é ofertada a possibilidade de integrar o referido plano, na condição de participante, aos trabalhadores da empresa patrocinadora, ou então a todos os associados da instituidora (aliás, quanto às Entidades Fechadas de Previdência Complementar, tal se dá também por expressa previsão do artigo 16 da Lei Complementar n. 109, de 29 de maio de 2001).

O mesmo vale com relação aos planos *abertos* de previdência privada, porém, com maior força no que diz respeito ao alcance do princípio, que não admitindo medidas que possam infringir a igualdade de tratamento, tem potencial de *alcance* consideravelmente maior.

Nesse sentido, Ivy Cassa:[53]

> A previdência privada é também caracterizada pela incidência do princípio da universalidade, mas em sentido notadamente peculiar, sendo acessível a qualquer pessoa (especialmente no caso dos planos individuais das entidades abertas) ou, de maneira mais restrita, a qualquer pessoa física que possua vínculo estabelecido em lei com alguma pessoa jurídica contratante. Dentro dos planos coletivos, o conceito de universalidade ganha ainda outra dimensão: o plano deverá ser acessível a todas as pessoas que possuem o vínculo, não podendo haver distinção entre elas.

A universalidade *objetiva*, ou "de cobertura", são os riscos sociais que abatem o cidadão e podem por em xeque o seu bem-estar no corpo social, o que não deixa de também fragilizar os objetivos da seguridade social.

Perante a previdência privada a universalidade de cobertura pode ser entendida como a especificação dos riscos que serão

53. *Contrato de previdência privada*. São Paulo: MP Ed., 2009. p. 62-63.

cobertos pelo plano de benefício a que se *junta* facultativamente, levando-se em consideração todas as características próprias do regime e, por que não dizer, sopesando as condições particulares para se aderir ao quanto proposto. Isso significando dizer que planos com coberturas extensas demandam contribuições mais elevadas para seu equilíbrio, o que pode redundar na impossibilidade de pagamento por certa parcela da população, que irá optar por um plano com boas coberturas e uma contribuição mais adequada ao orçamento familiar.

Vale destacar que o Estado pode atuar nesta seara utilizando instrumentos de intervenção[54] na atividade econômica. Adotando a *classificação* de Eros Roberto Grau, são três as modalidades de *intervenção*: intervenção por *absorção* ou *participação*, intervenção por *direção* e intervenção por *indução*.[55]

Segundo Grau, "No primeiro caso, o Estado intervém *no* domínio econômico, isto é, no campo da *atividade econômica em sentido estrito*. Desenvolve ação, então, como agente (sujeito) econômico. Intervirá, então, por *absorção* ou *participação*".

A distinção entre as *espécies* de intervenção está que na *absorção* o Estado atua na atividade econômica *absorvendo* totalmente o veio de atuação (regime de monopólio), enquanto na *participação* o Estado atuará em regime de *competição* com as demais empresas privadas que também atuarão no mesmo ramo de atividade.

Nas intervenções por *direção* ou *indução* o Estado atua como *regulador* da atividade econômica. No primeiro caso

54. "Insisto em que me refiro a *intervenção* e *intervencionismo* sem penetrar o inútil e inteiramente inócuo debate a respeito da inconveniência ou incorreção do uso desses vocábulos, em torno do qual muito tempo tem sido perdido. *Intervir* é atuar em área de outrem: atuação, do Estado, no domínio econômico, área de titularidade do setor privado, é *intervenção*. Atuação do Estado além da esfera do público – isto é, na esfera do privado – é *intervenção*. De resto, toda atuação estatal pode ser descrita como um ato de intervenção na ordem social" (GRAU, Eros Roberto. *A ordem econômica na Constituição de 1988* (interpretação e crítica) cit., p. 72).

55. Idem, p. 90 e 143.

(*direção*), por meio de *comandos impositivos* que necessariamente deverão ser observados pelos agentes que desenvolvem atividade econômica no meio específico (inclusive as próprias empresas estatais que exploram a atividade). Já na intervenção por *indução*, o Estado atua por meio de *normas dispositivas*, sem a mesma carga cogente anotada na espécie interventiva anterior, mas que têm como objetivo *induzir* o particular a atuar de determinada forma (visando resultado que implique ganhos para a coletividade).[56]

Retomando os ensinamentos de Eros Grau, tem-se que

> A sedução à adesão ao comportamento sugerido é, todavia, extremamente vigorosa, dado que os agentes econômicos por ela não tangidos passam a ocupar posição desprivilegiada nos mercados. Seus concorrentes gozam, porque aderiram a esse comportamento, de uma situação de donatário de determinado bem (redução ou isenção de tributo, preferência à obtenção de crédito, subsídio, *v.g.*), o que lhes confere melhores condições de participação naqueles mesmos mercados.[57]

Assim, por meio da intervenção por *indução* pode o Estado fomentar a criação de planos com maior plexo de cobertura para os riscos sociais ou mesmo estimular a solidariedade.

Bem exemplifica Daniel Pulino,[58] quando lembra que

> [...] poderia o legislador encorajar – já que ora cuidamos da modalidade indutiva – os agentes econômicos (patrocinadores, entidades e participantes) a que contratem planos de benefícios que apresentem, em sua estrutura

56. Idem, p. 144-145.
57. GRAU, Eros Roberto. *A ordem econômica na Constituição de 1988* (interpretação e crítica) cit., p. 145.
58. Previdência Complementar: Natureza jurídico-constitucional e seu desenvolvimento pelas entidades fechadas. – São Paulo: Conceito Editorial, 2011. p. 356.

jurídica e atuarial, maior *universalidade* de cobertura (p.ex., cobrindo não apenas benefício de aposentadoria programada, como também todos os benefícios de risco, ou então prevendo planos de concessão de aposentadorias vitalícias ao invés de aposentadorias por prazo determinado) maior *uniformidade* (p.ex., nas regras de cálculo para as contribuições do patrocinador ou para concessão dos benefícios) ou maior grau de solidariedade (p. ex., mediante estabelecimento de pagamento de aposentadoria por invalidez sempre pelo valor esperado pelo plano para o benefício pleno programado, mediante a securitização do risco ou a atribuição de dever, ao patrocinador ou ao próprio grupo, para integralização, na data da invalidez, do saldo de contribuições esperado na data de elegibilidade da aposentadoria programada, evitando-se, com isso, que o participante receba apenas o saldo de conta acumulado, por ínfimo que seja, na data da invalidez).

Avançando para o princípio contido no inciso II do artigo 194 da CF, que trata da uniformidade e equivalência dos benefícios e serviços às populações urbanas e rurais, tem-se, *prima facie*, que perfaz desdobramento do princípio da universalidade, com densidade maior ante a proposta e perante o momento histórico. Obviamente que o princípio da uniformidade não diz com a mescla mediante imposição de tratamento equivalente aos regimes de previdência social e de previdência privada. Primeiro porque isso implicaria afrontar a autonomia constitucionalmente garantida a este último e, segundo, como já insistentemente destacado neste estudo, porque a arquitetura da seguridade social brasileira é fundada na diversidade de regimes, não havendo qualquer sentido lógico em tentar torná-los iguais.

No regime da previdência privada a uniformidade no tratamento, para além da proposta do tratamento igualitário para o acesso ao plano e para as condições do plano, sem que alguns sejam bonificados ou prejudicados, há o interessante debate quanto à necessidade de se ofertar todo um contingente de produtos a todos os participantes.

Tal obrigatoriedade de contratação abrangente de produtos pode inviabilizar, financeiramente, a participação do pretenso participante. Contrariamente, a concessão de certos produtos a poucos, ou mesmo a negativa de certos benefícios a poucos, pode redundar em clara ofensa ao princípio sob comentário.

É do equilíbrio entre tais situações, desnudado pelo nítido interesse previdenciário do plano, que poderá ser atendida a uniformidade e equivalência.

Quanto ao princípio da seletividade e distributividade, esclarece Ana Cláudia Redecker[59] que

> [...] objetivam à realização da justiça social, eis que enquanto aquele visa conceder benefícios e serviços a quem mais precise, ou seja, concede-se benefícios e serviços mediante a exigência da condição de recursos do interessado ou do seu agregado; esse é uma consequência daquele, pois, na medida em que se dá mais a quem mais necessite, se está distribuindo melhor a renda. O legislador escolhe e seleciona os riscos que serão protegidos através da legislação ordinária, de acordo com a capacidade econômica do Estado. Os riscos e contingências protegidas são: doença, invalidez, morte, idade avançada, proteção à maternidade, proteção ao trabalhador em situação de desemprego involuntário, proteção aos segurados de baixa renda (salário-família e auxílio-reclusão) e o risco de acidente do trabalho. Da mesma forma, esse princípio é utilizado para fundamentar as retiradas, pelas contribuições sociais, das classes e categorias com mais recursos para contribuir.

59. *Comentários à Constituição Federal de 1988* cit., p. 2115.

Há a possibilidade de o legislador, partindo dos necessários riscos já apontados na Carta de Princípios, ampliar as hipóteses protetivas (ou a enumeração dos riscos que ensejarão o *socorro público*) para, dessa forma, ampliar o leque de atuação do sistema de seguridade social.

Também há essa possibilidade do regime de previdência complementar, com a diferença que as hipóteses protetivas, ou a delimitação dos riscos (seletividade), vêm cravadas nos respectivos regulamentos dos planos arquitetados. O Estado aqui também pode *intervir* de forma a ampliar a expressão dessa seletividade, nos moldes aqui já anunciados, como também pode fazer para incrementar a distributividade.

Não é difícil concluir que a *distributividade* é de difícil assimilação[60] nos planos de previdência complementar, na medida em que a própria solidariedade conta com superfície de contato mais restrita nesse regime, especialmente na onda planificadora dos planos de contribuição definida.[61]

A comunhão de interesses voltados para um objetivo comum (a proteção em face dos riscos sociais, gerando a manutenção digna da qualidade de vida, do bem-estar social) não deixa de configurar um relacionamento envolto pela solidariedade, ainda quando diante de planos que contam com reservas perfeitamente individualizadas. Isso porque essas reservas, num todo consideradas, gerarão uma força protetiva aos participantes do plano (todos no *mesmo barco*) que é superior à proteção individualizada (caso tentada dessa forma).

60. Ivy Cassa nega a possibilidade do princípio da distributividade atuar por sobre o regime previdenciário privado, pois entende que "[...] a previdência privada é baseada no regime de capitalização, pelo qual cada participante possui sua conta individualizada. Até mesmo nos planos de Benefício Definido, em que existe uma conta coletiva, não ocorre "distribuição de renda", mas **mutualismo**, ou seja, todos os participantes encontram-se nas mesmas condições, repartindo os riscos envolvidos na operação" (*Contrato de previdência privada* cit., p. 64-65).

61. Sobre "contribuição definida" vide item 4.5.

A ideia de defesa dos bens e interesses comuns também não deixa de espelhar um interesse que extrapola o mero interesse *individual*, como poderemos melhor notar no Capítulo 6 deste trabalho, seção 6.4. A gestão comum do *bem comum*, restrito, é certo, pela relação jurídica que envolve a todos no plano de benefícios, impele à atividade que enseja articulação plural que não deve ser desconsiderada.

Em sentido contrário, após afastar a ideia do pacto de gerações ou da solidariedade para os planos de benefícios arquitetados sob a égide do regime financeiro de capitalização, arremata Marina Grimaldi de Castro[62] asseverando que

> nem mesmo o mutualismo, entendido como estrutura técnica criada para propiciar mecanismos que permitam haver repartição de riscos homogêneos, encontra-se presente nos planos estruturados sob o regime financeiro de capitalização no período de diferimento ou de cobertura do contrato de previdência complementar aberta. Afinal, os participantes desses planos realizam contribuições destinadas, única e exclusivamente, ao custeio dos benefícios que eles contratam. Portanto, mesmo que os recursos das reservas técnicas, provisões e fundos constituídos pela EAPC com base nas contribuições efetuadas por todos os participantes de um mesmo plano sejam aplicados também em conjunto no mercado de capitais, tal fato não afeta o valor das contribuições devidas pelos participantes, tampouco significa que a EAPC esteja utilizando mecanismos de compensação de riscos durante o período de diferimento dos contratos de previdência complementar aberta. Nesse período, os riscos inerentes ao contrato são suportados

62. *Previdência complementar aberta:* estrutura, regulação, os planos de benefícios, o contrato de previdência complementar aberta e o regime jurídico conferido ao patrimônio formado com base nas contribuições realizadas pelos participantes. Rio de Janeiro: Lumen Juris, 2017. p. 83.

individualmente pelo participante e/ou pela EAPC, conforme o caso.

Contrariamente ao posicionamento *restritivo* já se manifestou, em acórdão recente, o E. Superior Tribunal de Justiça. No mencionado *decisum*, a I. Corte de Justiça, analisando caso em que assistido em gozo de aposentadoria complementar provinda de Fundo de Pensão requer, com base em decisão da Justiça do Trabalho que lhe reconheceu horas extras durante o vínculo laboral, a majoração do benefício *suplementar*, decidiu que mesmo sem previsão expressa no regulamento do plano de benefícios há *necessidade* do assistido pagar a reserva matemática adicional em face da majoração da respectiva aposentadoria. A cobrança da referida reserva adicional encontra fundamento de licitude na *regra da contrapartida* e no *princípio mutualista*, "(...) ínsitos ao contrato de previdência privada celebrado entre as partes".[63]

A distributividade também pode ser notada nos planos em que se gera um fundo para pagamento quando da ocorrência de certos riscos (invalidez, p.ex.) aos participantes do respectivo plano. Mais do que *mútuo*, sob a perspectiva previdenciária perfaz solidariedade que imbrica, *em certa medida*, distributividade.

A irredutibilidade do valor dos benefícios é regra que nasce (historicamente) num Brasil que sofre com o mal da inflação, que deteriora rapidamente o valor da moeda e, por via de consequência, o poder de compra do cidadão brasileiro. Obviamente que tal circunstância é também sentida na expressão monetária dos benefícios de conteúdo previdenciário.[64]

63. Recurso Especial n 1.624.273 – PR (2016/0233388-5), relatoria Ministra Nancy Andrighi.

64. Segundo Ivy Cassa o princípio "[...] é um desdobramento do preceito constitucional da irredutibilidade dos vencimentos dos empregados (art. 7º, VI). Como corolário do princípio basilar da segurança jurídica, garante ao segurado a preservação do seu poder aquisitivo" (*Contrato de previdência privada* cit., p. 65).

Lembrando-se de que as prestações previdenciárias têm como objetivo a manutenção da dignidade do ser humano enquanto vivente em uma sociedade. Quando abatido por um risco social que pode arranhar esse viver digno, tem-se que o patamar financeiro desses *benefícios* é o básico para a manutenção desse bem-estar social, nos moldes em que planejado, tendo em vista a arquitetura da seguridade social.

Essa prestação fundante da condição social digna pode deixar de sê-lo caso corroída pela inflação (*e.g.*), é dizer, caso despojado do seu poder de compra.[65]

O princípio da irredutibilidade do valor dos benefícios tem plena aplicação do regime de previdência privada, aliás, neste regime o mandamento deve incidir com ainda mais força por conta das características que também advêm do regramento constitucional, especificamente o artigo 202 da CF que impõe seja o regime de previdência complementar *baseado na constituição de reservas que garantam o benefício contratado* (o regime de capitalização[66]).

Assim, a redução do valor do benefício esperado além de contrariar regramento constitucional viola também a lógica do subsistema, que vai no sentido da comunhão de esforços (plano de benefício), sob a batuta de administradores expertos, com finalidade de maximizar os ganhos protetivos que são voltados para o futuro.[67]

---

65. "A irredutibilidade no valor do vencimento é a regra segundo os valores dos benefícios devem manter o poder aquisitivo do valor original. Nele se verificam dois comandos imperativos: vedar a redução quantitativa e a qualitativa do valor do benefício, ou seja, não é só a quantidade de moeda que é irredutível, mas também seu poder de compra" (REDECKER, Ana Cláudia. *Comentários à Constituição Federal de 1988* cit., p. 2117).

66. "O terceiro princípio específico da previdência complementar é o da capitalização. Decorre do trecho do *caput* do art. 202 que afirma que o regime é o "*baseado na constituição de reservas que garantam o benefício contratado*" (MARTINS, Danilo Ribeiro Miranda. *Previdência privada:* limites e diretrizes para a intervenção do estado. Curitiba: Juruá, 2018. p. 66).

67. "[...] considera-se possível calcular, com razoável grau de certeza, qual o montante de recursos necessários para garantir o pagamento dos benefícios previstos no contrato de previdência complementar. Para tanto utilizam-se diversas premissas atuariais, entre elas as tábuas de mortalidade e a taxa de juros, o que permite definir, a cada momento,

Não se vislumbra a menor possibilidade (lógica ou jurídico-constitucional) de valores decorrentes das contribuições dos participantes permanecerem *paradas* durante longos períodos de tempo, aguardando o momento da possibilidade do "recebimento", enquanto são corroídas pela inflação (independentemente de quão controlado esteja o processo inflacionário).[68]

Obviamente que essa conjunção de esforços a que se direciona a estratégia adotada por cada entidade de previdência privada com vistas a alavancar o valor das reservas pode redundar em perdas que podem também impactar no valor final dos benefícios. O dispositivo constitucional sob análise não se refere a essas perdas, decorrentes de eventuais investimentos malsucedidos (que contam com regramento próprio), até porque, referida atividade (a busca por maximizar o valor das reservas) está no *DNA* do regime complementar.

A possibilidade de perda decorrente de um investimento *regularmente* realizado e que não obteve sucesso não implica violação ao dispositivo constitucional ora sob comentário, mas é fato que faz parte da lógica do sistema.[69]

---

o montante de recursos necessário para o pagamento dos benefícios. A esse montante é que atribuímos o nome de reservas.

[...]

O que importa é que a promessa, registrada em contrato, seja cumprida. E a acumulação prévia de recursos é colocada pela Constituição como condição *sine qua non* para que esse desiderato seja atingido" (MARTINS, Danilo Ribeiro Miranda. *Previdência privada:* limites e diretrizes para a intervenção do estado cit., p. 67).

68. Sobre o assunto, vale o exemplo trazido por Rio Nogueira: "Outro erro era a falta de correção monetária automática das contribuições e dos benefícios; há pensionistas que agora recebem vinte centavos por ano, e, embora alguns planos prometessem benefícios reajustáveis, seria fácil mostrar que, mesmo retornando o nível da inflação a cerca de 40 por cento a.a., os Cr$30.000 mensais, assegurados depois de 15 anos de contribuição de Cr$500, não chegariam ao poder aquisitivo de Cr$200 atuais!

Esses planos sem correção monetária automática enriqueceram Instituições que aplicaram o dinheiro dos contribuintes em setores lucrativos, sobretudo no ramo imobiliário. Mas os contribuintes e seus dependentes nunca participaram dessa riqueza, entesourada e desvirtuada da sua finalidade social" (NOGUEIRA, Rio. *A crise moral e financeira da previdência social.* São Paulo: DIFEL, 1985. p. 98).

69. "Afinal, é próprio da forma de financiamento desses planos que o valor do benefício percebido pelo participante, uma vez que o saldo de conta com base no qual aquele

O sistema de seguridade social também exige equidade de participação no custeio (art. 194, V, da CF) e, "nesta medida, cabe ao legislador definir a justa proporção entre as quotas com que cada ator social há de contribuir para a satisfação da seguridade social".[70]

De forma panorâmica, com facilidade se percebe que o princípio busca a proporcionalidade no custeio do sistema, de modo que aqueles que podem contribuir com quinhão maior, assim o façam, em benefício daqueles que contam com menor capacidade contributiva, porém estão afetos a riscos, por vezes, mais danosos (com repercussão direta no seu bem-estar, na ausência do socorro previdenciário).

Há um necessário alinhamento entre a equidade e a proporcionalidade de sustentação do sistema, que pode também ser chamado de capacidade contributiva, em condições de ser emprestada do direito constitucional tributário para aqui ser aplicada. Essa conexão também perpassa a solidariedade que conta com importante assento, como visto, no sistema de seguridade social.

Mas como também já observado, a solidariedade pode encontrar certa dificuldade de inserção no regime previdenciário privado, significando dizer (o que se considera em hipótese) levar de roldão o mandamento ora analisado.[71]

---

se calcula tenha sofrido diminuição, não seja sempre o mesmo, nem em seu valor nominal, quanto menos em seu valor real, necessariamente, do que resulta a possibilidade concreta de que de um mês para outro o participante receba até mesmo um valor mais baixo de aposentadoria (bastando para isso que, de um para outro mês, o saldo de conta tenha sofrido diminuição em seu valor)" (PULINO, Daniel. *Previdência complementar:* natureza jurídico-constitucional e seu desenvolvimento pelas entidades fechadas cit., p. 401).

70. BALERA, Wagner. *Sistema de seguridade social* cit., p. 36.

71. "Na previdência privada, porém, o participante pode contribuir com o percentual que quiser, conforme sua margem de poupança, e a empresa não contribuirá com mais do que ele apenas pelo fato de possuir capacidade financeira superior à sua. Tudo depende do que for convencionado entre as partes e estiver previsto contratualmente, podendo o participante contribuir até mesmo com mais do que a empresa.

O exemplo trazido por Rio Nogueira nos mostra que tal conclusão pode ser precipitada:

> A estratégia discriminatória se realiza em duas etapas muito simples:
>
> a) a primeira consiste em limitar o benefício supletivo de aposentadoria, de forma que o valor do mesmo somado ao da aposentadoria básica (INPS) não ultrapasse um certo percentual do salário (último, médio do ano, de cálculo, seja lá do que for); chamá-lo-emos percentual crítico.
>
> b) a segunda consiste em adotar a forma paternalista de custeio, em que o empregado não contribui; somente a empresa.
>
> Já sabemos que a aposentadoria do INPS pode ser expressa em percentual daquele salário, percentual este que varia com o salário, partindo de um máximo para os segurados da classe minorante – a grande massa dos que percebem em média menos de 8,5 vezes o maior salário mínimo – e depois decresce, chegando a valores muito reduzidos para a classe majorante, dos que percebem em média salários superiores a 17 salários-mínimos.
>
> É, então, muito fácil aos autores dos projetos elitistas fixar nos Regulamentos o percentual crítico em nível inferior ou igual ao daquele máximo já concedido pelo INPS à classe minorante, que, por tal artifício simplório mas eficaz, passa a não esperar absolutamente nada a título de complementação da aposentadoria: o INPS já paga mais na aposentadoria básica do que tais Regulamentos permitem à aposentadoria total, nada cabendo portanto complementar (!).
>
> E agora vem a pergunta: por que motivo esses minorantes não reclamam?

Por essa razão, afirmamos que, na previdência privada, não há equidade na forma de participação do custeio, diferentemente do que ocorre na previdência social" (CASSA, Ivy. *Contrato de previdência privada* cit., p. 66).

> A resposta continua simples: reclamar do quê, se eles não contribuem para o sistema?
>
> Mas, para constituir-se, a Fundação não deve obter a inscrição de pelo menos 50% dos empregados etc., etc.?
>
> Isto, que poderia parecer bastante à preservação do conteúdo social, é imposto no item 11 das Normas aprovadas pela Resolução MPAS/CPC/N. 01/78, de 09/10/78, do Conselho de Previdência Complementar, mas essas mesmas Normas também dispõem no item 21:
>
> Não havendo contribuição dos participantes por ter a patrocinadora assumido os encargos totais do custeio dos planos de benefícios, estes terão aplicação à totalidade dos empregados da patrocinadora.
>
> Assim, mesmo que não o queira por nada lhe interessar, a grande maioria dos empregados de menores salários será inscrita à revelia, por força de um infeliz dispositivo emanado do poder público, que, desta forma, declara exuberantemente satisfeita ex-officio a exigência de adesão mínima de 50%!
>
> E isso explica o papel do regime paternalista não contributório referido na letra b supra, como segunda etapa da estratégia discriminatória.[72]

De se notar, com o exemplo supracolacionado, que a equidade na forma de participação do custeio não deve ser de plano descartada do regime previdenciário privado. Na mesma toada, a equidade pode não ter a dimensão irradiada na previdência pública, mas permite implementar equilíbrio no regime privado, protegendo, ainda que às avessas, a ocorrência de desproporção no quanto contribuído para o benefício concedido, quer pela manipulação que a poucos privilegia, quer em decorrência de artimanhas como a do exemplo citado, que além de fraudulenta ainda pode vir a contar com intervenção

---

72. NOGUEIRA, Rio. *A crise moral e financeira da previdência social* cit., p. 104-105.

estatal *ex-officio* a privilegiar a entidade com possíveis benefícios tributários em decorrência da implementação do plano.

Portanto, ainda que na condição de um limitador *negativo* de atuação no regime, impondo um verdadeiro não fazer, tem o princípio aplicação efetiva.[73]

Como insistentemente estamos advertindo neste estudo, o sistema de Seguridade Social ganhou contornos e ambições consideravelmente extensas com a Constituição Federal de 1988. Na tentativa de conseguir acompanhar essa ampliação protetiva o sistema ganhou diversidade na irrigação financeira que há de lhe propiciar a dinâmica da viabilidade. Tal vem estampado no artigo 194, VI, o princípio da diversidade na base de financiamento.

Para além das indispensáveis adaptações voltadas para o atendimento do novo sistema, o princípio também viabilizou conhecidas melhoras na forma de financiamento, que sabidamente causavam uma desproporcionalidade entre os agentes responsáveis pelo adimplemento das contribuições, perante os fatos da vida que geravam a subsunção.

Sobre o aspecto da necessária ampliação da base de financiamento, Balera e D´Avila[74] bem pontuam que

> [...] a introdução do sistema de seguridade social, que evolui protegendo não somente os trabalhadores, mas também todos aqueles que podem ser acometidos de

73. "A divisão equânime das contribuições deverá ser buscada no âmbito de cada regime de seguridade pública (regime geral de previdência, regimes próprios de previdência, saúde pública e assistência pública). O princípio da equidade se aplica às formas privadas de seguridade social, apesar do disposto no art. 202 da CF/1988, que assegura a sua organização de forma autônoma em relação ao regime geral de previdência. Contudo, como viemos reiterando ao longo do presente estudo, a maneira de aplicação da equidade aos quadrantes privados de seguridade é diversa daquela utilizada para formas públicas de seguridade" (BALERA, Wagner; FERNANDES, Thiago D'Avila. *Fundamentos da Seguridade Social*. Edição do Kindle. p. 104).

74. BALERA, Wagner; FERNANDES, Thiago D'Avila. *Fundamentos da Seguridade Social* cit., p. 107.

> riscos securitários, percebe-se a inadequação da antiga forma de financiamento. Impõe-se a ampliação dos "atores sociais" e das bases de cálculo. Se o sistema passa a proteger toda a sociedade, indiscutível que a forma de financiamento deve ampliar a sua base, passando a incidir sobre outras materialidades, isto é, sobre outros fatos jurídicos destinados a custear o sistema. Tanto assim, que o art. 195, caput, da CF/1988 determina que a "seguridade social será financiada por toda a sociedade".

Mas essa mesma arquitetura também trouxe, como já observado, o regime privado de previdência com os mesmos objetivos e diferente sistemática. E o princípio também tem aplicação a esse subsistema, que irá buscar maximizar os resultados utilizando-se dos mais diversos mecanismos.

Explica Pulino[75] que

> [...] devem ser constituídas reservas garantidoras do benefício contratado (Constituição, art. 202, *caput*), e sendo autofinanciado o regime de previdência complementar (quer só pelo patrocinador, quer por este e pelos participantes, mas não havendo outros contribuintes possíveis) a diversidade da base haverá de refletir-se, propriamente, para o momento de investimento, de aplicação dos recursos, impedindo que todos eles sejam investidos numa única fonte (a qual, apresentando qualquer defeito, comprometeria a garantia dos benefícios contratados).[76]

---

75. PULINO, Daniel. *Previdência complementar:* natureza jurídico-constitucional e seu desenvolvimento pelas entidades fechadas cit., p. 412.

76. Ainda, e tão somente a título exemplificativo quanto às possibilidades referentes à diversidade da base de financiamentos: "Através de seus fundos de pensão, os empregados das empresas americanas possuem hoje, no mínimo, 25 por cento do capital acionário destas, o que é mais do que suficiente para o controle. Os fundos de pensão dos profissionais autônomos, os dos funcionários públicos e os dos professores em geral, possuem, conjuntamente, pelo menos mais 10 por cento, o que transforma os trabalhadores dos Estados Unidos em donos de mais de um terço do capital acionário das empresas de seu país. Nos próximos 10 anos, os fundos de pensão irão, inevita-

Mas a diversidade na base de financiamento tem que ser observada, também, de forma conjuntural, holística no sistema. A contribuição vertida para o subsistema privado irá gerar um benefício que implica aumento da capacidade financeira daquele que o recebe, logo, necessitando menos recursos do ente estatal. O processo no regime de previdência privada, portanto, tem reflexo no sistema como um todo, na medida em que os benefícios gerados redundam em menores necessidades de *subvenção* advindas do orçamento da seguridade social.

O *ativo* gerado no regime de previdência privada também reflete de forma positiva no orçamento da seguridade social e, enquanto sistema, perfaz a diversidade pretendida na arquitetura constitucional, com certeiro repique no financiamento.

A EC nº /2019 alterou o normativo constitucional inserto no inciso VI do artigo 194 para exigir que se identifique, ante a base de financiamento *diversificada*, as rubricas contábeis específicas para cada área que compõe o sistema de seguridade social (saúde, previdência e assistência social).

A alteração perfaz exigência com impacto considerável para os regimes públicos de previdência, mas que não desdobra em novidades para os regimes privados que já devem contar com acurada identificação contábil dos ativos que lhe são conferidos para a gestão (art. 3º, LC 109/2001).

Finalizamos esta análise com o princípio da gestão democrática e descentralizada da administração do sistema, que se dará por meio de uma gestão quadripartite, com participação

velmente, aumentar a sua participação e, por volta de 1985 (provavelmente antes), irão possuir pelo menos 50 – se não 60 – por cento do capital acionário das empresas americanas. E nos 10 anos seguintes, bem antes do final do século, a participação dos fundos de pensão deverá ultrapassar os dois terços do capital acionário (isto é, ações ordinárias), além de obterem uma participação majoritária (talvez 40 por cento) do capital de terceiros (títulos, obrigações, debêntures) na economia americana. E a inflação só irá acelerar esse processo" (DRUCKER, Peter Ferdinand. *A revolução invisível:* como o socialismo fundo de pensão invadiu os Estados Unidos. Trad. Carlos A. Malferrari. São Paulo: Pioneira, 1977. p. 3).

dos trabalhadores, dos empregadores, dos aposentados e do Governo nos órgãos colegiados (art. 194, VII, da CF).

Pode-se dizer que a participação democrática é fundamento do Estado brasileiro, valendo lembrar que o artigo 10 da Carta de Princípios também já garante a participação dos trabalhadores e empregadores em órgãos públicos cujos interesses profissionais ou previdenciários sejam objeto de discussão ou deliberação. Portanto, nesse diapasão o princípio sob comentário vem dar continuidade a uma ideia que está impregnada na Lei Suprema.

A gestão descentralizada tem por finalidade conferir agilidade ao sistema e propiciar retornos mais rápidos quanto à implementação dos diferentes *socorros* e a própria burocracia a ser implementada. A descentralização, implicando acompanhamento mais *próximo*, também gera maior agilidade na contenção e retificação de procedimentos equivocados; ou seja, é boa prática a ser implementada.

No subsistema de previdência complementar o princípio pode ser notado de forma mais clara na chamada previdência privada *fechada*, com expressa disposição constitucional[77] a respeito e a respectiva regulamentação inserida na Lei Complementar n. 109/2001 a determinar:

> Art. 35. As entidades fechadas deverão manter estrutura mínima composta por conselho deliberativo, conselho fiscal e diretoria-executiva.
>
> § 1º O estatuto deverá prever representação dos participantes e assistidos nos conselhos deliberativo e fiscal, assegurado a eles no mínimo um terço das vagas.

---

77. "Art. 202. [...]

§ 6º A lei complementar a que se refere o § 4° deste artigo estabelecerá os requisitos para a designação dos membros das diretorias das entidades fechadas de previdência privada e disciplinará a inserção dos participantes nos colegiados e instâncias de decisão em que seus interesses sejam objeto de discussão e deliberação."

> § 2º Na composição dos conselhos deliberativo e fiscal das entidades qualificadas como multipatrocinadas, deverá ser considerado o número de participantes vinculados a cada patrocinador ou instituidor, bem como o montante dos respectivos patrimônios.

Já nas entidades de previdência privada aberta

> [...] os participantes e assistidos não integram a gestão dos planos. Isso é mais um reflexo da diferença na assunção de riscos que ocorre em uma e em outra. Como nas entidades fechadas os participantes e assistidos assumem o risco da operação, é natural que tenham participação ativa na gestão. Nas entidades abertas, como o risco é apenas delas e não do participante, ele não integra a equipe da gestão.[78]

O fator lucro nos parece determinante para a maior, ou menor, recepção do que irradia esse princípio. Tendo em vista a busca pelo lucro nas entidades abertas de previdência privada há limites, ou verdadeira negativa, à participação democrática. Diferentemente nas entidades de previdência privada fechada, em que há a vedação à busca pelo lucro e há a participação na elaboração dos regulamentos, dinamizando a incidência do princípio.

Não nos parece que o discrímen é suficiente para a recepção de forma tão díspare do que determinado pelo princípio constitucional para a implementação nas chamadas entidades de previdência privada *fechada* e *aberta*, ainda que, como visto, haja disposição constitucional e legal impondo a participação democrática apenas para o regime de previdência fechada.

Tal não implica dizer que a leitura deve ser no sentido de que, em face da ausência explícita de incitação jurídico-

78. CASSA, Ivy. *Contrato de previdência privada* cit.

-normativa, o princípio não emana efeitos para a previdência aberta. O lucro buscado, legitimamente, pelas entidades de previdência complementar aberta não pode descaracterizar o produto que é a disseminação de previdência.[79] O regime *aberto* ou *fechado* veicula previdência,[80] como parte de uma arquitetura constitucional constituída para formar o sistema de seguridade social.

Ante tais considerações, parece-nos equivocado o afastamento, por si só, do princípio, do regime de previdência complementar aberta, até porque, para além dos argumentos já lançados, nesse subsistema também se está a gerir dinheiros de outrem, o que também impele a uma gestão mais democrática no acompanhamento do que se faz.

---

79. "Para resguardar a essência da proteção social inerente, notemos que o fundamento dos planos de Previdência Privada não é o enriquecimento da pessoa por meio das aplicações. Se o indivíduo quiser auferir riqueza, invista na Bolsa de Valores. Os planos previdenciários privados visam permitir uma **continuidade no padrão de vida da pessoa**, complementando ou não uma aposentadoria oficial" (WEINTRAUB, Arthur Bragança de Vasconcellos. *Previdência privada* – Doutrina e jurisprudência cit., p. 73).

80. "Com efeito, há de se reconhecer um *sentido mínimo* ao vocábulo "previdência" que compõe a expressão "previdência complementar" ou "previdência privada", pois, do contrário, não haveria como sequer diferenciar um plano previdenciário de um simples seguro patrimonial ou de uma aplicação financeira ou, ainda, o que seria muito pior, de pagamentos disfarçados de remunerações, que indevidamente se aproveitariam das atraentes vantagens extrafiscais (dadas em nome da proteção social dos indivíduos, como enfatizados neste trabalho) que são correntes no setor, no Brasil e nos demais países de uma maneira geral" (PULINO, Daniel. *Previdência complementar:* natureza jurídico-constitucional e seu desenvolvimento pelas entidades fechadas cit., p. 383).

CAPÍTULO 2

PANORAMA DO SISTEMA DE PREVIDÊNCIA PRIVADA

> Desde suas antigas origens, a seguridade se desenvolveu em dois rumos distintos, que, não obstante, deveriam complementar-se. O primeiro é o da seguridade *básica, estatal* e *compulsória*, implantada com essa obrigatoriedade pela primeira vez na Alemanha, por Bismarck, o "chanceler de ferro"; o segundo é o da seguridade *complementar, privada* e *facultativa*, que remonta às *eranoi* gregas, às *sodalitia* romanas, às *guildas* germânicas, aos *montepios* espanhóis e portugueses e as *irmandades* britânicas.
>
> Rio Nogueira.

O *risco* sempre esteve presente na história do mundo, na vida do Homem, o que foi transformado com o passar do tempo é a perspectiva com que se o encara.

> Até a época do Renascimento, as pessoas percebiam o futuro como pouco mais do que uma questão de sorte ou o resultado de variações aleatórias, e a maioria das decisões era motivada pelo instinto. Quando as condições de vida estão tão estreitamente ligadas à natureza, pouco resta para o controle humano. Enquanto

> as exigências da sobrevivência limitam as pessoas às funções básicas de procriar, cultivar o solo, caçar, pescar e procurar abrigo, elas são simplesmente incapazes de conceber circunstâncias em que possam influenciar o resultado de suas decisões. Tostão poupado é tostão ganho, mas só quando o futuro é algo mais do que um buraco negro.[1]

As técnicas utilizadas para *resguardar os interesses* das pessoas implicaram no desenvolvimento de inúmeros instrumentos que, sem dúvida, propiciaram a *evolução* da sociedade. Porém, também redundou num rebuscamento das relações, de todos os tipos. A "evolução" da sociedade, passando (enfrentando) por inúmeros *riscos* de forma criativa e por meio de um acréscimo de conhecimento técnico, também, ironicamente, redundou em outros riscos e perigos que são produtos desses avanços (ULRICH BECK).

Mas para o que interessa a este trabalho, cabe retomar dizendo que o corpo social também detectou que ao longo da vida humana inúmeros são os percalços que podem abater sobre qualquer um de nós e nem sempre estamos preparados para bem responder, ou assimilar, as consequências desses fatos. E essas consequências, embrionariamente podem ser vistas como impactos individuais e setorizados no corpo social, todavia, de forma rápida se detectou que essas ocorrências findam por afetar a sociedade como um todo, perfazendo verdadeira âncora a sugar o corpo social para parâmetros de vida e desenvolvimento não desejado; a concretização desses riscos afasta o desejado equilíbrio almejado pela sociedade.

Menos com base no raciocínio supra-apresentado e mais com fundamento na humanidade (*benevolência com o semelhante*) e na solidariedade (a natural incapacidade do ser

1. BERNSTEIN, Peter L. *Desafio aos deuses:* a fascinante história do risco. Trad. Ivo Korytowski. Rio de Janeiro: Campus, 1997.

humano de se manter inerte frente à dor de outrem), é que foram engendrados os primeiros "mecanismos" de auxílio àqueles que se viam abatidos por circunstâncias da vida que findavam por desamparar o próprio atingido e a sua família, mecanismos que tentam conferir um mínimo de estabilidade para aquele que foi acoimado com os chamados *riscos sociais*.[2]

Da mesma forma como a perspectiva com que se encarava o *risco* historicamente foi sendo mudada e instrumentos foram sendo engendrados e *inventados* para viabilizar questões e projetos que envolviam o futuro e a imprevisão, aconteceu com o *risco* de cunho social, que inicia como uma preocupação do núcleo familiar (que findava por absorver os danosos imprevistos que acometiam a família) e finda na assunção da coordenação dessa responsabilidade pelo Estado.[3]

Entre um extremo e outro, associações assumiram a responsabilidade de auxiliar no cuidado das pessoas (e das famílias) abatidas por um risco social. Inúmeras foram as formas, quer por meio de doações voltadas para instituições que tinham como objetivo o auxílio àqueles que necessitavam, quer por meio da formação de associações que, através do pagamento de contribuições pelos associados visavam a cobertura de um certo plexo de riscos.[4] Estes os verdadeiros

2. "Em nossa concepção, riscos sociais são os perigos a que estão submetidos os homens, em sociedade, e cuja materialização se reflete sempre, negativamente, em seu bem-estar e no de sua família, criando problemas sociais" (PÓVOAS, Manuel Sebastião Soares. *Previdência privada* cit., p. 64).
3. "De resto, na história da segurança social, foi o princípio da responsabilidade múltipla que orientou a construção dos modernos sistemas previdenciários, dentro de uma filosofia que, repudiando tanto a teoria coletivista, estabelecem que a responsabilidade da proteção social cabe em conjunto ao Estado, às Empresas, aos indivíduos e à família, restando à comunidade política definir os esquemas que atendam à realidade da nação" (Idem, p. 45).
4. "Proteções adicionais eram prestadas pelos fundos mutualistas, formados por determinado grupo de pessoas que se uniam, mediante a contribuição de recursos e esforços, visando à proteção recíproca contra eventuais riscos sociais. A constituição de tais fundos era facultativa e de iniciativa das pessoas que tinham interesse em buscar maior proteção contra os riscos em menção [...]" (CASTRO, Marina Grimaldi de. *Previdência complementar aberta...* cit., p. 12).

embriões dos sistemas previdenciários (o segundo) e assistencial (o primeiro).[5]

Por óbvio o modelo assistencial, na forma como desenvolvido, era insuficiente para o fim a que se intentava prestar, o mesmo se podendo dizer com relação às associações de conteúdo mutualístico, que acabavam por esbarrar em inúmeros problemas, como a baixa participação para a contribuição pecuniária do mútuo e a cessação destas na ocorrência do desemprego, bem como os baixos valores *indenizatórios* quando do pagamento para aquele que abatido pelo *risco*, além da falta de correção monetária a atualizar os valores das contribuições e benefícios.

Tal retrato, acrescido dos inúmeros acontecimentos históricos que *chacoalharam* o início do século XX,[6] e outros mais que não serão aprofundados neste trabalho,[7] findaram

5. "A verdade é que a previdência privada nasceu no Brasil sob a tutela complacente do Estado. Aceitos por grandes massas subscritoras e ampliando o horizonte da previdência básica, os Montepios eram olhados, pelo público e pelo Governo, como legítimos impulsos de crescimento do bem-estar, por isso deixados livres para que a iniciativa privada encontrasse caminho aberto à busca de soluções de maior alcance" (NOGUEIRA, Rio. *A crise moral e financeira da previdência social* cit., p. 93).

6. "A primeira metade do século XX foi um período marcado por profundas transformações, provenientes de fatos históricos de grande relevância como a crise do liberalismo, crise do colonialismo, a revolução russa, a queda do padrão ouro, a primeira guerra mundial, a crise da bolsa em 1929, ascensão do fascismo e, por fim, a segunda guerra mundial. Tais eventos provocaram grandes modificações sobre a cultura, a visão de mundo e o equilíbrio da sociedade advinda do século XIX. Segundo Karl Polanyi (1944), a sociedade que precedeu essas mudanças ruiu totalmente e a estabilidade entre as grandes nações européias, garantidora da paz e de prosperidade econômica, havia terminado. No ambiente político, o liberalismo clássico também foi posto em cheque na medida em que suas orientações mostravam-se insuficientes no direcionamento dos novos problemas que emergiam". CARDOSO, Fábio Luiz Lopes Cardoso. *A influência do relatório Beveridge nas origens do Welfare State* (1942 – 1950). p. 01-02. Disponível em: http://sinteseeventos.com.br/bien/pt/papers/fabioluizlopesAINFLUENCIADORELATORIOBEVERIDGE.pdf. Acesso em: 2 fev. 2019.

7. Segundo Eliane Romeiro Costa: "Os marcos históricos constitutivos dos sistemas de proteção social encontram-se nos fundamentos do seguros social bismarckiano (1883); no *Social Security Act* americano (1935); no ideal de *Beveridge* (1942), da libertação do homem da necessidade e das Declarações dos Direitos Humanos. Esses marcos serviram de paradigmas para a instituição e evolução de sistemas nacionais de segurança social. Trata-se de instrumento para a conquista da dignidade social e do direito à proteção

por impelir a participação do Estado como organizador (e partícipe) de um sistema de proteção.

E tal participação estatal é iniciada com inspiração no direito securitário, porém, com a adequação de leitura no sentido de que o *interesse* garantido, no seguro social obrigatório, na previdência pública, é a dignidade da pessoa humana, o bem-estar social e, em última análise, a paz social, o equilíbrio e a harmonia social.

A intervenção estatal no cerne da sociedade visando aplacar os riscos sociais que abundavam, ainda que esforço conjunto de toda a coletividade e com multiplicidade de contribuições a nutrir o orçamento necessário, é *despesa* que tem como objetivo o respaldo básico dos segurados abarcados pelo referido regime, isso significa dizer que há limitação para a *indenização* conferida em decorrência do infortúnio sofrido.

Decorrência desse fato, pessoas que se inserem em um patamar remuneratório superior à proteção conferida pela previdência pública podem restar protegidos, mas dentro de uma limitação (que é própria do regime) que pode significar considerável desequilíbrio na vida do impactado e da sua família.

Antevendo a *imperfeição* do sistema constituído tão somente com fundamento no regime público previdenciário, outras formas de composição do *interesse lesado* foram instrumentalizadas, visando o rearranjo do *status quo ante*, tanto quanto possível, leia-se, tanto quanto permitido pela engenhosidade da criação de novos regimes e a vontade (possibilidade) de participação pelos interessados.

De forma simplista, pode-se dizer que é o nascimento das previdências privadas, complementares, ou suplementares, que despontam visando o mesmo objetivo do regime público de previdência, mas de forma a lhe suprir a lacuna, cobrir-lhe a

---

que cabe a todo ser humano" (*Previdência complementar na seguridade social:* o risco velhice e a idade para a aposentadoria cit., p. 47).

imperfeição, na medida em que, e como dito, tendo em vista as limitações no atendimento da cobertura do *interesse* lesado, por si só, pode não ser suficiente para manter a estabilização do núcleo afetado pela imprevidência.

Esclarece Póvoas[8] que

> A expressão "previdência privada", no sentido usado no Brasil, é exclusivamente brasileira, e objetivou identificar facilmente a instituição que, em relação ao domínio previdenciário geral, ocupa ou pode ocupar os espaços vazios deixados pela previdência social, em termos de satisfação das necessidades previdenciárias.

Em um período em que ainda não se utilizava, como expressão ou juridicamente, a Seguridade Social para abarcar toda a temática previdenciária, segundo ainda Póvoas, fazia-se necessário o uso da *previdência privada* para *contrapor* à previdência social, especialmente tendo em vista as distintas características de ambas, ou seja, no primeiro caso caracterizada pela contribuição obrigatória e administrada pelo Estado, no segundo pela voluntariedade e gerência desenvolvida pela atividade privada.[9]

Mas não foi o ideal mutualista de partilhamento do risco para além da cobertura pública que, tão somente, inspirou a previdência privada. Lembra Rio Nogueira[10] que

> a grande força do sistema está principalmente no interesse despertado nos empregadores. Criando ou participando de fundos de seguridade, as empresas públicas ou privadas, grandes, médias ou pequenas, eliminam salários e encargos sociais pelo processo natural e humano da

8. PÓVOAS, Manuel Sebastião Soares. *Previdência privada* cit., p. 103-104.
9. Idem, p. 104-105.
10. *A crise moral e financeira da previdência social* cit., p. 94.

> aposentadoria, suprimem do orçamento as despesas de amparo social, renovam a massa empregada, aumentam a produtividade da mão-de-obra, fixam nos quadros funcionais o elemento produtivo ou de treinamento oneroso e abatem do imposto de renda o que incidiria sobre a parte do lucro doada à Fundação para a manutenção do sistema.[11]

O regime público de cobertura previdenciária e o regime de previdência privada formam o chamado sistema de três pilares, fruto do desenvolvimento histórico superficialmente abordado anteriormente.

O *Sistema de Três Pilares* conta com um regime de previdência público, de filiação e contribuição obrigatória, que tem como objetivo cobrir um plexo de *contingências sociais* que podem ser predefinidas, ou não, contando com pagamento de *indenização* com valor limitado. O chamado regime de repartição simples, fundado no pacto intergeracional, é a base desse *pilar*.

Os outros dois *pilares* são de natureza privada, ambos de filiação facultativa, um de iniciativa do empregador ou associação de classe, voltada para um número *fechado* de trabalhadores ou associados; o outro impele a iniciativa do interessado em participar, não encontrando restrição quanto a esta adesão, que não a própria vontade. Ambos são fundados no regime de capitalização.

O Brasil adota, como se pode perceber até o momento, o Sistema de Três Pilares na área previdenciária, contando com uma previdência pública, a previdência privada fechada e a previdência complementar aberta, respectivamente explicadas no parágrafo anterior.

---

11. Ainda, Wladimir Novaes Martinez: "Política de recursos humanos – Ainda que por intermédio de pessoa jurídica distinta, a previdência complementar mantém-se como forma de estímulo ao trabalho, atração de profissionais qualificados, domínio do conhecimento de terceiros" (MARTINEZ, Wladimir Novaes; FERRAZ, Ana Flávia; KOSUGI, Dirce Namie. *Curso de previdência complementar* cit., p. 42).

As principais características da previdência privada no Brasil vêm demarcadas na Constituição Federal de 1988, especialmente após as importantes alterações implementadas pela Emenda Constitucional n. 20/1998, e a Lei Suprema traz como características deste subsistema a autonomia em relação ao regime geral de previdência pública, a facultatividade na adesão ao plano, o caráter contratual e a necessária constituição de reservas que garantam o benefício contratado.[12]

2.1 CONDICIONAMENTO *LEGAL* DA PREVIDÊNCIA PRIVADA

a) Regime jurídico privado

Antes de iniciarmos a detalhar as características advindas da conformação legal impostas ao regime de previdência privada, vale assinalar, mais uma vez, que o regime jurídico em que é desenvolvida a previdência complementar é o privado e isso reflete, como passaremos a observar, nas características do regime.

Também como já exposto neste trabalho (Capítulo 2), o regime jurídico privado em que se desenvolve a previdência complementar é uma escolha do legislador constituinte quando da arquitetura do sistema de Seguridade Social. Portanto, a atenção ao regime aplicável ao subsistema privado de previdência é imposição que advém da Constituição Federal e, para além disso, também da lógica do sistema.

De nada adiantaria a criação de um Sistema previdenciário multifacetado, que busca *cobrir* as diversas nuances detectáveis no mundo fenomênico geradoras de necessidades aos cidadãos, se os regimes que compõem o sistema não são utilizados como

12. "Art. 202. O regime de previdência privada, de caráter complementar e organizado de forma autônoma em relação ao regime geral de previdência social, será facultativo, baseado na constituição de reservas que garantam o benefício contratado, e regulado por lei complementar."

arquitetados, significando dizer que não resulta acréscimo positivo ao sistema, como se poderia equivocadamente sopesar nas inúmeras tentativas de imposição de técnicas do regime previdenciário público ao privado.

Tais *tentativas*, como dito, não fortalecem o regime, ao contrário, violam suas regras básicas com impacto direto em sua sadia sustentação. Abalada essa base de um dos regimes, obviamente o sistema também sentirá a perda de um dos seus apoios.

A observância das regras, dos regimes jurídicos traçados constitucionalmente para cada subsistema de seguridade social, é condição necessária para o bom funcionamento da estrutura de proteção desenhada pelo legislador constituinte, consequentemente, também o é para a preservação do direito social e toda a força normativa decorrente.

Obviamente que o Estado não é aniquilado em suas competências e excluído de qualquer participação nessa seara.[13] Ao Estado ainda compete importante ação de coordenação, regulação e fiscalização,[14] e o desenvolvimento dessas compe-

13. Dessa forma, para que o Estado possa atingir seus objetivos, cabe-lhe intervir na economia, seja por meio da execução de algumas atividades tidas como essenciais (intervenção direta), seja por meio da regulação de determinados segmentos da economia, estabelecendo as políticas públicas a serem adotadas incentivando a atuação de agentes econômicos em determinado setor considerado relevante, promovendo o planejamento, estabelecendo as estruturas de mercado, os limites de atuação e fiscalização do exercício de algumas atividades, dentre outros (intervenção indireta) (CASTRO, Marina Grimaldi de. *Previdência complementar aberta*... cit., p. 37-38).

14. "Art. 3º A ação do Estado será exercida com o objetivo de:

I – formular a política de previdência complementar;

II – disciplinar, coordenar e supervisionar as atividades reguladas por esta Lei Complementar, compatibilizando-as com as políticas previdenciária e de desenvolvimento social e econômico-financeiro;

III – determinar padrões mínimos de segurança econômico-financeira e atuarial, com fins específicos de preservar a liquidez, a solvência e o equilíbrio dos planos de benefícios, isoladamente, e de cada entidade de previdência complementar, no conjunto de suas atividades;

IV – assegurar aos participantes e assistidos o pleno acesso às informações relativas à gestão de seus respectivos planos de benefícios;

tências também é imprescindível para a sadia manutenção do sistema de seguridade social. O âmbito *privado* não impede a atuação estatal, ao contrário, esta se faz necessária,[15] fato que não transforma o regime jurídico, que se tenha bem claro.

Segundo Ivy Cassa,[16]

> [...] a presença do Estado em alguns campos do direito privado, dada a relevância de determinadas matérias, segue-se da necessidade de garantir a própria liberdade do homem. E o Estado o faz controlando os agentes privados, impondo-lhes restrições atribuindo-lhes sanções em caso de descumprimento.

A mesma autora[17] complementa que

> essa é a lógica que preside a previdência privada. De uma relação de direito público (previdência social), passa-se a uma de direito privado, com a delegação da atividade previdenciária às entidades privadas, que complementam o sistema oficial. Contudo, trata-se de

---

V – fiscalizar as entidades de previdência complementar, suas operações e aplicar penalidades; e

VI – proteger os interesses dos participantes e assistidos dos planos de benefícios. (LC 109/2001)".

Quanto ao ponto, vale trazer o alerta de Danilo Miranda: "Dizer simplesmente, que o Estado deve formular política de previdência complementar, supervisionar as entidades de previdência e aplicar penalidades não significa muito, apenas reforça a responsabilidade do ente estatal pelo destino que seja dado à previdência complementar" (*Previdência privada:* limites e diretrizes para a intervenção do estado cit., p. 81).

15. "A instituição de entidade fechada de previdência e a execução de plano de benefícios previdenciários de natureza complementar constituem, no Brasil, exercício de atividade regulada.

Dependem, por isso, de autorização estatal tanto a constituição como o funcionamento de entidade fechada de previdência complementar, o que inclui a instituição e a execução de planos de benefícios e as alterações dos respectivos regulamentos" (CAZETTA, Luís Carlos. *Previdência privada:* o regime jurídico das entidades fechadas. Porto Alegre: Sergio Antonio Fabris, 2006. p. 45).

16. *Contrato de previdência privada* cit., p. 53.

17. *Contrato de previdência privada* cit., p. 55.

uma extensão da previdência social, que é de direito público. Assim, ainda que sobre uma relação contratual privada, entende-se legítima, neste caso, a interferência do Estado. Esta pode se dar por meio da delimitação do conteúdo dos contratos, pelo estabelecimento de determinadas condições de negócios, pela imposição de limites para alocação de investimentos, enfim, por várias formas de limitação da liberdade contratual.

A atuação estatal[18] veio devidamente demarcada na Lei Complementar n. 109/2001. Referida lei complementar veio a responder determinação constitucional (art. 202 da CF) concernente à regulamentação do regime de previdência complementar.

b) Complementar

A previdência privada no Brasil tem característica *complementar* por expressa disposição constitucional, isso querendo dizer que esse regime de previdência tem como finalidade a *complementação* da renda que já é conferida ao cidadão pelo regime previdenciário público e de vinculação obrigatória.

Como já tivemos a oportunidade de averiguar neste estudo, a previdência pública tem como objetivo conferir amparo mínimo ao cidadão brasileiro diante dos riscos que lhe podem acometer durante a sua vida. O regime previdenciário visa a manutenção do padrão de vida daquele acometido pelo infortúnio, mas tal é feito em face do montante orçamentário disponível, como não poderia deixar de ser, o que implica prestações de *cunho básico*.[19]

18. "Art. 5º A normatização, coordenação, supervisão, fiscalização e controle das atividades das entidades de previdência complementar serão realizados por órgão ou órgãos regulador e fiscalizador, conforme disposto em lei, observado o disposto no inciso VI do art. 84 da Constituição Federal. (art. 5º, LC 109/01)".

19. "A *complementaridade* do regime de previdência privada significa, em primeiro lugar, que não lhe compete a cobertura das necessidades sociais tidas como básicas, as quais ficarão a cargo, em nosso sistema, necessariamente, dos regimes públicos de previdência social, de vinculação obrigatória para os que trabalham" (PULINO, Daniel.

Aqueles que possuem um padrão de vida superior aos limites viabilizados pela *indenização* conferida pelo regime público de previdência, caso não contem com outra verba *complementar*, perderão o *padrão de vida* anterior, tendo em vista os valores prefixados para o pagamento da indenização do subsistema público de previdência.[20]

Segundo Ivy Cassa,[21]

> [...] a ideia de complementariedade refere-se aos indivíduos que auferem remuneração **superior ao teto da previdência social**, já que, a rigor, quem recebe valores inferiores não necessitaria de complementação de benefício, pois, ao se aposentar, manteria, a princípio, o mesmo padrão de remuneração do momento de atividade laborativa.

Não há como discordar das considerações *supra*, até porque se amoldam ao que vínhamos dizendo, mas também há que se refletir quanto às considerações de Póvoas,[22] no sentido de que

> as contribuições que o participante paga representam um sacrifício na satisfação das suas necessidades imediatas e ele adere no pressuposto de que o contrato se desenvolverá normalmente, isto é, que ao seu sacrifício corresponde, oportunamente, o recebimento dos benefícios subscritos: ele não aceita correr risco, nem sabe,

---

Previdência complementar: natureza jurídico-constitucional e seu desenvolvimento pelas entidades fechadas cit., p. 246).

20. "O regime previsional complementar define-se a partir de sua finalidade essencial, a de fornecer ao segurado de regime de pensão (fundos de pensão) renda de aposentadoria suficiente, tendo por base a suplementação do nível de prestação do regime geral de seguridade social" (COSTA, Eliane Romeiro. *Previdência complementar na seguridade social* cit., p. 78).
21. *Natureza jurídica da reserva matemática nos planos de previdência privada aberta*. Dissertação (Mestrado) – Faculdade de Direito da Universidade de São Paulo, 2014. p. 38.
22. PÓVOAS, Manuel Sebastião Soares. *Previdência privada* cit., p. 317.

na grande maioria dos casos, que pode correr o risco de não receber os benefícios ou parte desses benefícios.

Tudo para concluir que não é imprescindível ao sistema que aquele que adere ao subsistema de previdência privada *deve* auferir uma renda superior ao valor do benefício ofertado pelo regime público de previdência. Não há essa obrigatoriedade, ou essa condicionante.

Aliás, com relação à nomenclatura "complementar" ou "suplementar", explica Weintraub[23] que

> era complementar quando, dentro de um plano de benefício definido, era direcionado a completar o valor do benefício oficial até alcançar o valor do trabalho ativo. Era suplementar quando apenas acrescia valor ao benefício oficial.
>
> A característica da complementaridade da Previdência Privada em relação à Previdência Pública não tem o conteúdo de outrora. É complementar no sentido da suplementação facultativa dos benefícios, como determina o art. 202 da Constituição.

Por sua vez, Eliane Romeiro Costa[24] explica que a

> legislação anterior de previdência complementar, a Lei n. 6.435/77 e o Regulamento Básico das Entidades Fechadas de Previdência Privada (Decreto n. 81.240/78), referem-se às entidades de previdência complementar fechadas como complementares do benefício previdenciário da previdência social. Dependem, portanto, da concessão dos benefícios do seguro social para a cobertura complementar. As entidades abertas, por seu turno, "são constituídas

23. WEINTRAUB, Arthur Bragança de Vasconcellos. *Previdência privada* – Doutrina e jurisprudência cit., p. 77.
24. *Previdência complementar na seguridade social* cit., p. 79.

> unicamente sob a forma de sociedades anônimas e têm por objetivo instituir e operar planos de benefícios de caráter previdenciário, concedidos em forma de renda continuada ou pagamento único acessíveis a quaisquer pessoas físicas (redação do art. 36 da LC n. 109/01).

Não se discute que a ideia de complementaridade inserta na Constituição Federal de 1988 tem o intuito de suplementar o valor dos benefícios conferidos àquele filiado ao regime geral de previdência, todavia, é guardada a autonomia dos regimes, quer também por força de dispositivo constitucional (artigo 202 da CF), quer porque a própria Lei Complementar n. 109/2001 explicita que não depende para a concessão do benefício de previdência privada da prévia concessão do benefício no regime público de previdência (artigo 68, § 2º).

Até porque há a hipótese do participante de previdência privada que sequer é filiado ao regime geral de previdência. As hipóteses, tendo em vista a abrangência da filiação obrigatória no regime geral de previdência,[25] são raras mas viáveis juridicamente, podendo ser citado como exemplo o estudante que conta com contrato de previdência privada ativo e em seu nome, porém com as contribuições regulares sendo adimplidas por familiares.

Portanto, o caráter complementar que possuía uma feição no passado, ainda carrega (sob novos contornos) as características de outrora, mas tem-se que a melhor leitura, a que

25. "Portanto, de acordo com nossa atual Constituição, o fato de qualquer trabalhador ter-se vinculado [...] a plano de benefícios operado por entidade de previdência complementar regularmente autorizada a funcionar *não produz efeito liberatório do regime de previdência pública*, obrigatória e básica a que tal sujeito deverá estar vinculado *ope legis*, em função do exercício de seu trabalho. Desse modo, nenhum trabalhador – um autônomo ou empresário, digamos – teria o direito de não contribuir para o regime geral administrado do INSS sob o pretexto de já ter-se filiado a plano de benefícios privado perante uma entidade fechada associativa ou uma entidade aberta, num plano individual" (PULINO, Daniel. *Previdência complementar:* natureza jurídico-constitucional e seu desenvolvimento pelas entidades fechadas cit., p. 246-247).

mais se coaduna com o presente momento, é a que entende a previdência complementar como um esforço realizado *agora* para o gozo de um benefício *futuro*, que pode somar ao valor recebido do regime geral de previdência (ou não), podendo perfazer importe financeiro maior ou menor do que o valor recebido na previdência pública obrigatória.

A complementaridade deve ser lida, contextualizada, com a facultatividade e o caráter contratual do regime de previdência privada.

c) Autônomo

Inicialmente, deve-se observar, com Daniel Pulino,[26] que

> [...] O texto do art. 202 da Constituição faz menção à organização da previdência complementar de forma "autônoma *em relação ao regime geral de previdência social*". Mas, na verdade, como tanto o regime geral (RGPS) quanto os regimes próprios (RPPS) conferem previdência pública e básica aos respectivos trabalhadores filiados, parece-nos que se deve entender que a previdência privada deve ser organizada de forma *autônoma* em relação tanto ao RGPS quanto aos RPPS (da mesma forma em que ela é complementar a ambos os regimes).

Ratificada a consideração supratranscrita, tem-se que a ideia de autonomia trazida na Carta Republicana para o subsistema da previdência privada objetiva reforçar a arquitetura engendrada pelo legislador constituinte para a Seguridade Social, ou seja, o sistema é formado por regimes que contam com características diferentes mas que redundam na malha de proteção social elaborada para aplacar as necessidades decorrentes dos riscos sociais.

26. Idem, p. 266.

De nada adiantaria o desenho dessa arquitetura se os regimes fossem dependentes uns dos outros, significando dizer que a inviabilidade ou impossibilidade de ativar as regras protetivas de um regime poderiam findar por obstaculizar (ante a *dependência*) o acionamento das hipóteses de *socorro* do outro regime, tornando o sistema inócuo, ou inútil. O que deveria ser uma malha protetiva concatenada, cuja independência entre regimes forma a base, redundaria num único sistema elaborado com fundamento em regimes dependentes que podem *não funcionar* exatamente em decorrência dessa dependência.

Portanto, e novamente, a arquitetura constitucional diz com um *sistema* formado por regimes cuja autonomia proporciona a rede de proteção com alcance suficiente para abarcar todo o plexo de socorros exigidos pela Carta Cidadã. Essa a importância, o substrato jurídico, da *autonomia* do regime de previdência privada trazida na Constituição Federal.

A delimitação, ou definição, dessa autonomia não pode vir amparada nas diferenças relacionadas à estrutura de formação do capital necessário para o pagamento dos benefícios (regime de repartição ou regime de capitalização), ou mesmo em decorrência da obrigatoriedade da filiação em contraposição à facultatividade de adesão.

E não pode, entendemos, porque a leitura seria casuística, é dizer, seria uma interpretação desenvolvida em face do que hoje se tem como realidade jurídica na previdência brasileira. No entanto, a alteração desse arcabouço implicaria modificação do conceito? Se sim, a interpretação é casuística; há que se buscar a perenidade de conceito.

O regime de formação do capital das reservas e provisões realmente apresenta diferenciação no regime geral quando diante do regime privado, sendo que aquele conta com o regime de repartição (intergeracional) e este com o regime de capitalização. Todavia, é sabido que outros países adotam o regime de capitalização para as suas previdências públicas, logo, tal não pode ser ponto caracterizador da autonomia que ora se intenta definir.

Como exemplo do suprarreferido pode-se citar o Chile, que por meio do Decreto-lei n. 3.500 de 1980[27] incorporou ao sistema forte reforma em matéria de prestações previdenciárias, que tinha como base justamente o sistema de capitalização individual, sob o modelo de regime geral de cobertura aplicável a todos os trabalhadores, do setor público e do setor privado (ressalvadas as exceções contidas no próprio normativo de regência).[28]

O mesmo a se dizer no que diz respeito à forma de filiação, ou contratação, que no regime geral é obrigatória e no regime privado é facultativa. Novamente, regimes há em outros países em que se adotam a formação das reservas de aposentadoria junto a entidades (públicas ou privadas) de previdência privada, porém com adesão obrigatória.

Novamente trazendo o exemplo chileno, tem-se que

> La relación jurídica entre las personas cubiertas y el sistema se denomina "afiliación", siendo definida por el art. 2 del DL 3.500, originando los derechos y obligaciones que la ley establece, en especial el de las prestaciones y la obligación de cotización. [...] Los trabajadores automáticamente afiliados –y, por tanto, obligados a

27. "Las reformas introducidas por la Ley 20.255, de 17 de marzo de 2008, en lo esencial mantuvieron el régimen de pensiones por vejez, invalidez y sobrevivencia derivado de la capitalización individual, gestionado por Administradoras de Fondos de Pensiones (AFP) –sociedades anónimas con fin exclusivo, aunque lo complementaron con un régimen (denominado "sistema") de pensiones y aportes solidarios. Así, la reforma del 2008 perfeccionó e hizo más cercano a la seguridad social el sistema de pensiones. Es decir, introdujo un pilar básico de eliminación de pobreza para adultos mayores sin derecho a pensión y también consideró la situación de aquellos jubilados cuya pensión estuviere bajo un determinado nivel de ingreso, contemplándose que en ambos casos los beneficiarios cumplan con otros determinados requisitos [...]" (CIFUENTES LILLO, Hugo. *El Sistema de Seguridad Social Chileno:* Descripción y aspectos generales (Spanish Edition). Ediciones UC. Edição do Kindle. p. 277).
28. Idem, ibidem.

> cotizar– son los menores de 65 años, si son hombres, o menores de 60 años, si son mujeres. Para los mayores de esa edad la cotización es voluntaria.[29]

Portanto, há possibilidade de criação de regime público de previdência sustentado pela capitalização das receitas vertidas por seus participantes em reservas individualizadas e que contem com adesão obrigatória, logo, não sendo discrímen útil para os contornos da autonomia ora analisada. Melhor o é, como já iniciamos discorrendo, a análise advinda da perspectiva da arquitetura constitucional do sistema.

A respeito do tema, explicita Daniel Pulino[30] que

> [...] poder-se-ia questionar se a complementaridade de um regime de previdência também leva, necessariamente, a que ele seja facultativo, e aqui, igualmente, há de ser negativa a resposta. Com efeito, é também em tese possível a existência tanto de sistemas facultativos de previdência básica (p. ex., numa linha ultraliberal, se uma dada ordem jurídica nacional previr que não é função do Estado cuidar da proteção social de seus trabalhadores, deixando à livre vontade de cada um a decisão de filiar-se, ou não, a algum sistema de proteção), quanto de sistemas complementares (e privados) de participação obrigatória, como, aliás, já é da realidade de alguns países latino-americanos, sobretudo após a onda de reformas previdenciárias que houve nesta parte do continente americano, notadamente na década de noventa.

E, partindo desta *perspectiva*, tem-se como bom elemento a caracterizar a autonomia da previdência privada o regime jurídico privado, incluso neste a *facultatividade* e a *contra-*

29. Idem, p. 304.

30. *Previdência complementar:* natureza jurídico-constitucional e seu desenvolvimento pelas entidades fechadas cit., p. 275.

tualidade, qualidades sem as quais dificilmente se mantém a autonomia pretendida (e a rede protetiva pretendida pelo legislador constituinte).

d) Facultativo

A "facultatividade", característica do regime de previdência privada no Brasil, também é decorrente de expressa imposição constitucional e quer significar a iniciativa voluntária das partes em iniciar essa relação jurídica previdenciária. Como já havia sinalizado no parágrafo *supra*, a faculdade na contratação de plano de previdência privado é característica marcante desse regime.

O que não significa dizer que a previdência privada não pode se desenvolver envolta de um caráter público e obrigatório. Não há empecilho jurídico quanto à hipótese, que seria vislumbrada no desenvolvimento da previdência pública sob o regime de capitalização e administrada por entidades de previdência privada, ou mesmo submetidas à administração do poder público.[31]

O princípio da facultatividade ora analisado quer dizer com a liberdade de escolha (liberdade de contratar) e não com a liberdade contratual propriamente dita (que é a liberdade de discussão das cláusulas e condições inseridas no contrato), aquela precede a esta e é requisito para o desenvolvimento do conteúdo do pacto. No regime de previdência privada é indispensável para a formação da relação jurídica previdenciária.

A facultatividade deve ser observada sob dois prismas: do participante[32] e do patrocinador ou instituidor.

---

31. A previdência pública (regime geral de previdência social) também conta com hipótese de filiação *não obrigatória* para os chamados "segurados facultativos" (artigo 13, Lei n. 8.213/91). São aqueles que não se encontram em nenhuma hipótese legal de filiação obrigatória mas, a partir de uma certa idade (14 anos), estão aptos à filiação ao regime geral, mediante o pagamento de contribuições. A *faculdade* aqui é semelhante à exigida para o regime previdenciário privado.

32. "Dado ínsito também diz respeito à admissão do segurado no sistema de proteção. Este é quase senhor da decisão de participar ou não, embora a lei pudesse impor-lhe

No que diz respeito ao participante do plano de previdência privada, a facultatividade diz com a livre vontade de aderir ao plano e firmar a relação jurídica,[33] ou ainda o desejo de se retirar dessa mesma relação previdenciária (obviamente que, neste caso, observadas as condições constantes do contrato que aderiu).

Vale observar, reforçando o conteúdo da autonomia e da facultatividade do regime de previdência privada, que o artigo 14 da Lei Complementar n. 109/2001 traz institutos que fortalecem a livre faculdade do participante em se retirar do plano mesmo quando findo seu vínculo de emprego, é dizer, rompido o liame laboral, o participante pode se manter no plano de benefícios que aderiu por meio dos institutos do benefício proporcional diferido (art. 14, I[34]) ou do autopatrocínio (art. 14, II).[35]

---

a filiação como expressão de solidariedade e condição para a efetiva cobertura, pelo menos para certos patamares salariais (como sucede no Uruguai). Historicamente assim aconteceu, mas discute-se, no âmbito da previdência social, o sentido da entrega da opção ao tutelado. Adentrando por volição e gerindo os interesses, o participante assume relação psicológica de parceiro e, por conseguinte, preocupa-se com o sucesso do empreendimento e, se assim não faz, fere de morte a concepção fundamental da técnica: a ajuda mútua necessária à conjugação de forças. Significa não poder a patrocinadora ou a entidade gestora coagir o empregado a aderir ao plano, embora seja desejável elevado nível de união da coletividade para o seu êxito" (MARTINEZ, Wladimir Novaes; FERRAZ, Ana Flávia; KOSUGI, Dirce Namie. *Curso de previdência complementar* cit., p. 42).

33. Vislumbrando hipótese de *obrigatoriedade* da vinculação na relação jurídica previdenciária privada, reflete Arthur Weintraub: "Mesmo diante da facultatividade constitucional, há vias indiretas de torná-la obrigatória sem uma emenda constitucional. Uma convenção coletiva na esfera trabalhista, por exemplo, pode estipular o ingresso dos sindicalizados num fundo de pensão instituído. O trabalhador sindicalizado estaria então obrigado a ingressar no fundo, mesmo porque as decisões sindicais são teoricamente democráticas dentro da categoria" (*Previdência privada* – Doutrina e jurisprudência cit., p. 86).

34. "Art. 14. Os planos de benefícios deverão prever os seguintes institutos, observadas as normas estabelecidas pelo órgão regulador e fiscalizador:

I – benefício proporcional diferido, em razão da cessação do vínculo empregatício com o patrocinador ou associativo com o instituidor antes da aquisição do direito ao benefício pleno, a ser concedido quando cumpridos os requisitos de elegibilidade."

35. "Art. 14. [...]

IV – faculdade de o participante manter o valor de sua contribuição e a do patrocinador, no caso de perda parcial ou total da remuneração recebida, para assegurar a percepção

Aliás, vale concatenar com os dispositivos suprarreferidos o artigo 202, § 2º, da Constituição Federal que já indica que os planos de benefícios das entidades de previdência privada não integram o contrato de trabalho dos participantes, o que reforça, mais uma vez, a autonomia do regime e a facultatividade da adesão.

Traz ainda Daniel Pulino,[36] dentro do princípio da facultatividade, além da liberdade de *adesão* ao plano de benefícios, o que chama de *liberdade de circulação*, é dizer, a obrigatoriedade (decorrente da lei) da previsão do instituto da portabilidade

> [...] do direito acumulado pelo participante para outro plano, tanto de entidades abertas para fechadas (art. 27, *caput*), quanto de entidades fechadas para abertas (arts. 14, II, e parágrafos, e 15), embora, neste último caso, condicionalmente a situações em que "a integralidade dos recursos financeiros correspondentes ao direito acumulado do participante for utilizada para a contratação de renda mensal vitalícia ou por prazo determinado, cujo prazo mínimo não poderá ser inferior ao período em que a respectiva reserva foi constituída, limitado ao mínimo de quinze anos, observadas as normas estabelecidas pelo órgão regulador e fiscalizador" (art. 14, § 4º).

A outra perspectiva a ser encarada, já anteriormente anunciada, diz respeito à *iniciativa* do patrocinador ou do instituidor na materialização do plano de benefícios, que conta com forte conexão (e porque não dizer *proteção*) com os princípios elencados no artigo 170 da Carta Republicana, em especial o da livre-iniciativa e da valorização do trabalho humano.

dos benefícios nos níveis correspondentes àquela remuneração ou em outros definidos em normas regulamentares."

36. *Previdência complementar:* natureza jurídico-constitucional e seu desenvolvimento pelas entidades fechadas cit., p. 278.

A iniciativa na constituição do plano de benefícios, como acabamos de dizer, é livre, é facultativa, mas não o oferecimento a todos aqueles que estejam interessados em contratar o plano e estejam dentro de um mesmo patamar de definição fático-jurídico.

O que queremos com isso dizer é que para os planos formatados para a chamada previdência privada fechada, ou seja, para os empregados da empresa patrocinadora, ou para os associados da instituidora, a oferta não pode ser restritiva, não há *faculdade* na *escolha* daqueles que poderão participar do plano. Ofertado o plano, este será de livre adesão para todos aqueles empregados ou associados que se interessarem.

O mesmo deve ser dito com relação à previdência privada aberta, que conta com livre adesão e não necessariamente se exige vínculo existente e prévio laboral ou associativo. Na hipótese que ora intentamos analisar, referimo-nos aos planos de benefícios de livre adesão, bastando o interesse daquele que quer participar.

O discrímen eventualmente existente para a adesão a esse tipo de plano tem de ser válido, à luz do princípio da igualdade, novamente, não podendo a entidade de previdência que veicula essa espécie de plano segregar, ou escolher ao seu talante aqueles que poderão participar.[37]

Ainda com relação ao patrocinador ou instituidor, vale observar que a Lei Complementar n. 109/2001 confere-lhes o direito de extinção do plano ou retirada do patrocínio (artigo 25[38]), o que também não deixa de ser uma faceta do princípio

---

37. "Nada obstante substancialmente institucional a natureza jurídica da relação entre o participante e o fundo de pensão, este último não desfruta do poder de recusar a adesão, mesmo diante de mau risco. Para isso, os atuários propõem regras rígidas quanto à admissão e usufruto das diferentes prestações possíveis. Nesse sentido, é o único obrigado" (MARTINEZ, Wladimir Novaes; FERRAZ, Ana Flávia; KOSUGI, Dirce Namie. *Curso de previdência complementar* cit., p. 42).

38. "Art. 25. O órgão regulador e fiscalizador poderá autorizar a extinção de plano de benefícios ou a retirada de patrocínio, ficando os patrocinadores e instituidores obri-

da *facultatividade*, ou seja, tanto quanto o participante, ao *patrocinador* também é conferido o livre direito de iniciar o plano e permanecer na relação jurídica formada.

Obviamente que inúmeras serão as responsabilidades a serem arcadas antes da efetivação da retirada ou extinção do plano (conforme disposição legal constante do próprio artigo 25), e não poderia ser diferente, eis que falamos de planos de previdência privada que identificam um esforço imediato de inúmeros participantes, abdicando do prazer econômico presente, em busca do equilíbrio futuro, utilizando para tanto uma relação jurídica (previdenciária) que sempre é de longo prazo.

e) Contratual

A característica relacionada à contratualidade da previdência complementar, para além de dedução lógica de tudo que vem sendo observado até o momento, também advém da Constituição Federal, quando, em seu artigo 202, explicita que o regime de previdência privada é baseado na constituição de reservas que garantam o benefício *contratado.*

O mesmo se podendo auferir da análise do § 2º do mesmo normativo constitucional, que expressamente se refere às "condições contratuais previstas nos estatutos".

Como bem delineia Eliane Romeiro Costa,[39]

> em primeiro lugar, convém estabelecer que a fonte do seguro social é a lei, e a fonte do seguro contratual é o

---

gados ao cumprimento da totalidade dos compromissos assumidos com a entidade relativamente aos direitos dos participantes, assistidos e obrigações legais, até a data da retirada ou extinção do plano.

Parágrafo único. Para atendimento do disposto no caput deste artigo, a situação de solvência econômico-financeira e atuarial da entidade deverá ser atestada por profissional devidamente habilitado, cujos relatórios serão encaminhados ao órgão regulador e fiscalizador."

39. COSTA, Eliane Romeiro. *Previdência complementar na seguridade social* cit., p. 94.

> contrato, o negócio jurídico. A sinalagmaticidade, a interdependência entre duas obrigações, a correspondência entre deveres de contribuições e direitos às prestações podem derivar-se do contrato ou da lei. Todavia, a técnica protetiva é limitada, nos termos da lei, no seguro social, e de base contratual (mutualismo fechado ou aberto), no seguro.

A previdência privada desenvolve-se no âmbito do regime jurídico privado, de forma facultativa (liberdade de contratar) e pautada na contratualidade (liberdade contratual),[40] tudo como forma de expressão da autonomia privada.[41]

---

40. "Em um primeiro momento, a liberdade de contratar está relacionada com a escolha da pessoa ou das pessoas com quem o negócio será celebrado, sendo uma liberdade plena, em regra. Entretanto, em alguns casos, nítidas são as limitações à carga volitiva, eis que não se pode, por exemplo, contratar com o Poder Público se não houver autorização para tanto. Como limitação da liberdade de contratar, pode ser citado o art. 497 do CC/2002, que veda a compra e venda de bens confiados à administração em algumas situações. Em outro plano, a autonomia da pessoa pode estar relacionada com o conteúdo do negócio jurídico, ponto em que residem limitações ainda maiores à liberdade da pessoa humana. Trata-se, portanto, da liberdade contratual. Conforme será exposto, há muito tempo os sujeitos do direito vêm encontrando limitações ao seu modo de viver, inclusive para as disposições contratuais, eis que o velho modelo individualista de contrato encontra-se superado. Dessa dupla liberdade da pessoa, sujeito contratual, é que decorre a autonomia privada, que constitui a liberdade que a pessoa tem para regular os próprios interesses. De qualquer forma, que fique claro que essa autonomia não é absoluta, encontrando limitações em normas de ordem pública" (TARTUCE, Flávio. *Direito civil:* teoria geral dos contratos e contratos em espécie. 14. ed. Rio de Janeiro, 2019. v. 3. p. 56 – versão digital).
41. "Autonomia da vontade é a liberdade de agir que a pessoa exerce para satisfazer seus anseios. Cada indivíduo manifesta sua vontade real, a fim de ter o objeto da sua vontade alcançado. Sendo assim, caso não haja coerência entre a vontade real (interna) e a vontade manifestada/expressada (declaração de vontade), fala-se em um vício da vontade, ou, para alguns, vício no consentimento (erro, dolo, coação, etc.), que pode invalidar o ato ou negócio jurídico feito sob àquela manifestação viciada.

    Autonomia privada é um princípio mais recente no direito privado, que decorre do princípio da autonomia da vontade, divergindo dele na medida em que as pessoas criam normas a partir da vontade (particular), com o intuito de que elas mesmas executem e respeitem (contrato de normas autônomas – segundo Bobbio).

    A autonomia privada é fonte normativa, ou melhor, fonte do direito obrigacional, livre da ingerência do Estado, livre da interferência daqueles que não contrataram.

    A iniciativa privada é, segundo Ferri, o caráter econômico do exercício do princípio da autonomia privada" (ZANIN JUNIOR, Hernani. *Autonomia privada e liberdade de*

Algumas considerações relativas à liberdade contratual e o regime jurídico privado que dela viceja: primeiro que não se vislumbra total amplitude e liberdade nesta *liberdade contratual*, especialmente nos planos de benefícios oferecidos pelas entidades de previdência privada aberta. Isso porque o sujeito contratante de um plano de uma entidade de previdência privada recebe um contrato *padronizado* que deverá firmar para viabilizar sua *adesão* ao plano.

O componente contrário a esse argumento vem no sentido de que os planos podem ser construídos *conjuntamente* com a, *e.g.*, patrocinadora, a entidade de previdência e a massa de potenciais segurados (exemplo que se desenvolve com pensamento voltado para a previdência privada fechada). Ainda que se considere essa hipótese, de *construção* de um pacto, um plano a muitas mãos, de maneira a atender de forma plena a liberdade contratual, certo é que, arquitetado o plano este deverá angariar *estabilidade*, inclusive de modo a permitir que as regras traçadas viabilizem o objetivo maior que é a concessão do benefício a tempo e modo planejado.

Contrato que se preste a qualquer alteração, decorrente da manifestação de novos segurados aderentes, de forma a simplesmente justificar a *liberdade contratual* é plano que tende à instabilidade e ao não cumprimento dos compromissos inicialmente assumidos. Além do que, esta *alteração* posterior pode não encontrar eco na ideia (também pautada na liberdade contratual) original de formação do pacto, contrariando uma maioria que também terá violada sua liberdade de disposição das cláusulas que formam e fundam o plano.

Portanto, arquitetado o plano de benefícios, as eventuais alterações terão que ser debatidas a muitas mãos; no mínimo,

contratar. Disponível em: https://www.conjur.com.br/2009-jan-28/nao-real-distincao-entre-autonomia-vontade-liberdade-contratar).

tantas quantas foram necessárias para a construção original do planejamento pactuado.

Como já se havia adiantado anteriormente, a perspectiva vislumbrada não é vista nos pactos que redundam a adesão a planos formatados por entidades de previdência privada do tipo aberta. Não obstante a *maior* liberdade de contratar, observa-se a considerável redução da liberdade contratual, que se resume a optar por modos pré alinhavados pela respectiva entidade.[42]

Outra importante consideração, arrematando o assunto, é no sentido de que a autonomia da vontade, a liberdade de contratar e a liberdade contratual não podem redundar na desnaturação dos produtos que devem emergir desses pactos, é dizer, ainda se está a falar em previdência privada, com todas as características e condicionantes que já foram devidamente esplanadas neste trabalho, inúmeras delas provenientes de mandamentos constitucionais.

Por tal motivo lembra Pulino[43] que

> apesar de inequivocamente submetido a regime jurídico de direito privado – que é sua própria espinha dorsal –, a atividade de previdência complementar desenvolve-se dentro de *limites acentuadamente marcados em lei*. Desse modo, o papel central das disposições que entre si estabelecem os próprios atores privados em matéria

42. "Importante reconhecer que, na prática, predominam os contratos de adesão, ou contratos standard, padronizados, como prefere o doutrinador italiano (Império dos Contratos-Modelo ou Estandardização Contratual). Do ponto de vista prático e da realidade, essa é a principal razão pela qual se pode afirmar que a autonomia da vontade não é mais princípio contratual. Ora, a vontade tem agora um papel secundário, resumindo-se, muitas vezes, a um sim ou não, como resposta a uma proposta de contratação (take it or leave it, segundo afirmam os americanos, ou seja, é pegar ou largar). Em reforço, diante dessa realidade negocial, não se pode dizer, às cegas, que os contratos fazem lei entre as partes, como era comum outrora" (TARTUCE, Flávio. *Direito civil:* teoria geral dos contratos e contratos em espécie cit., p. 59 – versão digital).

43. *Previdência complementar:* natureza jurídico-constitucional e seu desenvolvimento pelas entidades fechadas cit., p. 286.

de previdência complementar não é, nem poderia ser, absoluto.

Não obstante o regramento constitucional e legal que dá necessários contornos à previdência privada, lembra Ivy Cassa[44] que

> Atualmente, por conta do fenômeno do *bancassurance*, há certa dificuldade em delimitar os produtos financeiros, seguros e planos previdenciários, pois as alianças comerciais estratégicas seladas entre instituições financeiras, fundos de investimento e seguradoras propiciaram a criação de certos produtos de natureza *suis generis*, os quais, embora denominados "seguros", têm verdadeira natureza de investimentos.

Tudo isso para dizer que o sinalagma que caracteriza as relações de previdência privada encontram várias modulações, decorrentes da lei, do sistema em que inserida a previdência complementar, que redunda na arquitetura de proteção talhada pelo constituinte. Os planos de benefícios desenvolvidos nesse regime não podem vir descaracterizados da finalidade que devem desenvolver no sistema, ou seja, por mais que os produtos (securitários e previdenciários) desenvolvidos pelo *mercado* estejam se aproximando no conteúdo ou forma, não se confundem, sob pena de negativa da proteção complementar desenvolvida no sistema de seguridade social.

f) Reservas

De nada adiantaria, ou mesmo se poderia dizer da inutilidade, a observância de todos os regramentos e princípios que moldam e modulam o sistema se ao final restasse impos-

44. *Natureza jurídica da reserva matemática nos planos de previdência privada aberta* cit., p. 139.

sibilitada a aferição do produto desta engenharia, a concessão da prestação previdenciária.

> Nesse sentido então é que a Constituição Federal, levando em conta a natureza privada que marca o setor, estabeleceu que o regime de previdência complementar há de ser "*baseado na constituição de reservas* que garantam o benefício contratado", com o que *induz fortemente* a capitalização como regime financeiro de sustentação do sistema privado, ao menos primordialmente.[45]

A legislação regulamentar conta com a mesma preocupação e logo no artigo 3º da Lei Complementar n. 109/2001 já exige a ação do Estado com o objetivo de "*determinar padrões mínimos de segurança econômico-financeira e atuarial, com fins específicos de preservar a liquidez,*[46] *a solvência*[47] *e o equilíbrio dos planos de benefícios,*[48] *isoladamente, e de cada entidade de previdência complementar, no conjunto de suas atividades*".

---

45. *Previdência complementar:* natureza jurídico-constitucional e seu desenvolvimento pelas entidades fechadas cit., p. 289.
46. "A liquidez [...] refere-se à capacidade de transformar o patrimônio detido em numerário, em dinheiro. O plano de benefícios será líquido, portanto, quando as aplicações financeiras mantidas com os recursos das contribuições dos participantes e das patrocinadoras e instituidoras, conforme o caso, possam ser facilmente convertidas em recursos para pagamento de benefícios previdenciários aos respectivos beneficiários" (BALERA, Wagner (Coord.). *Comentários à Lei de Previdência Privada.* São Paulo: Quartier Latin, 2005. p. 67).
47. "A solvência diz respeito à capacidade financeira e econômica de atender às obrigações detidas, neste caso, pelas entidades de previdência complementar. O termo solvência advém de *solver*, que significa pagar, quitar.

    A solvência mencionada no artigo 7º [...], trata, portanto, em termos simples, da capacidade de a entidade de previdência complementar pagar os compromissos assumidos com os participantes e beneficiários dos planos de benefícios". *Idem*, pág. 66/67.

    Ainda, Luís Carlos Cazetta: "Por solvência deve-se entender a capacidade econômica de, com recursos próprios, a entidade realizar o pagamento (presente e futuro) de todos os benefícios contratados no âmbito dos planos que administra" (*Previdência privada:* o regime jurídico das entidades fechadas cit., p. 63).
48. "Abrangendo os outros dois atributos (ou requisitos) de gestão, a noção de equilíbrio econômico-financeiro e atuarial compreende a programação adequada e a obtenção de realidade que expresse a correspondência patrimonial entre os ativos e os passivos dos planos da entidade, de modo a assegurar a permanente existência (suficiência)

Lembra Marina Grimaldi de Castro[49] que

> Apesar de a LC n. 109/2001 não ter classificado os planos de benefícios conforme o seu regime de financiamento, é preciso diferenciá-los quanto a esse aspecto, uma vez que é a partir do tipo de regime de financiamento utilizado na estruturação do plano que se define quais são as reservas técnicas, provisões e fundos que devem ser constituídos e a forma como seus recursos devem ser empregados pela EAPC para que ela consiga cumprir os compromissos assumidos perante os participantes.

Já tivemos oportunidade de enfatizar neste trabalho que a previdência privada não pode ser entendida como mera aplicação de conteúdo financeiro, o produto previdenciário faz parte de um sistema protetivo de arquitetura constitucional e assim deve ser considerado.

Decorrência de tal raciocínio é o fato de que os planos de benefícios a que aderem os cidadãos brasileiros, como não poderia deixar de ser, são planejamentos de longo prazo e devem contar com a necessária estabilidade (incluso na expressão condições necessárias para a entrega do produto previdenciário a tempo e modo firmado contratualmente) que irá permitir o gozo do esforço financeiro concretizado neste longo período de tempo, quando se fizer mais necessário.

O *esforço presente* visando a percepção futura do benefício previdenciário passa por longo planejamento que deve contar com a fiscalização estatal, evitando que o despreparo ou a

---

de recursos disponíveis à realização do pagamento dos benefícios contratados, ao longo de toda a execução dos contratos mantidos com os participantes dos planos. Compreende, portanto, aspectos não só econômicos (equilíbrio entre ativos e passivos), como financeiros (existência efetiva de recursos disponíveis) e atuariais (administração do comportamento das responsabilidades econômico-financeiras, em decorrência das características da massa dos participantes de planos)" (CAZETTA, Luís Carlos. *Previdência privada:* o regime jurídico das entidades fechadas cit., p. 64).

49. *Previdência complementar aberta:* estrutura, regulação... cit., p. 81.

má-fé de alguns possa causar danos de dificílima reparação no ambiente protetivo previdenciário.

Não se pode olvidar que as *reservas* necessárias para a organização, planejamento e pagamento dos benefícios previdenciários pelas entidades de previdência privada devem ser capitalizados de forma a maximizar os ganhos futuros dos *participantes* dos planos de benefícios, ou no mínimo manter o poder financeiro do programado quando da adesão, é dizer, impedir que as intempéries monetárias corroam o valor final do benefício previdenciário.

Para tal objetivo as entidades de previdência privada procurarão as melhores opções de rentabilidade para os seus planos, quer no mercado financeiro, quer aplicando em empreendimentos privados (ou de interesse do Estado brasileiro).

O que se tem, portanto, é uma equação que espelha a aplicação de poupanças populares de longo prazo, que redundam em valores consideravelmente expressivos e que antes de se transformarem nos produtos para os quais são idealizados podem auxiliar no fomento de inúmeras áreas do mercado brasileiro, ante a busca dos melhores investimentos que possibilitarão a capitalização dos respectivos planos de benefícios.

Segundo Daniel Pulino,[50]

> [...] a obrigatoriedade de *constituição* prévia de *reservas garantidoras* dos benefícios contratados conduz, evidentemente, à *necessidade de aplicação dos recursos* captados pelo plano através das contribuições, a fim de *incrementar* o capital em constituição. É por isso que a previdência complementar, pelo próprio regime financeiro que lhe é inerente, torna forçado o curso de grande volume de aplicações nos mercados financeiro,

50. *Previdência complementar:* natureza jurídico-constitucional e seu desenvolvimento pelas entidades fechadas cit., p. 292.

de capitais e mesmo no imobiliário, incrementando-os e gerando a tão apregoada poupança interna (a fornecer, presumidamente, recursos para o aquecimento da economia e, por reflexo, ao desenvolvimento nacional).

Conforme já observado, o mandamento constitucional (artigo 202) *induz* a utilização da capitalização como regime financeiro básico da previdência privada. Obviamente que para o desenvolvimento de um plano de benefício previdenciário não basta a mera *capitalização* dos valores para ele vertidos.

Alerta Póvoas[51] que

> no caso de uma entidade de previdência privada, depois de ter estruturado um plano previdenciário, isto é, ter considerado as necessidades previdenciárias de uma população que achou de interesse satisfazer, ter definido os benefícios que as satisfarão, as condições em que os concederá, etc., ela terá de definir o custo de tal plano e, mais do que isso, ela terá de definir a forma de conseguir os recursos indispensáveis para o suportar.

Essa estruturação é desenvolvida pelo atuário,[52] observados os regramentos traçados pelos órgãos de supervisão, e irão identificar o regime financeiro de determinado plano de benefícios, leia-se, qual é a *equação* a ser desenvolvida para que as contribuições vertidas hoje sejam suficientes para o pagamento, *a tempo e modo*, do benefício programado no futuro.

Entre os inúmeros regimes financeiros que podem ser utilizados para o desenvolvimento dos planos de benefícios

51. PÓVOAS, Manuel Sebastião Soares. *Previdência privada* cit., p. 173.

52. "Desde a instituição, antes da aprovação da entidade, o empreendimento deve ter a assistência técnica do atuário (Nota Técnica). No curso da administração, a presença do matemático é frequente e indispensável à segurança e equilíbrio do plano. O pensamento do executante concentra-se nas normas contábeis, atuariais e jurídicas" (MARTINEZ, Wladimir Novaes; FERRAZ, Ana Flávia; KOSUGI, Dirce Namie. *Curso de previdência complementar* cit., p. 45).

previdenciários três são os mais conhecidos: *repartição simples, repartição de capitais de cobertura* e *capitalização.*

Esclarece a Superintendência de Seguros Privados – SUSEP,[53] em seu portal na internet, o entendimento a respeito dos regimes financeiros supradestacados:

> Regime Financeiro de Capitalização: a estrutura técnica em que as contribuições são determinadas de modo a gerar receitas capazes de, capitalizadas durante o período de cobertura, produzir montantes equivalentes aos valores atuais dos benefícios a serem pagos aos beneficiários no respectivo período;
>
> Regime Financeiro de Repartição de Capitais de Cobertura: a estrutura técnica em que as contribuições pagas por todos os participantes do plano, em um determinado período, deverão ser suficientes para constituir as provisões matemáticas de benefícios concedidos, decorrentes dos eventos ocorridos neste período;
>
> Regime Financeiro de Repartição Simples: a estrutura técnica em que as contribuições pagas por todos os participantes do plano, em um determinado período, deverão ser suficientes para pagar os benefícios decorrentes dos eventos ocorridos nesse período.

No Brasil o Regime Geral de Previdência, que é de caráter contributivo e filiação obrigatória (artigo 201 da CF), *atualmente* utiliza o regime de repartição simples, o que significa dizer que a massa ativa de trabalhadores adimple com o regime para o custeio dos benefícios daqueles trabalhadores que se encontram na inatividade, em decorrência da contingência risco social delineado na norma. É um verdadeiro pacto entre gerações.[54]

---

53. Disponível em: http://www.susep.gov.br/menu/informacoes-ao-publico/planos-e-produtos/ previdencia-complementar-aberta. Acesso em: 8 fev. 2019.

54. "Ocorre, entretanto, que em regime de repartição, o déficit de custeio é cobrado por transferências de outros segurados: os da mesma geração que não conseguem se apo-

Despiciendo comentar que referido regime necessita da verificação da ocorrência de certas situações no mundo fenomênico a lhe conferir estabilidade,[55] exemplificativamente, uma situação demográfica em que a *base* seja *piramidal*, permitindo uma reposição da massa ativa de trabalhadores, que continuarão contribuindo para viabilizar os benefícios pagos para uma base *populacional menor* e que está na inatividade.

Essa não é a realidade atual brasileira, em que o incremento de novas tecnologias na área da saúde e a melhoria das condições de vida da população redundam num aumento da taxa de envelhecimento da população, que, posto diante da decrescente taxa de natalidade, transforma a *pirâmide* num trapézio representativo da nossa população, trazendo sérias dificuldades para o regime financeiro de repartição.

Vale a colação de alguns indicadores, ainda que para uma visão panorâmica do problema:

> Alguns indicadores demográficos evidenciam a velocidade da transição demográfica que o Brasil vivencia. A taxa de fecundidade, que era de cerca de seis filhos por mulher na década de 1960, atualmente já se encontra em patamar abaixo de dois filhos por mulher e deve atingir o patamar de 1,5 a partir da década de 2030, conforme a projeção demográfica do Instituto Brasileiro de Geografia e Estatística (IBGE). Houve incremento da expectativa de sobrevida para todas as idades, inclusive as mais avançadas, que são mais relevantes para a

---

sentar por tempo de serviço e por contribuintes das futuras gerações. Esse fato introduz um componente de extrema iniquidade no sistema: estudos realizados pela equipe de seguridade da Diretoria de Pesquisa do IPEA têm demonstrado uma redistribuição de renda às avessas no que tange à aposentadoria por tempo de serviço, uma verdadeira síndrome de Robin Wood, onde os mais pobres subsidiam os menos pobres" (OLIVEIRA, Francisco Eduardo Barreto; BELTRÃO, Kaizô Iwakami; FERREIRA, Mônica Guerra. *Reforma da previdência*. Texto para discussão n. 508. Rio de Janeiro: IPEA, ago. 1997).

55. Para Arthur Weintraub, "[...] as décadas passadas (no Brasil) acarretaram mudanças significativas no perfil demográfico" (*Previdência privada* – Doutrina e jurisprudência cit.).

Previdência, pois influenciam diretamente na duração dos benefícios. A expectativa de vida aos 65 anos, por exemplo, aumentou de 10,6 para 18,4 anos entre 1940 e 2015, ou seja, um incremento de 73,6%. Na idade de 60 anos, no mesmo período, saltou de 13,2 para 22,1 anos (mais 67,4%). A projeção demográfica do IBGE, atualizada em 2013, estima que, no Brasil, a população de pessoas com 60 anos ou mais de idade deve crescer, entre 2017 e 2060, em média, em 1,1 milhão de pessoas ao ano (a.a), atingindo o patamar de 73,6 milhões de idosos em 2060. Em termos de participação dos idosos na população total, o patamar atual, na casa dos 10%,9 deverá crescer para cerca de 33,7% em 2060. Sumariamente, de acordo com o Censo Demográfico de 2010, cerca de um em cada nove brasileiros era idoso; em 2060, um em cada três terá 60 anos ou mais de idade. Pelos dados harmonizados da Pnad/IBGE, a participação da população idosa no total vem crescendo de forma acelerada, tendo passado de 7,9%, em 1992, para 14,4%, em 2015. Pelos dados da Pnad/IBGE, em 2015, já havia mais pessoas com 60 anos ou mais de idade no Brasil do que crianças de 0 a 9 anos. Também ocorre um processo de envelhecimento da própria população idosa, com incremento da importância relativa das pessoas com 80 anos ou mais de idade. Enquanto a população total irá crescer ao ritmo de 0,1% a.a. entre 2017 e 2060, as populações com 60 anos ou mais e 80 anos ou mais de idade crescerão ao ritmo de, respectivamente, de 2,5% a.a. e 3,9% a.a.

Nessas projeções populacionais, concomitantemente ao aumento da importância relativa dos idosos, e até mesmo como efeito da queda de fecundidade, observa-se um estreitamento da base da pirâmide etária brasileira, com clara redução da participação dos grupos etários que constituem a maior parte da população economicamente ativa e dos contribuintes da Previdência Social. O ápice da participação da população de 15 a 64 anos na população total, de acordo com a projeção demográfica do

IBGE, está previsto para o ano de 2022, o que denota que o chamado bônus demográfico já se encontra em sua fase final no Brasil. O resultado desse processo será uma tendência estrutural de diminuição da participação dos contribuintes na população total.[56]

Wladimir Novaes Martinez, citado por Weintraub,[57] traça as seguintes distinções sobre os regimes financeiros de *repartição* e de *capitalização*:

> [...] o regime de capitalização é o próprio do neoliberalismo, enquadrado como poupança individual e disponível, da iniciativa privada, para o plano do tipo contribuição definida, com baixo nível de solidariedade, **hodierno e com tendência a se universalizar**. Bom para as prestações programadas. Por outro lado, o regime de repartição simples, ideologicamente seria social-democrático, técnica previdenciária, de iniciativa estatal, para o plano do tipo benefício definido, com elevada solidariedade, **ultrapassado no tempo e com tendência a desaparecer**. Própria das prestações programadas.

Como já mencionado, o regime geral de previdência social brasileiro utiliza o regime financeiro de repartição simples, com a peculiaridade de que a insuficiência de fundos (orçamento) para o pagamento dos benefícios concedidos no corrente exercício implica utilização do caixa (orçamento) geral para dar cabo das responsabilidades do Estado no respectivo setor.[58]

56. COSTANZI, Rogério Nagamine; AMARAL, Aline Diniz; DIAS, Cícero Rafael; ANSILIERO, Graziela; afonso, Luis Eduardo; SIDONE, Otávio José Guerci. Reforma da Previdência social. Acessado em: http://repositorio.ipea.gov.br/bitstream/11058/8465/1/Reforma%20da% 20previd%C3%AAncia%20social.pdf. p. 132-133.

57. WEINTRAUB, Arthur Bragança de Vasconcellos. *Previdência privada* – Doutrina e jurisprudência cit., p. 50-51.

58. "Tendo em vista que o regime é de repartição, com as transferências da União cobrindo eventuais déficits, a análise **ex-post** dos números da previdência é pouco informativa. Em termos vulgares, o sistema não fale mas é permanentemente insolvente: quando há insuficiência de recursos para a cobertura dos compromissos, ou se recorre a aumentos

Por outro lado, a Carta Republicana induz a utilização do regime de capitalização para a previdência privada, o que não significa dizer que outros regimes financeiros não possam ser utilizados. Como bem explica Daniel Pulino,[59]

> [...] a Constituição, ao determinar que a base do regime de previdência complementar, que a sua lógica operacional, está na *constituição de reservas garantidoras* dos benefícios, afasta, pelo menos para a generalidade da cobertura privada, a adoção do regime de repartição simples (que se ocupa apenas do financiamento dos pagamentos correntes no curto prazo, sem exigir qualquer reserva para o futuro) por sujeitos privados. Mas este regime de repartição é, embora residualmente, admitido mesmo pela atual legislação, já que a Lei Complementar n. 109, de 2001, determina, no art. 18, §1º, que "o regime financeiro de *capitalização* é obrigatório para os benefícios de pagamento em *prestações* que sejam *programadas* e continuadas". Pela lei, pois, a capitalização é imposta apenas, a rigor, para as aposentadorias programadas (que são as que levam em conta o fator tempo, via de regra, a idade do participante e o tempo de contribuição ou de vinculação ao plano), mas não para os chamados benefícios de risco (invalidez, morte, incapacidade parcial etc.).

Observados os condicionamentos legais e os contornos normativos, a engenharia do plano de benefícios pode contar com qualquer dos regimes e, inclusive, mais de um regime financeiro para o mesmo plano. O importante é que tal medida expresse tecnicamente a decorrente viabilidade.

---

nas contribuições (aumentos de alíquotas, elevação do teto de contribuições, novas bases etc.) ou se recorre aos recursos da União" (OLIVEIRA, Francisco Eduardo Barreto; BELTRÃO, Kaizô Iwakami; FERREIRA, Mônica Guerra. *Reforma da previdência* cit., p. 20-21).

59. *Previdência complementar:* natureza jurídico-constitucional e seu desenvolvimento pelas entidades fechadas cit., p. 290.

Entre esses contornos normativos, bem sintetiza Marina Grimaldi de Castro,[60] enfatizando que a

> Resolução CNSP n. 139/2005 (art. 2º), todavia, determina que todos os planos por ela regulamentados, ou seja, todos os planos de benefícios com cobertura por sobrevivência, devem ser estruturados sob o regime financeiro de capitalização.
>
> Já para a estruturação de planos de benefícios com cobertura de risco (morte e/ou invalidez), é admitida a adoção de qualquer uma das três espécies de regimes financeiros mencionados (art. 6º da Resolução CNSP n. 201/2008). O regime financeiro de capitalização pode ser utilizado na estruturação de planos que contemplem benefícios sob a forma de pagamento único ou de renda; o regime financeiro de repartição de capitais de cobertura pode ser adotado para os planos de benefícios sob a forma de renda; e o regime financeiro de repartição simples, para os planos de benefício sob a forma de pagamento único (art. 6º, Resolução CNSP n. 201/2008).

60. *Previdência complementar aberta:* estrutura, regulação... cit., p. 82.

CAPÍTULO 3

SUJEITOS DA RELAÇÃO PREVIDENCIÁRIA

3.1 ENTIDADES DE PREVIDÊNCIA COMPLEMENTAR – EPC

Apresentadas as importantes considerações e análises que propiciam denotar as bases do sistema de Seguridade Social e do subsistema de previdência privada, é chegado o momento de efetivar análise pormenorizada sobre os elementos constitutivos desse subsistema e as relações que desenvolvem.

E assim o fazemos iniciando dizendo que o relacionamento jurídico que se forma entre os interessados de angariar, ou *prover*, a proteção previdenciária privada passa, necessariamente, pela constituição de uma Entidade de Previdência Complementar - EPC, pelo interesse da(s) pessoa(s) física(s), denominada(s) como participantes, em aderir ao plano de benefícios e a(s) pessoa(s) jurídica(s), intitulada(s) pela lei como patrocinadora(s) ou instituidora(s) (e averbadora(s), como poderemos analisar, em decorrência de regramento infralegal), que será(ão) as responsável(is) por *iniciar* a relação de previdência privada, quer instituindo a EPC, quer aderindo ao plano de uma entidade já existente.

A Lei Complementar n. 109/2001 inicia sua regulamentação relembrando *standard* constitucional que confere autonomia ao regime de previdência privada (art. 202 da CF), quer perante o regime geral da previdência social (subsistema do sistema de seguridade social), quer não se confundindo com as relações advindas do contrato de trabalho (art. 202, § 2º, da CF). E assim o faz assinalando que o regime de previdência privada é *operado* pelas Entidades de Previdência Complementar – EPC, que tem como objetivo a instituição e execução dos planos de benefício previdenciário, nos termos da lei (art. 2º da LC 109/2001).

Conforme já observado neste estudo, o regime de previdência privada é atividade regulada pelo Estado brasileiro, o que importa dizer que a criação e, especialmente, o funcionamento das EPC depende da autorização estatal, sendo necessário, portanto, o atendimento à legislação de regência da matéria (art. 6º da LC 109/2001). Aliás, vale acrescer, não somente a constituição e o funcionamento inicial das EPC são submetidos ao controle estatal (arts. 33, I, 35, §§ 1º e 2º, 36 e 37, LC 109/0201), mas todas as alterações decorrentes também ensejam essa mesma análise, quer no que diz respeito aos planos de benefícios que veiculam, quer no que tange às estruturas societárias (arts. 33, II, III, IV, 39, I, da LC109/2001).

Explica Mariana Grimaldi de Castro,[1] com relação à instituição de EPC, ainda que se referindo especificamente às EAPC, que,

> [...] primeiramente, deve estabelecer quais serão as coberturas contempladas no plano de benefícios e, consequentemente, nos contratos de previdência complementar aberta que serão posteriormente por ela celebrados. Com base nessa definição, a EAPC deve optar por uma das modalidades de planos de benefícios admitidas pelo ordenamento jurídico (benefício definido ou contribuição variável). Finalmente, deve a entidade escolher qual regime de financiamento será adotado para a estruturação do plano. Caso o plano de benefícios assegure cobertura por sobrevivência, a EAPC

1. *Previdência complementar aberta:* estrutura, regulação... cit., p. 59.

deve também optar por um dos tipos de planos dessa espécie admitidos pelo CNSP e pela SUSEP.

E prossegue GRIMALDI[2] explicitando que para o plano de benefício também é necessário prever quais os direitos garantidos aos participantes, em quais momentos da relação jurídica (durante o diferimento etc.) e condições que devem ser preenchidas pelos participantes para o exercício do referido direito. Também deve prever o plano da entidade sobre a rentabilidade e taxa de carregamento, *e.g.*, se será cobrada.

Contempladas todas essas nuances, aí sim a EPC deve formular seu regulamento e submetê-lo ao órgão supervisor para aprovação, que, caso positiva, viabiliza o início do funcionamento da entidade.[3]

As EPC são pessoas jurídicas de direito privado que foram idealizadas, estruturadas com propósito voltado para a concessão de benefícios previdenciários, ou seja, estruturas jurídicas pensadas no recebimento de contribuições por longos períodos, com arquitetura voltada para o *investimento* desse numerário (art. 9º, §§ 1º e 2º, da LC 109/2001[4]) e estrutura

2. Idem, ibidem.
3. "Já no caso da *pessoa jurídica* que deseja oferecer plano a grupo de indivíduos a ela ligados por laços de trabalho ou associativo –, a sua motivação, o que ela vai buscar contratar diretamente, é uma entidade que lhe possa instituir e administrar (ou *executar* ou *operar*) um plano de benefícios previdenciários que vai ser oferecido àqueles indivíduos, àquelas pessoas físicas, aos potenciais participantes relacionados àquela pessoa jurídica (empresa ou associação). Então, a necessidade de que leva a pessoa jurídica que quer oferecer plano de grupo ou corporativo a contratar uma entidade é, imediatamente, a própria *instituição* – aqui entendida como montagem inicial, criação, estruturação de um modelo de plano – e – ou, na verdade, apenas isso que se segue – *administração* (execução, operação) do plano previdenciário já criado anteriormente que ela quer oferecer a seus empregados ou associados, sendo esta administração (ou a administração e também a prévia instituição) de plano previdenciário a sua imediata necessidade 'de consumo'" (PULINO, Daniel. *Previdência complementar:* natureza jurídico-constitucional e seu desenvolvimento pelas entidades fechadas cit., p. 140).
4. "Art. 9º [...]

§ 1º A aplicação dos recursos correspondentes às reservas, às provisões e aos fundos de que trata o caput será feita conforme diretrizes estabelecidas pelo Conselho Monetário Nacional.

atuária desenvolvida para que ao final se possa entregar o que contratado (art. 10 da LC 109/2001[5]). A regulação estatal também se faz presente neste *iter* e deve ser observada (art. 9º da LC 109/2001[6]).

> Na execução desse processo, deve ser perseguido pela entidade não só o equilíbrio econômico-atuarial entre os planos de custeio e de benefícios, como também o financeiro, de forma a que a entidade disponha de capacidade econômica de pagamento (solvabilidade) e da adequação financeira de seus recursos às necessidades de desembolso do respectivo plano de benefícios (possibilidade de adimplir, a todo momento, em moeda corrente, as exigibilidades do plano).[7]

As EPC não se confundem com seus *idealizadores* ou com aqueles que meramente resolvem aderir aos seus planos, isso significando dizer que contam com personalidade jurídica própria, distinta daquelas *pessoas* que irão utilizar dos serviços constantes dos respectivos regulamentos. Essa distinção existe mesmo quando a entidade de previdência é instituída para suprir uma demanda de conteúdo *previdenciário* existente em uma empresa ou associação, ou seja, mesmo quando a entidade nasce desenhada para atender essa relação jurídica existente entre empresa e parceiros ou associação e associados.

São de dois tipos as Entidades de Previdência Complementar, as chamadas entidades: *fechadas* e *abertas*. Aquelas,

---

§ 2º É vedado o estabelecimento de aplicações compulsórias ou limites mínimos de aplicação."

5. "Art. 10. Deverão constar dos regulamentos dos planos de benefícios, das propostas de inscrição e dos certificados de participantes condições mínimas a serem fixadas pelo órgão regulador e fiscalizador."
6. "Art. 9º As entidades de previdência complementar constituirão reservas técnicas, provisões e fundos, de conformidade com os critérios e normas fixados pelo órgão regulador e fiscalizador."
7. CAZETTA, Luís Carlos. *Previdência privada:* o regime jurídico das entidades fechadas cit., p. 112.

em decorrência de imposição legal, somente podem *funcionar* com a personalidade jurídica de fundação ou sociedade civil, não podendo contar com finalidade lucrativa[8] (art. 31, § 1º, LC 109/2001[9]). Já as entidades do tipo dito *abertas* somente poderão ser instituídas como sociedades anônimas.

As pessoas jurídicas de direito privado vêm elencadas no artigo 44 do Código Civil e podem ser: associações; sociedades; fundações; organizações religiosas; e os partidos políticos. Decorrência dessa classificação normativa, valendo lembrar que o Código Civil (2002) é superveniente à Lei Complementar 109 (2001), tem-se que não há mais a possibilidade jurídica de *sociedade sem finalidade lucrativa*, eis que o artigo 981 do mesmo *Codex* informa que "Celebram contrato de sociedade as pessoas que reciprocamente se obrigam a contribuir, com bens ou serviços, para o exercício de atividade econômica e a partilha, entre si, dos resultados".

Problema de igual jaez acontece com as fundações, cujas finalidades vêm expressamente definidas no artigo 62, parágrafo único,[10] do Código Civil e, mais uma vez, não se traduzindo em molde hábil à formatação de uma EFPC.

---

8. "[...] as entidades fechadas realizam investimentos financeiros das reservas garantidoras dos planos de benefícios de natureza previdenciária que administram, sempre com o intuito de obter resultados positivos com vistas à cobertura das metas atuariais, de modo a manter o equilíbrio financeiro e atuarial de tais planos de benefícios.

   É perseguido o superávit financeiro e não o lucro econômico – empresarial" (BALERA, Wagner (Coord.). *Comentários à Lei de Previdência Privada* cit., p. 207).

9. "Art. 31. [...]

   § 1º As entidades fechadas organizar-se-ão sob a forma de fundação ou sociedade civil, sem fins lucrativos."

10. "Art. 62. [...]

    Parágrafo único. A fundação somente poderá constituir-se para fins de: I – assistência social; II – cultura, defesa e conservação do patrimônio histórico e artístico; III – educação; IV – saúde; V – segurança alimentar e nutricional; VI – defesa, preservação e conservação do meio ambiente e promoção do desenvolvimento sustentável; VII – pesquisa científica, desenvolvimento de tecnologias alternativas, modernização de sistemas de gestão, produção e divulgação de informações e conhecimentos técnicos e científicos; VIII – promoção da ética, da cidadania, da democracia e dos direitos humanos; IX – atividades religiosas; e X – (VETADO)."

Ante tal problema, esclarece o Wagner Balera que

> [...] as entidades fechadas de previdência complementar não se encaixam mais em nenhuma das hipóteses de pessoas jurídicas previstas na legislação civil vigente, caracterizando-se como entidades sui generis.
>
> Esta situação foi reconhecida pela Secretaria de Previdência Complementar, na Portaria n. 02 de 08 de janeiro de 2004, pela qual as "entidades fechadas de previdência complementar, regidas por lei complementar, não estão obrigadas a promover em seus estatutos as adaptações a que se refere o artigo 2.031 da Lei n. 10.406, de 10 de janeiro de 2002" (artigo 1º).
>
> Observa-se assim, que as entidades fechadas são constituídas como fundações e sociedades, sem finalidade lucrativa, previstas em lei especial, conforme já contemplado no artigo 2.033 do Novo Código Civil.[11]

Desenvolvendo raciocínio assemelhado, acrescenta Cazetta que a estrutura organizacional das EFPC não é capaz de ensejar a mesma conformação e direcionamento que é dado a estas mesmas estruturas enquanto desenvolvidas e reguladas exclusivamente no âmbito do ordenamento civilista.

> Isso porque, na órbita não previdenciária, a própria eleição da estrutura jurídica da pessoa por constituir define a sua natureza e o regime pelo qual se realizarão as suas atividades e será concretizada a vontade social (nas associações, por participação e decisão direta dos associados; nas fundações, por deliberação de seu órgão superior, sob a supervisão do Ministério Público.
>
> O mesmo não se dá, contudo, com as entidades fechadas de previdência complementar, que, independentemente da forma pela qual são constituídas, ficam sujeitas a regime

11. BALERA, Wagner (Coord.). *Comentários à Lei de Previdência Privada* cit., p. 208.

> que acaba por tornar praticamente sem importância a sua estrutura jurídica, que, em rigor, a legislação especial desnatura substancialmente em diversos aspectos.[12]

No que diz respeito às Entidades Abertas de Previdência Complementar – EAPC, como adiantado, deverão ser constituídas unicamente sob a forma de sociedades anônimas, com objetivo de "instituir e operar planos de benefícios previdenciários" (art. 36 da LC109/2001). Também consoante já observado, tal espécie societária persegue intuito lucrativo e não há qualquer vedação legal, no âmbito das EAPC, quanto a essa característica.

O modelo societário de sociedade anônima foi escolhido pelo legislador por conta da agilidade que pode conferir para a organização da EAPC, inclusive no que diz respeito aos investimentos que deverão ser feitos com as reservas dos participantes, e transparência.

Nos dizeres de Marina Grimaldi de Castro,

> a opção por esse tipo societário se dá devido ao fato de as sociedades anônimas poderem recorrer ao mercado de capitais para a obtenção dos recursos que necessita para exercer suas atividades e para suprir as eventuais necessidades financeiras [...]. Além disso, essas sociedades possuem o dever de divulgar suas demonstrações financeiras e de dar publicidade a uma série de outros atos societários. Isso assegura maior transparência à sua forma de gestão e permite que os participantes conheçam a situação econômico-financeira da EAPC com a qual contrata e do plano de benefícios do qual participa.[13]

12. CAZETTA, Luís Carlos. *Previdência privada:* o regime jurídico das entidades fechadas cit., p. 61.
13. *Previdência complementar aberta:* estrutura, regulação... cit., p. 61.

3.2 PATROCINADORES, INSTITUIDORES E AVERBADORES

Como já observado anteriormente, as EPC gravitam em dois regimes, o aberto e o fechado. As Entidades *Fechadas* de Previdência Complementar somente podem ser *instituídas* (no sentido de constituir a EFPC ou aderir a um plano de benefícios de uma entidade já constituída) por patrocinadores ou instituidores.

Os patrocinadores são empresas ou entes políticos que têm interesse em *patrocinar* um regime de previdência privada aos seus respectivos empregados ou servidores (art. 31, I, da LC 109/2001). Portanto, duas características: os patrocinadores sempre aportam, ainda que parcialmente, contribuições que irão compor as reservas do plano previdenciário dos seus empregados/servidores; esse aporte, no caso dos empregados, pode ser total (é dizer, a empresa instituidora do plano arcará integralmente com a contribuição do empregado) ou parcial (quando parte da contribuição é paga pelo empregado, e a outra parte pelo empregador), o mesmo não se podendo dizer quanto aos servidores públicos dos entes políticos, que, por expressa disposição constitucional, poderão contar com aporte máximo equivalente à contribuição *normal*[14] adimplida pelo servidor (art. 202, § 3º, da CF[15]).

---

14. Lei Complementar n. 109/2001:

    "Art. 19. As contribuições destinadas à constituição de reservas terão como finalidade prover o pagamento de benefícios de caráter previdenciário, observadas as especificidades previstas nesta Lei Complementar.

    Parágrafo único. As contribuições referidas no caput classificam-se em:

    I – normais, aquelas destinadas ao custeio dos benefícios previstos no respectivo plano; e

    II – extraordinárias, aquelas destinadas ao custeio de déficits, serviço passado e outras finalidades não incluídas na contribuição normal".

15. "Art. 202. [...]

    § 3º É vedado o aporte de recursos a entidade de previdência privada pela União, Estados, Distrito Federal e Municípios, suas autarquias, fundações, empresas públicas, sociedades de economia mista e outras entidades públicas, salvo na qualidade de

Os instituidores[16] são associações de caráter profissional, classista ou setorial, que, tal qual os patrocinadores, podem constituir uma EFPC ou instituir um plano de benefícios para os seus membros ou associados (art. 31, II, da LC 109/2001).

Não se vislumbra no ordenamento constitucional, ou no regramento complementar, qualquer empecilho que possa vedar o pagamento da contribuição do membro ou associado, total ou parcial, pela instituidora, nos mesmíssimos moldes que ocorre com as empresas/entes políticos patrocinadores.

Sem prejuízo da inexistência de vedação *legal*, a Superintendência de Previdência Complementar - PREVIC editou normativo (Resolução MPAS/CGPC n. 12, de 17 de setembro de 2002), leia-se, ato infralegal, que veda (ou vedava... vale uma explicação mais detida logo a seguir) a possibilidade do aporte da instituidora, relegando tal pagamento ao participante ou a *aporte de terceiros* (art. 10, § 1º[17]).

A Resolução MPAS/CGPC n. 12, de 17 de setembro de 2002 contava com a seguinte redação em seu artigo 10:

> Art. 10. O plano de benefícios deverá ser estruturado na modalidade de contribuição definida e manterá esta característica durante a fase de percepção de renda.

---

patrocinador, situação na qual, em hipótese alguma, sua contribuição normal poderá exceder a do segurado".

16. Resolução MPAS/CGPC n. 12, de 17 de setembro de 2002:
"Art. 2º Considera-se Instituidor a pessoa jurídica de caráter profissional, classista ou setorial, que oferecer plano de benefícios previdenciários aos seus associados. Parágrafo único. Poderão ser Instituidores: I – os conselhos profissionais e entidades de classe nos quais seja necessário o registro para o exercício da profissão; II – os sindicatos, as centrais sindicais e as respectivas federações e confederações; III – as cooperativas que congreguem membros de categorias ou classes de profissões regulamentadas; IV – as associações profissionais, legalmente constituídas; V – outras pessoas jurídicas de caráter profissional, classista ou setorial, não previstas nos incisos anteriores, desde que autorizadas pelo órgão fiscalizador".

17. "Art. 10. [...]
§ 1º O plano de benefícios será custeado pelo participante, podendo, também, receber aportes de terceiros".

> § 1º O plano de benefícios será custeado, exclusivamente, pelo participante.

Observa-se a *estranha intervenção* estatal para o caso. O regime de previdência privada fechada se modula pela característica *fundacional da entidade* de previdência e a *possibilidade de contribuição*, parcial ou total, pela empresa (ou grupo de empresas) ou entes políticos, porém, por meio de norma infralegal, o órgão de supervisão inviabilizou a possibilidade de aporte pelo instituidor.

Tal diferença (entre as regras das EFPC e as EAPC) causava estranheza, que só não era maior porque ainda se notabiliza um *certo* discrímen nos regimes que "poderia" justificar a manutenção da regra imposta às instituidoras, qual seja, a possibilidade de desenvolver o plano de benefícios dos seus membros ou associados junto a entidade que não pode visar o lucro. No entanto, se considerarmos que a agilidade das sociedades anônimas pode implicar a redução do custo operacional, o que pode *anular* a vantagem da ausência de lucro, tornava-se "ainda mais injustificável" a vedação imposta pelo órgão de supervisão.

Por intermédio da Resolução MPS/CGPC n. 3, de 22.05.2003, a redação do § 1º do artigo 10 supramencionado passou a ser a abaixo transcrita:

> Art. 10. O plano de benefícios deverá ser estruturado na modalidade de contribuição definida e manterá esta característica durante a fase de percepção de renda.
>
> § 1º O plano de benefícios será custeado pelo participante.

Tal redação também causava estranhamento a Cazetta, que manifestava ressaltando a

> [...] importante distinção entre planos mantidos por patrocinadores e por instituidores diz respeito ao regime de distribuição de responsabilidades financeiras

quanto ao custeio: *os planos mantidos por instituidores não podem ser por eles total ou parcialmente custeados*; somente podem receber contribuições dos participantes e dos seus empregadores, quando formalizado contrato específico para esse fim entre a entidade de previdência e o empregador do participante.[18]

O mesmo doutrinador ainda conclui, em nota de rodapé, que

> de forma inquestionável, o art. 10 da Resolução CGPC n. 12, de 17 de setembro de 2001, alterado pela Resolução n. 3, de 22 de maio de 2003, sem amparo em disposição semelhante da Lei Complementar n. 109, de 2001, estabelece que o plano de benefícios mantido por instituidor deve ser custeado exclusivamente pelos participantes, admitida a possibilidade de seus empregadores efetuarem contribuições previdenciárias para o respectivo plano, nos termos que forem definidos em contrato especificamente celebrado para tanto.[19]

O doutrinador se refere, na parte final do seu comentário, ao § 4º do artigo 10, que estabelece:

> § 4º Adicionalmente ao disposto no § 1º, os *empregadores* poderão, em relação aos seus *empregados vinculados* a planos de benefícios constituídos por instituidor, *efetuar contribuições previdenciárias* para o referido plano, por meio de instrumento contratual específico (grifos nossos).

De qualquer modo, mantida a vedação ao instituidor.

Nova alteração adveio à regra, dessa vez por força da Resolução MPS/CGPC n. 20, de 25.09.2006, que imprimiu a seguinte redação ao artigo 10 e § 1º:

18. CAZETTA, Luís Carlos. *Previdência privada:* o regime jurídico das entidades fechadas cit., p. 53.
19. Idem, ibidem.

> Art. 10. O plano de benefícios deverá ser estruturado na modalidade de contribuição definida.
>
> § 1º O plano de benefícios será custeado pelo participante, podendo, também, receber aportes de terceiros. (grifos nossos)

Mantendo o foco no ora em discussão, no § 1º do artigo 10 da Resolução apontada tem-se que o que não era bom, tendo em vista as críticas já supraexplicitadas, ficou pior. Motivos: se o intuito da alteração foi permitir o aporte por parte do instituidor, bastaria a revogação do parágrafo.

Se não foi revogado o parágrafo, necessário perscrutar se a regra quis abrir oportunidade ao instituidor e terceiros (que não o empregador[20] do "empregado" associado, pois para essa hipótese há regra específica no § 4º do mesmo artigo[21]), ou tão somente a terceiro, mantendo a impossibilidade para o instituidor. Portanto, tudo passará pela análise que se deve fazer quanto ao *terceiro*. Qual o seu significado jurídico na regra? O "instituidor" é "terceiro" na relação de previdência privada fechada?

A relação jurídica de natureza privada previdenciária é complexa, como já pudemos explicar, e é iniciada (na previdência complementar fechada) pelo patrocinador ou instituidor, que irá *fomentar* a criação de uma EFPC ou aderir a um plano de benefícios já existente em uma EFPC.[22] Por sua vez,

---

20. "Os Planos de Instituidores são diferentes dos planso já existentes porque nascem do interesse dos próprios trabalhadores em buscar melhores benefícios previdenciários. Além disso, não possuem a figura da empresa patrocinadora, cirando-se assim uma relação jur´dicia direta apenas com os seus participantes, sendo que eventuais contribuições patronais para o custeio do plano não caracterizarão, para os empregadores, as obrigações próprias da relação de patrocínio" (BALERA, Wagner (Coord.). *Comentários à Lei de Previdência Privada* cit., p. 208).

21. "Art. 10. [...]

    § 4º Adicionalmente ao disposto no § 1º, os empregadores poderão, em relação aos seus empregados vinculados a planos de benefícios constituídos por instituidor, efetuar contribuições previdenciárias para o referido plano, por meio de instrumento contratual específico."

22. "Após o levantamento dessa aparente confusão do texto legal e de seu esclarecimento, e considerando que a redação de previdência privada – ao menos nos casos de

os empregados ou associados dos respectivos patrocinadores ou instituidores poderão aderir ao plano ofertado.

Portanto, a relação jurídica é complexa e envolve o patrocinador/instituidor, a entidade de previdência e o participante. Segundo Ivy Cassa o contrato de previdência privada pode ser definido

> [...] como um acordo de vontades celebrado entre o participante (que busca proteger-se contra riscos sociais) e a entidade de previdência privada (fechada ou aberta), do qual pode ainda participar uma pessoa jurídica – patrocinadora (no caso das entidades fechadas) / instituidora ou averbadora (no caso das entidades abertas).[23]

No mesmo sentido, ainda concernente à relação jurídica de previdência privada ser *complexa*, Luís Carlos Cazetta elucubra que

> constituída de forma autônoma em relação ao contrato de trabalho e ao regime geral de previdência social, a relação jurídica que se estabelece no âmbito de entidades fechadas de previdência complementar tem natureza contratual, de direito privado, e compreende três sujeitos de obrigações e direitos: (i) o *patrocinador*, pessoa jurídica que institui (ou adere a) plano de previdência destinado a suplementar os benefícios do regime geral de previdência social, (ii) a *entidade de previdência*, pessoa jurídica à qual se atribui a operação de planos de previdência baseados no regime da prévia constituição de reservas, e (iii) o *participante*, pessoa física que,

---

planos de entidades fechadas ou de planos coletivos de entidades abertas, que aqui chamaremos indistintamente de 'planos de grupos' ou 'planos corporativos' – é sempre triangular (entidade, pessoa jurídica contratante e pessoa física aderente) [...]" (PULINO, Daniel. *Previdência complementar:* natureza jurídico-constitucional e seu desenvolvimento pelas entidades fechadas cit., p. 138).

23. *Contrato de previdência privada* cit., p. 106.

> aderindo a regime previamente estabelecido, assume, com o concurso do patrocinador, obrigações relativas à formação das reservas necessárias à oportuna aquisição de direito ao gozo de benefícios previdenciários a serem financeiramente apurados no momento da implementação das condições definidas para a sua fruição.[24]

Prossegue o mesmo autor:

> Diversamente do que se verifica com a maioria dos contratos, em que se opõem direitos e obrigações entre duas partes que auto-ordenam os seus comportamentos no âmbito de uma dada relação jurídica, o contrato de previdência privada fechada compreende três sujeitos de direitos e obrigações, que acorrem à relação em momentos sucessivos, próprios às respectiva manifestações de vontade.[25]

Há ainda doutrina que entende ser também participante dessa relação jurídica o Estado,[26] porém, não iremos nos aprofundar em mais esse veio, eis que transborda o debate que ora se intenta concluir.

Retomando o raciocínio, fato é que quem participa da relação jurídica não pode ser *terceiro* a ela, conclusão que implicaria manter afastada a possibilidade de contribuição das instituidoras para os planos de previdência complementar fechada para os seus associados.

Interpretação no sentido da possibilidade (que equivaleria a equiparar o instituidor a *terceiro*), tal qual ocorre com as patrocinadoras, importaria em afastar a patente ilegalidade da norma emitida pelo órgão supervisor, que não encontra menor

24. *Previdência privada:* o regime jurídico das entidades fechadas cit., p. 43.
25. Idem, p. 115.
26. A respeito, vide: BALERA, Wagner (Coord.). *Comentários à Lei de Previdência Privada* cit., p. 96-97.

consonância com a legislação de regência, bem como atenderia a preceito básico de hermenêutica.

No entanto, referida interpretação também feriria de morte a ciência jurídica ao jogar o instituidor (e o patrocinador também?!) para a condição de terceiro na relação jurídica, ou seja, o desarranjo jurídico-científico seria mais danoso do que a tentativa de *salvar* a regra infralegal.

Aliás, de forma a corroborar o raciocínio anterior (no sentido de que o "terceiro" *trazido* para a norma não diz respeito ao *instituído)*, vale a interpretação conjunta com o § 4º do mesmo artigo 10 (redação da Resolução MPS/CGPC n. 3/2003), que sinalizava a possibilidade de os empregadores (sem dúvida *terceiros* nesta relação de previdência privada formada entre instituidor x EFPC x associado/participante) aportarem "contribuições previdenciárias para o referido plano, por meio de instrumento contratual específico".

A celeuma foi "encerrada" com a edição da Resolução MPS/CGPC n. 20/2006 que também incluiu a possibilidade de o Instituidor verter contribuições previdenciárias para o plano de benefícios dos respectivos associados, mantida a condicionante do instrumento "contratual específico".

Portanto, superada a *confusão* normativa, tem-se que em um primeiro momento à Instituidora é vedado o aporte de prestações previdenciárias junto ao plano de benefícios dos seus associados (não obstante ser franqueada a possibilidade a terceiros), todavia, tal possibilidade é viabilizada por meio de "contrato específico", ou seja, segundo a norma infralegal da Previc o *terceiro* pode aportar valores ao plano de benefícios dos associados de determinada Instituidora, já a própria Instituidora apenas com a *condicionante* mencionada do § 4º do artigo 10 da Resolução MPS/CGPC n. 12/2002, com a redação dada pela Resolução MPS/CGPC n. 20/2006.

Diferentemente do regime de previdência privada *fechada*, no regime *aberto* não é requisito o liame *empregatício* ou *associativo* para a *adesão* a um plano de benefício. Como se verá um pouco mais adiante, os planos de benefícios oferecidos neste regime podem ser individuais ou coletivos, sendo os primeiros acessíveis por qualquer pessoa física, e os segundos contratados por pessoa(s) jurídica(s) (ou grupo econômico em prol de todo o *conglomerado*), em benefício das pessoas físicas com quem contem com relação jurídica.

O que se tem, portanto, é a liberdade de contratação dos planos de benefícios do regime aberto de previdência complementar por qualquer pessoa, quer física, quer jurídica, sendo que, no caso da contratação por pessoa jurídica estas são chamadas de instituidoras.[27]

Verifica-se que a legislação de regência traz uma designação para a contratação por pessoa jurídica de plano de benefícios junto à EAPC: instituidora. Porém, e novamente, é criada identificação e diferenciação via norma infralegal pelo Conselho Nacional de Seguros Privados – CNSP, ou seja, as averbadoras.

Segundo a Resolução CNSP n. 349, de 25 de setembro de 2017, a "instituidora" é a "pessoa jurídica que propõe a contratação de plano coletivo e que está investida de poderes de representação, exclusivamente para contratá-lo com a EAPC, e que participa, *total ou parcialmente, do custeio*"; já as "averbadoras" são as "pessoa jurídica que propõe a contratação de

---

27. Alerta, todavia, Daniel Pulino que, "[...] por força do que expressamente dispõem os arts. 202, §§4º, 5º e 6º, e 40, §15, todos da Constituição, regulamentados, ademais pela Lei Complementar n. 108, de 2001, o Poder Público, ou melhor, a Administração Pública direta e indireta, vale dizer, a Administração direta, autárquica ou fundacional, e mesmo as empresas estatais (que são, como se sabe, pessoas jurídicas de direito privado), quando oferecem planos de complementação previdenciária a seus servidores ou empregados, só o poderão fazer por meio de planos de benefícios administrados por entidades *fechadas* de previdência complementar. Por causa disso, havemos de entender que as entidades abertas são livremente acessíveis a quaisquer pessoas jurídicas, com *exceção* dos *chamados patrocinadores governamentais*" (*Previdência complementar:* natureza jurídico-constitucional e seu desenvolvimento pelas entidades fechadas cit., p. 142).

plano coletivo, ficando investida de poderes de representação, exclusivamente para contratá-lo com a EAPC, *sem participar do custeio*" (grifos nossos).

Fica, portanto, criada, no âmbito do regime aberto de previdência privada, a diferenciação *entre* instituidoras, ou seja, aquela que arca, ainda que parcialmente, com o custeio das contribuições do participante é denominada "instituidora"; contrariamente, aquela que não arca com qualquer verba no custeio da contribuição do participante é denominada "averbadora". A intervenção estatal, nesse caso (ainda que desconectada com a regulamentação legal) é meramente classificatória e visa imprimir uma distinção entre aquelas pessoas jurídicas que atuam contratando planos coletivos de previdência, sem maiores impactos, que não a necessidade do conhecimento quanto ao desdobramento classificatório infralegal.

Vale destacar que a Lei Complementar n. 109/2001 exige um vínculo jurídico, ainda que indireto (artigo 26, II), entre a pessoa jurídica contratante do plano de benefícios coletivos e as pessoas físicas que poderão optar por aderir a este mesmo plano.

Duas observações: primeiro, que a lei discrimina qual é o vínculo jurídico (art. 26, §§ 3º e 4º) e também esclarece o que é a chamada "vinculação indireta", é dizer, são os casos em que uma entidade representativa de pessoas jurídicas contrata o plano de benefícios para as pessoas físicas vinculadas às suas filiadas (artigo 26, § 2º). A segunda observação diz com a impossibilidade de contratação de plano coletivo por pessoa jurídica cujo objetivo "seja estipular,[28] em nome de terceiros, planos de benefícios coletivos" (art. 26, § 6º). Boa vedação

28. O estipulante trazido na Lei Complementar n. 109/2001 não se confunde com o homônimo do direito securitário. Com relação a este há regramento no Código Civil (artigo 801) e na Resolução CNSP n. 107/2004. A diferença fundamental está na vedação na necessidade de vínculo jurídico específico para o regime previdenciário, não sendo *qualificado* o vínculo para o regime securitário, e a vedação para as pessoas jurídicas que meramente estipulam no regime previdenciário, restrição que não se observa no regime securitário.

encetada pelo legislador, na medida em que a possibilidade de inserção de mais uma *pessoa* nesse *iter* de contratação apenas ensejaria acréscimo econômico negativo (no sentido de maiores dispêndios financeiros) para a contratação do plano de benefícios, não se vislumbrando outras possibilidades de acréscimo positivo ao regime.

REGIME	SUJEITOS	Participação financeira quanto à contribuição dos participantes
Previdência Privada Fechada	Patrocinadores (art. 12, LC 109/2001)	Total ou Parcial
Previdência Privada Fechada	Instituidores (art. 12, LC 109/2001)	Possibilidade com a condição trazida no art. 10, § 4º, Res. MPAS/ CGPC 12/2002)
Previdência Privada Aberta (plano coletivo)	Instituidores	Total ou Parcial
Previdência Privada Aberta (plano coletivo)	Averbadoras	Impossibilidade (art. 5º, I, Res. CNSP 349/17)

Vale lembrar (vide item 1.2) que a Emenda Constitucional nº /2019 não mais restringe a contratação de planos de benefícios de previdência privada para a administração pública às EFPC. Consoante disposto no artigo 202, §4º a relação de previdência privada pode ser viabilizada com EPC, ou seja, as EAPC também estão autorizadas a *operar* planos de benefícios voltados para as mais diversas áreas do setor público.

3.3 PARTICIPANTES, BENEFICIÁRIOS E ASSISTIDOS

Esclarece desde logo Wagner Balera,[29] quanto ao tema, que

29. *Comentários à Lei de Previdência Privada* cit., p. 72.

o participante, nos termos do artigo 8º[30] em comento, é a pessoa física que aderiu ao plano de benefícios. Com isso, é possível afastar desde já qualquer possibilidade de pessoas jurídicas figurarem como participantes de planos de benefícios.

Rememorando a *facultatividade* que norteia o regime de previdência privada, tem-se que pode ser participante de um plano de benefícios formatado por uma EPC a pessoa física que resolveu, facultativamente, aderir ao plano. Dois os elementos iniciais a serem observados: essa opção livre pela escolha do plano; quem pode escolher é uma pessoa física, com todas as considerações, restrições e direitos trazidos pela legislação civil (como a necessária capacidade civil ou a devida representação, caso não preencha o primeiro requisito).

Acresce ainda Marina Grimaldi de Castro[31] que "o participante é aquele sobre o qual recaem os riscos do contrato de previdência complementar aberta (sobrevivência, morte e/ou invalidez); é o sujeito ao qual são conferidos os benefícios e demais direitos garantidos pelo referido contrato)".

O participante do plano de benefícios é a pessoa ligada juridicamente a uma empresa, a um ente político (patrocinador), a uma associação de caráter profissional, classista ou setorial (instituidoras), ou ainda não conta com relação jurídica com nenhuma das pessoas jurídicas anteriormente apontadas e firma um plano individual diretamente com a EAPC (hipótese em que não se detecta a relação triangular complexa, presente nas relações jurídicas da previdência complementar, porque nesse caso o contrato será firmado entre a EAPC e o participante). Não é demais lembrar que quando da contratação de planos

30. LC 109/2001: "Art. 8º Para efeito desta Lei Complementar, considera-se:
I – participante, a pessoa física que aderir aos planos de benefícios; e
II – assistido, o participante ou seu beneficiário em gozo de benefício de prestação continuada."

31. *Previdência complementar aberta:* estrutura, regulação... cit., p. 110.

de benefícios ditos *coletivos* junto às EAPC, os diretores, conselheiros, dirigentes, gerente e outras pessoas em exercício de cargo eletivo são equiparados a participantes por expressa disposição do artigo 24, § 4º, da LC 109/2001.

Abstrai-se da explicação do artigo 8º, II, da LC 109/2001 que o assistido é o próprio participante, quando passou a gozar do benefício contratado, ou, então, quando não o participante, seu beneficiário, também usufruindo do benefício contratado pelo participante.

O beneficiário, segundo regramento contido na Resolução CNSP n. 349, de 25 de setembro de 2017, "é a pessoa física (ou pessoas físicas) indicada livremente pelo participante para receber os valores de benefício ou resgate, na hipótese de seu falecimento, de acordo com a estrutura do plano e na forma prevista nesta Resolução".

O beneficiário conta com livre indicação pelo participante. Obviamente que essa liberdade de escolha se traduz na ausência de coação para indicação da pessoa que irá receber o benefício previdenciário na ausência do participante.

Ainda sobre o beneficiário, esclarece Grimaldi[32] que

> os beneficiários não são parte do contrato de previdência complementar aberta. Afinal, eles não participam da celebração do negócio jurídico, não assumem a posição incialmente ocupada pelo participante, tampouco são responsáveis pelo pagamento das contribuições. Assim, pode-se dizer que os beneficiários são apenas terceiros indicados para receber os valores porventura devidos em decorrência da celebração do referido contrato e mediante a ocorrência do falecimento do participante. Trata-se de típica estipulação em favor de terceiros.

32. *Previdência complementar aberta:* estrutura, regulação... cit., p. 111.

Especificamente no que diz respeito ao participante que conta com relação jurídica junto à administração pública, por expressa disposição constitucional trazida pela EC nº /2019, essa *relação jurídica* foi "*qualificada*", o que significa dizer que o *participante* somente pode ser o servidor público ocupante de cargo efetivo (art. 40, §14). Os agentes públicos ocupantes de cargo em comissão ou outro cargo temporário, inclusive mandato eletivo ou emprego público, contarão com a filiação do Regime Geral de Previdência Social (art. 40, §13).

Fechando o tópico, vale trazer o alerta de Wagner Balera[33] no sentido de que,

> [...] não obstante o inciso II, do artigo 8º, tratar de assistido como o participante ou o seu beneficiário em gozo de "benefício de prestação continuada", entendemos que quaisquer pessoas físicas, que tendo ingressado em plano de benefícios ou que dele sejam beneficiários nos termos anteriormente descritos, e que estejam em fase de benefício, isto é, no período de gozo dos benefícios previdenciários, estão abrangidos pelo termo assistido.
>
> Assim, mesmo aqueles que usufruírem de benefícios de planos de previdência complementar de forma diversa da prestação continuada – tais como pecúlio em parcela única – também estão abrangidos pelo termo "assistido", tendo em vista que a Lei não lhes atribuiu denominação específica.

Quer por imposição legal, quer enquanto decorrência lógica do regime, não é possível que pessoa jurídica seja participante ou assistida em contrato de previdência privada.

33. *Comentários à Lei de Previdência Privada* cit., p. 76-77.

CAPÍTULO 4

CONTRATO DE PREVIDÊNCIA PRIVADA E PLANOS DE BENEFÍCIOS

4.1 CONTRATOS

O entendimento a respeito do conceito de contrato passa por longa maturação, com a incidência de inúmeras fontes históricas e do *desenvolvimento* (leia-se: adequação) da legislação nacional (e mundial), culminando por formatá-lo no modelo atual, mas consentâneo com a realidade. Como lembra Miguel Reale,[1] comentando sobre o *então* projeto de Código Civil (que convolou na autal *Codificação* de 2002), as mudanças que se pretendiam imputar ao novo regramento civil visavam afastar a vertente individualista de então, alicerçada em uma cultura e técnicas jurídicas que provinham de uma sociedade "fundamentalmente agrária, onde predominava a população rural e não a urbana".[2]

---

1. *Visão geral do Projeto de Código Civil.* Disponível em: http://www.miguelreale.com.br/artigos/vgpcc.htm. Acesso em: 19 jun. 2019.
2. "O contrato negociado é, como acertadamente lembra Berlioz, um instrumento próprio de troca de bens e serviços numa economia artesanal e familiar, em que a clientela se dispersava por um pequeno raio de extensão territorial, em que o produtor conhecia pessoalmente os consumidores com quem tratava contrato; e citando as palavras de Lavernhe, 'um diálogo direto podia estabelecer-se entre o produtor artesanal, implantado num mercado local e o consumidor [...]; uma multidão de pequenos mercados permitia uma adaptação constante da oferta e da procura'" (MIRANDA, Custodio da Piedade Ubaldino. *Contrato de adesão.* São Paulo: Atlas, 2002. p. 14).

O Código Civil de 1916, idealizado por Clóvis Bevilaqua, refletia um momento histórico que foi incorporado ao regramento civil codificado, trazendo como marca o tratamento *individualista* dos mais diversos assuntos e relações. O Código de 2002, contrariamente, mas também por força de um momento histórico e arcabouço normativo que lhe conferiu *inspiração* (Constituição Federal de 1988), vem alicerçado em um tripé que abraça a *socialidade*, a *eticidade* e a *operabilidade*.

Explica Miguel Reale, com relação aos princípios supradestacados, que a *socialidade* vem enfatizar a prevalência dos valores coletivos sobre os individuais, por sua vez, a *eticidade* vem quebrar o paradigma de que todas as relações devem estar devidamente regradas e codificadas em normas expressas, ou seja, o Código vem com o propósito de viabilizar a aplicação de critérios ético-jurídicos que permitirão instrumentalizar o alcance da "concreção jurídica" da norma, sem a necessidade de que a própria norma, individualizadamente, indique. Finalmente, a *operabilidade* é concernente à indispensável perspectiva da realização do direito, da sua *utilidade* prática no cotidiano das relações a que se dispõe regrar[3].

A inteligência transcrita anteriormente, que reflete a estruturação do Código Civil de 2002, vem em consonância com o momento histórico atual e com o quanto determinado pela Carta de Princípios vigentes, que já em seu artigo 1º, IV, traz como fundamento do Estado brasileiro "os valores sociais do trabalho e da livre-iniciativa".

A *livre-iniciativa*, segundo mandamento constitucional, não é aquela que lançava ao *mercado* o livre regramento das relações entabuladas, crente na *igualdade formal* que permitia a irrestrita liberdade de negociação (economia liberal clássica).[4]

3. REALE, Miguel. *Visão geral do Projeto de Código Civil* cit.

4. "O liberalismo econômico, a idéia basilar de que todos são iguais perante a lei e devem ser igualmente tratados, e a concepção de que o mercado de capitais e o mercado de trabalho devem funcionar livremente em condições, todavia, que favorecem a dominação

A *livre-iniciativa* tratada na Carta Republicana é imbuída da perspectiva social, é a que *exige* essa conexão entre a *iniciativa* e a geração de efeitos sociais. Novamente nos valendo dos ensinamentos de Miguel Reale, "Se não houve a vitória do socialismo, houve o triunfo da 'socialidade', fazendo prevalecer os valores coletivos sobre os individuais, sem perda, porém, do valor fundante da pessoa humana".[5]

Essa nova visão *de mundo*, nitidamente refletida no regramento constitucional, na ordenação social, tem efeitos diretos na regulação e compreensão dos negócios jurídicos, conferindo novas conotações para o quanto se deve entender por *autonomia da vontade* ou *autonomia privada* (*pilar* fundamental do direito privado).

Explica Lôbo[6] que não se observam contornos sólidos para a distinção entre autonomia da vontade e autonomia privada, pois que a diferença de nomenclatura decorre do reflexo do momento histórico, das opções doutrinárias e ideológicas. Segundo ainda o mesmo autor, aquela exprime o "predomínio do individualismo e da soberania da vontade individual", enquanto esta encontra condicionante no ordenamento jurídico e confere primazia à exteriorização da vontade (distanciando-se da exigência da *constatação* da "vontade interior"), tudo em atendimento às exigências da justiça social.

Filiamo-nos à corrente doutrinária que entende que a autonomia da vontade[7] é termo que não mais comporta o uso

de uma classe sobre a economia considerada em seu conjunto permitiram fazer-se do contrato o instrumento jurídico por excelência da vida econômica" (GOMES, Orlando. *Contratos.* Rio de Janeiro: Forense, 2019. Edição do Kindle. p. 5).

5. REALE, Miguel. *Visão geral do Projeto de Código Civil* cit.
6. LÔBO, Paulo. *Direito civil:* contratos. São Paulo: Saraiva, 2011. p. 59.
7. "A contribuição dos canonistas consistiu basicamente na relevância que atribuíram, de um lado, ao consenso, e, do outro, à fé jurada. Em valorizando o consentimento, preconizaram que a vontade é a fonte da obrigação, abrindo caminho para a formulação dos princípios da autonomia da vontade e do consensualismo. A estimação do consenso leva à ideia de que a obrigação deve nascer fundamentalmente de um ato de vontade e que, para criá-lo, é suficiente a sua declaração. O respeito à palavra dada e o

pleno de outrora, especialmente por conta da massificação da atividade contratual (sem dúvida necessidade do mundo contemporâneo), com a consequente mitigação da expressão da vontade, motivo pelo qual a utilização da expressão *autonomia privada* nos apresenta mais apropriada. Isso não implica contradição ao quanto supra-aludido por Paulo Lôbo, ao contrário, se dispõe como acréscimo que será melhor explorado na seção destinada à análise dos contratos chamados "de adesão".

A autonomia privada conta com tríplice acepção, que pode ser condensada na *liberdade de contratar*. De todo modo, ela *desdobra-se* em: liberdade de celebrar o contrato, liberdade de escolha com quem contratar e liberdade de determinar o conteúdo do negócio jurídico contratado.[8]

Com a mitigação do individualismo nas relações negociais e o nascimento do entendimento de que o negócio jurídico contratual (que espelha relação econômica com contornos de desequilíbrio quanto à paridade de força e informação) necessita de condicionamento que propicie uma utilização com ganhos para a coletividade, o Estado passa a atuar intervindo nessas relações, mitigando, por força dessa atuação, a liberdade contratual (por sua vez, o encolhimento da autonomia privada).[9]

Não obstante, e sem prejuízo de todo o raciocínio já desenvolvido, vale retomar que o contrato prossegue sendo

---

dever da veracidade justificam, de outra parte, a necessidade de cumprir as obrigações pactuadas, fosse qual fosse a forma do pacto, tornando necessária a adoção de regras jurídicas que assegurassem a força obrigatória dos contratos, mesmo os nascidos do simples consentimento dos contraentes" (GOMES, Orlando. *Contratos* cit., p. 4-5).

8. Vide: LÔBO, Paulo. *Direito civil:* contratos cit., p. 61; GOMES, Orlando. *Contratos* cit., p. 7.

9. "Três modificações no regime jurídico do contrato revelam outras tantas tentativas para a correção do desequilíbrio. A primeira consistiu na promulgação de grande número de leis de proteção à categoria de indivíduos mais fracos econômica ou socialmente, compensando-lhes a inferioridade com uma superioridade jurídica. A segunda patenteia-se na legislação de apoio aos grupos organizados, como os sindicatos, para enfrentar em pé de igualdade o contratante mais forte. A terceira, no dirigismo contratual, exercido pelo Estado através de leis que impõem ou proíbem certo conteúdo de determinados contratos, ou sujeitam sua conclusão ou sua eficácia a uma autorização de poder público" (GOMES, Orlando. *Contratos* cit., p. 7).

instrumento gerador de normatização *individual* que reflete no quanto consta do pacto, ou seja, o conteúdo do instrumento negocial. Ante tal perspectiva, prossegue regendo o instrumento a sua força obrigatória, geradora da necessária *estabilidade* e *previsibilidade.*[10] Como destacamos, a força obrigatória (o *pacta sunt servanda*) prossegue como qualidade essencial dos contratos, mas passa a receber influência de toda a evolução até aqui já narrada, com nítida atenuação da sua outrora inflexibilidade.

E essa *influência* (também do mundo fenomênico) conta com fonte normativa que é detectada, no âmbito infraconstitucional, nos princípios da função social e da boa-fé objetiva, que remete ao contexto *social* lembrado por Miguel Reale nos comentários do então projeto de Código Civil, com nítida limitação (sem aniquilação) ao individualismo e ao *pacta sunt servanda.*[11]

Os contratos regulam relações econômicas[12] entre as partes pactuantes. A função social do contrato é regra que tenta harmonizar os interesses individuais regulados pelo instrumento contratual, com o necessário reflexo que essa *regulação* implica no meio social, propiciando acréscimo positivo à sociedade.

10. LÔBO, Paulo. *Direito civil:* contratos cit., p. 63.

11. "Os princípios sociais do contrato não eliminam os princípios individuais do contrato, a saber, o princípio da autonomia privada negocial, o princípio da força obrigatória (*pacta sunt servanda*) e o princípio da relatividade dos efeitos do contrato; mas limitam e conformam, profundamente, seu alcance e seu conteúdo. A compreensão que se tem hoje dos princípios sociais do contrato não é mais de antagonismo radical aos princípios individuais, pois estes como aqueles refletiram etapas da evolução do direito contratual e do próprio Estado moderno. No Estado social os princípios individuais são compatíveis quando estão limitados e orientados pelos princípios sociais, cuja prevalência se dá quando não são harmonizáveis, depois de tentada a interpretação conforme" (Idem, p. 67).

12. "[...] Como bem esclarece Enzo Roppo, o contrato é uma tradução científico-jurídica de uma realidade econômico-social, de outra natureza, portanto; essa realidade, subjacente ao contrato, nada mais é do que uma operação econômica. Entender o contrato implicaria assim analisar não só a sua dimensão jurídica, tal como se encontra nos textos legais e nas obras doutrinárias, mas também a realidade exterior, de interesses, de relações, de situações econômicas-sociais; [...]" (MIRANDA, Custodio da Piedade Ubaldino. *Contrato de adesão*. São Paulo: Atlas, 2002. p. 14-15).

O contrato é foco de promoção da *justiça social*, conforme exigido pela Constituição Federal (art. 170).

Sob essa perspectiva, tem-se que o contrato não pode espelhar atividade ou relação jurídica que implique interesse antissocial, valendo acrescer que a força das desigualdades materiais, a vantagem econômica desproporcional, dentre outras, são condutas que não se coadunam ao princípio, aos normativos constitucionais que lhe conferem *força* e ao dever extracontratual que é imposto em decorrência de todo este regramento.

Já no que diz respeito à boa-fé, explica Orlando Gomes[13] que está mais *voltado* para a interpretação do contrato do que com sua *arquitetura* em si. É regra matriz que se subdivide na boa-fé *subjetiva*, que é voltada para a subjetividade do indivíduo, e a *objetiva* (melhor nos interessa para o momento) que é o comportamento, a conduta esperada pelos agentes que criam, desenvolvem e executam direitos e deveres de uma relação jurídica. Traduz-se na lealdade, na confiança ordinariamente esperada por aqueles que firmam um negócio jurídico.

Destacados os princípios da função social e da boa-fé objetiva porque têm intensa relação com o regime da previdência privada e, logo, dos contratos que neste ambiente são firmados. Portanto, e desde já calha lembrar, da importante aplicação dessas regras-matrizes no desenvolvimento do relacionamento jurídico previdenciário, haja vista o enfoque *protetivo-social*, de *planejamento de longo prazo* e que implica irrestrita *confiança* na estrutura fundante. Características que são dinamizadas pelos referidos princípios.

---

13. *Contratos* cit., p. 35. Prossegue o mesmo autor: "Por ele se significa que o literal da linguagem não deve prevalecer sobre a intenção manifestada na declaração de vontade, ou dela inferível. Ademais, subentendem-se, no conteúdo do contrato, proposições que decorrem da natureza das obrigações contraídas, ou se impõem por força de uso regular e da própria equidade. Fala-se na existência de condições subentendidas. Admitem-se, enfim, que as partes aceitaram essas consequências, que realmente rejeitariam se as tivessem previsto. No caso, pois, a interpretação não se resume a simples apuração da intenção das partes".

4.2 CONTRATOS DE PREVIDÊNCIA PRIVADA: CONCEITO

O contrato de previdência complementar é o ato que formaliza a relação jurídica previdenciária. Segundo Eliana Romeiro Costa[14]

> [...] é o ato jurídico bilateral pelo qual uma pessoa, o participante, desejando se garantir e aos seus contra as consequências da materialização de certos riscos sociais, acorda com uma pessoa legalmente autorizada a efetuar a compensação dos riscos, mediante pagamento único ou continuado. Trata-se de compensação ou reparação na forma de benefícios ou serviços previdenciários.

Já Cazetta[15] explica que os contratos "traduzem realidades econômicas de que constituem representação e instrumento", justamente em decorrência desse entendimento o pacto previdenciário complementar deve ser analisado sob essa ótica, correspondendo ao "processo de reunião antecipada de recursos para o oportuno pagamento de benefícios previdenciários aos destinatários da execução dos planos de benefícios de caráter complementar [...]".

E prossegue o doutrinador explicando que por meio desse "fenômeno econômico" são feitas transferências de riquezas mediante as contribuições previdenciárias a uma pessoa legalmente habilitada e preparada para cuidar dessas reservas, que serão revertidas aos respectivos participantes em momento próprio, devidamente regulado no contrato.[16]

Manuel Póvoas[17] entende o contrato previdenciário como

---

14. *Previdência complementar na seguridade social:* o risco velhice e a idade para a aposentadoria cit., p. 11.
15. CAZETTA, Luís Carlos. *Previdência privada:* o regime jurídico das entidades fechadas cit., p. 111-112.
16. Idem, ibidem.
17. PÓVOAS, Manuel Sebastião Soares. *Previdência privada* cit., p. 274.

> [...] ato jurídico bilateral pelo qual uma pessoa – o participante, querendo garantir-se e aos seus contra as consequências da materialização de certos riscos sociais, acorda com uma pessoa legalmente autorizada a efetuar, no domínio privado, a compensação desses riscos – a entidade, mediante o pagamento (único ou continuado) de uma importância – a contribuição, receber, por ele ou pelas pessoas que designou como beneficiário a respectiva compensação ou reparação, na forma de benefícios pecuniários ou de serviços previdenciários.

Tem-se, portanto, que o contrato de previdência privada é ato bilateral e estruturado no âmbito do regime jurídico de direito privado (logo, facultativo e dependente da expressão da vontade positiva das partes), em que um dos contratantes aceita dispor de patrimônio econômico que tem no presente, para administração da outra parte que se compromete a reverter esse valor atualizado e capitalizado no futuro, normalmente quando detectada a ocorrência de um risco social (ainda que presumido) previsto no próprio contrato, em proveito do próprio participante ou de terceiro por ele indicado.

Vale recordar que o contrato previdenciário é ato bilateral que pode contar com a participação de um *terceiro* que também pode se obrigar juridicamente com, *v.g.*, o pagamento de contribuições para o plano de previdência do participante, extraindo-se a conclusão que o ato é bilateral e (pode ser também) complexo.

Conforme já comentado neste estudo, o contrato de previdência privada possui forte regulação estatal, tendo em vista sua característica de longa duração e formação de vultosas "poupanças populares" (acumulação das reservas dos participantes). O cuidado estatal com esse tipo de pacto visa evitar que após longo período de planejamento com objetivo de se precaver das ocorrências *danosas* de relações provindas do mundo fenomênico o participante desse tipo de pacto se veja desprovido dessa proteção em decorrência da incompetência da pessoa jurídica gestora do seu patrimônio.

Acresce Grimaldi que

> [...] esses contratos, mais do que outros, devem ser regidos pelo princípio da boa-fé objetiva e pelos deveres anexos a ele referentes, tais como a confiança recíproca e a prestação de informações justamente por regulamentarem relações contínuas e duradouras. Também há, neles, relação de dependência econômica entre as partes contratantes, tendo em vista que a EAPC assegura aos participantes o pagamento de benefícios e demais direitos garantidos em contrato e, em contrapartida recebe dos mesmos os valores de suas contribuições.

Também vale destacar que há doutrina no sentido de que embora sempre presente o *risco social* nesse tipo de contrato, o *risco atuarial* nem sempre se faz presente nos contratos de previdência privada,[18] especialmente nos planos de contribuição definida, em que a execução do pacto implicará o pagamento do valor acumulado na reserva do participante.

4.3 CONTRATO DE PREVIDÊNCIA PRIVADA, CONTRATO DE ADESÃO E CÓDIGO DE DEFESA DO CONSUMIDOR

A padronização dos contratos tem nascedouro com a Revolução Industrial, iniciada na Inglaterra do século XIX, e que implementou profundas alterações nas relações *contratuais*.

18. "Quanto à compensação dos riscos, vale lembrar que, embora o risco social esteja sempre presente, o risco atuarial nem sempre estará. No caso dos planos de contribuição definida, por exemplo, não se trata de uma compensação de riscos e, sim, de uma acumulação de recursos, como se de uma poupança fosse. O participante somente terá direito a receber aquilo que efetivamente acumulou em sua conta individual, independentemente da ocorrência ou não de algum risco. A não ser, é claro, que ele contrate, juntamente com o plano, uma cobertura de risco, que possui natureza jurídica diversa do próprio contrato de previdência privada" (CASSA, Ivy. *Contrato de previdência privada* cit., p. 105).

A Revolução Industrial viabilizou a chamada produção *em massas*, que se contrapõe à realidade que lhe era anterior e que podemos denominar, ainda que para fins ilustrativos, de produção artesanal.

Os produtos, pré-revolução industrial, eram *desenvolvidos* com foco nos pedidos especificados do interessado. O *fabricante*, por sua vez, não apenas atendia às solicitações emolduradas para o produto, como conhecia os interesses, os negócios e até mesmo os *gostos* do pretenso adquirente. Com a *produção em massa* essas características deixam de existir, a produção mecanizada resulta em produto que não se coaduna com particularidades; produção e adquirentes passam a ser caracterizados como desprovidos de caracterização individualizadas, redundando, *grosso modo*, em um produto *e uma* forma de contratação.

O retrato traçado se traduz na chamada sociedade de massas, que gera relações negociais *despersonalizadas*, *padronizadas* e em quantidades consideravelmente volumosas. A transformação veio na profusão de produtos e do respectivo consumo (aquisição), sendo certo que a ausência de peculiaridades daqueles refletiu nos instrumentos que viabilizam sua aquisição.

Tal panorama, agregado à regulação estatal que se acentua com o objetivo de tentar reequilibrar a *força* dos pactuantes e *neutralizar* as cláusulas abusivas, é o que gerou a chamada crise da autonomia da vontade, na medida em que um dos polos da relação contratual deixa de *contribuir* com o conteúdo do negócio jurídico, dele meramente apondo sua aceitação a cláusulas que são previamente estabelecidas por uma das partes. Outra oportunidade também gerada é a não contratação, opção totalmente inviável para alguns casos.

Já explicitando a respeito da característica condizente com as condições gerais desse tipo de contrato, acresce LÔBO[19] que:

---

19. LÔBO, Paulo. *Direito civil:* contratos cit.

> [...] Na sociedade de massas, a predisposição de *condições* que são *gerais* e inalteráveis a todos os contratos que se realizarem com o contratante utilizador, e por todos os que necessitarem dos bens e serviços por ele oferecidos, causa perplexidade pela natureza e alcance desse poder negocial. São fruto da fase pós-industrial, da passagem do sistema de economia concorrencial para o sistema predominantemente monopolista ou oligopolista e da massificação das relações sociais.

O instrumento que estamos a traçar nos contornos é o *contrato de adesão*, que, segundo Orlando Gomes[20], pode ser definido como:

> [...] o negócio jurídico no qual a participação de um dos sujeitos sucede pela aceitação em bloco de uma série de cláusulas formuladas antecipadamente, de modo geral e abstrato, pela outra parte, para constituir o conteúdo normativo e obrigacional de futuras relações concretas.

Calha abstrair das observações doutrinárias que o contrato de adesão conta com dupla feição, a depender da perspectiva. A primeira diz respeito aos clausulados gerais do contrato, formulado por aquele que tem interesse na *comercialização* dos bens produzidos de forma ampla e sem diferenciação na caracterização; o segundo, que perfaz a *individualização* do pacto, ocorre com a aceitação do interessado (*adesão*) na aquisição do bem, aderindo às cláusulas adrede formuladas, as quais foram acrescidas à já referida individualização para o firmamento do contrato.[21]

20. *Contrato de adesão:* condições gerais dos contratos. São Paulo: Revista dos Tribunais, 1972. p. 3.

21. "A relação existente entre condições gerais e contrato de adesão é, respectivamente, de conteúdo e continente, de matéria e instrumento de eficácia. O contrato de adesão é instrumento que concretiza os efeitos das condições gerais. Por ser o contrato de adesão o instrumento de eficácia das condições gerais, tende-se a reduzir as duas categorias

Pragmaticamente falando, as *condições gerais* são previamente *arquitetadas* com foco na perspectiva de interesse do negócio daquele que as formula, contando com equipes de técnicos especializadas para absorver e maximizar as oportunidades de ganho. Na outra senda, o *aderente* normalmente é aquele que conta com pouco tempo para *fechar* o negócio, normalmente sem *auxílio especializado*, muitas vezes sem ter a compreensão do conteúdo formalizado no instrumento que está aderindo.

Desse contexto exsurge a *vulnerabilidade*[22] do aderente, presumida pelo legislador e que impele à atuação estatal com a finalidade de minimizar o desequilíbrio entre partes. É a regulação que já fizemos referência.

Ante todas as considerações supradeclinadas, calha detectar se a característica do contrato de adesão também está presente nos contratos de previdência complementar. Para Danilo Miranda[23]

> o contrato de previdência privada celebrado com o participante constitui um contrato de adesão, havendo margem muito restrita para negociação do conteúdo das suas cláusulas, especialmente a partir do momento em que se passou a exigir a autorização do Estado para o oferecimento dos planos de benefícios.

---

a uma expressão fenomênica indefinida, de escassa utilidade para a construção de um regime próprio" (LÔBO, Paulo. *Direito civil:* contratos cit., p. 128).

22. "A vulnerabilidade, sob o ponto de vista jurídico, é o reconhecimento pelo direito de que determinadas posições contratuais, nas quais se inserem as pessoas, são merecedoras de proteção. Não se confunde com a hipossuficiência, que é conceito eminentemente econômico ou conceito jurídico fundado na insuficiência das condições econômicas pessoais. De maneira geral, os juridicamente vulneráveis são hipossuficientes, mas nem sempre essa relação existe. A vulnerabilidade jurídica pode radicar na desigualdade do domínio das informações, para que o interessado em algum bem ou serviço possa exercer sua escolha, como ocorre com o consumidor; pode estar fundada na impossibilidade de exercer escolhas negociais, como ocorre com o aderente em contrato de adesão a condições gerais". Idem, p. 140.

23. *Previdência privada:* limites e diretrizes para a intervenção do estado cit., p. 104.

Acresce o mesmo autor que "a padronização dos contratos, presente também em contratos de transporte, financiamento, seguros, entre outros, atende à necessidade de simplificação e maior agilidade nas transações, exigidas em uma sociedade de massa".[24]

No mesmo sentido, Maria da Glória Chagas Arruda[25] assevera ser o contrato previdenciário típico contrato de adesão, haja vista que os parâmetros apresentados pelas Entidades de Previdência Privada não são passíveis de *discussão* pelos participantes que firmarão o *plano*, remanescendo a estes a mera concordância com o contrato, importante na respectiva *adesão*, ou de outro lado a recusa.

Por sua vez Athur Weintraub, que também entende ser o contrato firmado entre os sujeitos da relação previdenciária de adesão, ressalta que a relação patrocinador/instituidor e as EFPC, por expressa disposição legal, ocorre por meio de *convênio de adesão*, o mesmo não sucedendo com as EAPC que, segundo o autor, podem "formalizar contratos individualizados, que não sejam de adesão".[26]

Ressalta, todavia, Marina Grimaldi[27] que

> em contratos dessa natureza, como também ocorre com os contratos de seguro e de adesão a planos de saúde, para que o negócio jurídico seja economicamente viável e seguro é preciso haver a celebração de uma série de contratos individuais, com cobertura de riscos homogêneos, com as mesmas características e vinculados a um mesmo plano. Tal medida permite que seja adotado mecanismo de compartilhamento de riscos, mediante a formação de um fundo comum com base nos aportes

24. *Previdência privada:* limites e diretrizes para a intervenção do estado cit., p. 104.
25. *A previdência privada aberta como relação de consumo*. São Paulo: LTr, 2004. p. 215.
26. *Previdência privada* – Doutrina e jurisprudência cit., p. 170,
27. *Previdência complementar aberta:* estrutura, regulação... cit., p. 60.

de recursos realizados pelos contratantes e, consequentemente, viabiliza que a entidade contratada tenha como honrar as prestações assumidas perante eles. Possibilita, também, que o negócio seja interessante e economicamente viável para o participante. Afinal, caso a entidade contratada leve em consideração apenas o risco garantido a que o contratante está exposto, provavelmente o valor cobrado seria tão alto que o tornaria desinteressante ou indesejável.

Complementa Pulino[28] que

> [...] particularmente na regulação da previdência social em nível complementar [...], o legislador brasileiro não ditou diretamente, diferentemente do que fez, por exemplo, no caso da saúde suplementar, um conteúdo mínimo *explícito* de plano a ser observado pelas operadoras particulares (o chamado "plano-referência" de assistência à saúde, resultante da disciplina imposta pelos arts. 12 e 10 da Lei n. 9.656, de 1998). É bem verdade [...], a lei reguladora da previdência complementar determinou que isso possa ser feito, em alguma medida, pelo ente estatal que ela denomina [...] como sendo o "órgão regulador e fiscalizador".

O contrato de adesão[29] vem definido no Código de Defesa do Consumidor, em seu artigo 54, nos seguintes termos:

---

28. *Previdência complementar:* natureza jurídico-constitucional e seu desenvolvimento pelas entidades fechadas cit., p. 163-164.

29. "[...] anote-se que o uso do termo 'adesão' não significa 'manifestação de vontade' ou 'decisão que implique concordância com o conteúdo das cláusulas contratuais'. No contrato de adesão não se discutem cláusulas e não há que falar em pacta sunt servanda. É uma contradição falar em pacta sunt servanda de adesão. Não há acerto prévio entre as partes, discussão de cláusulas e redação de comum acordo. O que se dá é o fenômeno puro e simples da adesão ao contrato pensado e decidido unilateralmente pelo fornecedor, o que implica maneira própria de interpretar e que, como também vimos, foi totalmente encampado pela lei consumerista" (NUNES, Rizzatto. *Curso de direito do consumidor*. 13. ed. São Paulo: Saraiva Educação, 2019. p. 699).

> Art. 54. Contrato de adesão é aquele cujas cláusulas tenham sido aprovadas pela autoridade competente ou estabelecidas unilateralmente pelo fornecedor de produtos ou serviços, sem que o consumidor possa discutir ou modificar substancialmente seu conteúdo.
>
> § 1º A inserção de cláusula no formulário não desfigura a natureza de adesão do contrato.
>
> § 2º Nos contratos de adesão admite-se cláusula resolutória, desde que a alternativa, cabendo a escolha ao consumidor, ressalvando-se o disposto no § 2º do artigo anterior.
>
> § 3º Os contratos de adesão escritos serão redigidos em termos claros e com caracteres ostensivos e legíveis, cujo tamanho da fonte não será inferior ao corpo doze, de modo a facilitar sua compreensão pelo consumidor.
>
> § 4º As cláusulas que implicarem limitação de direito do consumidor deverão ser redigidas com destaque, permitindo sua imediata e fácil compreensão.

Já a Lei Complementar n. 109/2001, logo em seu artigo 7º, parágrafo único, estabelece que os planos de benefícios "atenderão a padrões mínimos fixados pelo órgão regulador e fiscalizador", dando indícios da padronização das cláusulas gerais geradoras dos instrumentos que findariam por caracterizar a adesão.

De igual modo sucede com o artigo 13 do mesmo normativo ao estabelecer que a "formalização da condição de patrocinador ou instituidor de um plano de benefício dar-se-á mediante convênio de adesão a ser celebrado entre o patrocinador ou instituidor e a entidade fechada".

No entanto, quanto ao ponto assevera Balera[30] que

> o Convênio de Adesão, muito embora não se caracteriza propriamente como adesão, é de suma importância para

30. *Comentários à Lei de Previdência Privada* cit., p. 100.

o regular andamento da relação jurídica que se estabelece entre o patrocinador/instituidor e a entidade fechada, especialmente em razão do fato de que nele estão estabelecidas as regras acerca do repasse pontual das contribuições destinadas ao custeio do plano de benefícios, e os efeitos do descumprimento de tal obrigação, cuja responsabilidade é direta dos pactuantes, posto que pode gerar inclusive a intervenção da entidade.

Algumas observações: O sistema[31] de defesa do consumidor tem como eixo fundamental a proteção da parte *vulnerável* na relação de consumo, ou seja, o consumidor (artigo 4º, I, do CDC). Os contratos de adesão no regime consumerista são caracterizados e definidos partindo dessa perspectiva, além da constatação de que as cláusulas padronizadas vêm atender a *necessidades* de uma sociedade de massa, *estandartizada.*

Segundo Rizzatto Nunes,

> [...] o direito acompanhou tal movimento industrial e criou modelo próprio de contratação, adequado ao processo industrial que surgia. Passou-se a criar fórmulas padronizadas, autênticas cláusulas contratuais em série, verdadeiros contratos de consumo. Dentre as características desses contratos a mais marcante é sua estipulação unilateral pelos fornecedores, que, adotando modelo prévio, estudado e decidido por conta própria, os impõem a todos os consumidores que quiserem — ou precisarem — adquirir seus produtos e serviços.[32]

---

31. "Conforme exposto, o Código de Defesa do Consumidor compõe um sistema autônomo dentro do quadro constitucional. Dirseá um subsistema próprio inserido no sistema constitucional brasileiro. Dessa forma, de um lado as regras do CDC estão logicamente submetidas aos parâmetros normativos da Carta Magna, e, de outro, todas as demais normas do sistema somente terão incidência nas relações de consumo se e quando houver lacuna no sistema consumerista. Caso não haja, não há por que nem como pensar em aplicar outra lei diversa da de n. 8.078" (NUNES, Rizzatto. *Curso de direito do consumidor* cit., p. 117 – versão digital).

32. Idem, p. 699.

Não é a mesma *perspectiva*, como já observado neste tópico, que se nota nos contratos de previdência complementar. Nos pactos de natureza previdenciária complementar a padronização de algumas *condições* contratuais pelos órgãos de regulação têm justamente o enfoque de proteção daquele que irá firmar supervenientemente o pacto, ou melhor dizendo, com o objetivo de viabilizar com segurança, equilíbrio e perenidade a prestação do *serviço*.

É certo que o *clausulado estatal*, advindo da regulação no setor específico, não retira a condição de contrato de adesão, muito menos afasta o regime consumerista. O que se quer aqui é evoluir no raciocínio de que o condicionamento é voltado para a proteção, viabilização econômica e necessário equilíbrio dos planos de benefícios (o tema voltará a ser explorado no subitem 6.1).

Nos contratos firmados com EFPC (não caracterizados como contratos de consumo[33]), *ab initio*, há verdadeira *adesão*

33. Súmula 563 do Egrégio Superior Tribunal de Justiça: "O Código de Defesa do Consumidor é aplicável às entidades abertas de previdência complementar, não incidindo nos contratos previdenciários celebrados com entidades fechadas". Ainda, no mesmo sentido o REsp 1421951 (2013/0394822-0 – 10/12/2014), relatoria do Ministro Ricardo Villas Bôas Cueva: "Quanto à incidência do Código de Defesa do Consumidor (CDC) no caso dos autos, apesar de a Súmula n. 321/STJ estabelecer que a legislação consumerista 'é aplicável à relação jurídica entre a entidade de previdência privada e seus participantes', essa aplicação deve ficar restrita às entidades abertas de previdência complementar (EAPC).

[...]

[...] as entidades fechadas de previdência privada não comercializam os seus benefícios ao público em geral ou os distribuem no mercado de consumo, não podendo, por isso mesmo, ser enquadradas no conceito legal de fornecedor.

Além disso, não há remuneração pela contraprestação dos serviços prestados e, consequentemente, a finalidade é não lucrativa (arts. 4º da Lei n. 6.435/1977 e 4º, II, e § 1º, da Lei Complementar n. 109/2001), já que o patrimônio da entidade e respectivos rendimentos, auferidos pela capitalização de investimentos, revertem-se integralmente na concessão e manutenção do pagamento de benefícios aos seus participantes e assistidos.

Assim, o que predomina nas relações entre a EFPC e seus participantes é o associativismo ou o mutualismo com fins previdenciários, ou seja, uma gestão participativa com objetivos sociais comuns de um grupo específico, que se traduzem na rentabilidade dos recursos vertidos pelos patrocinadores (empregadores) e participantes (empregados) ao ao pacto, mas com a *possibilidade* de alteração de inúmeras das suas cláusulas via Conselho Deliberativo, o que destoa de outra das características dos contratos de adesão, concernente à possibilidade de alteração do seu conteúdo pelas *partes* envolvidas na relação jurídica.

Aliás, a *adesão* inicial também pode ter como característica a imutabilidade das cláusulas contratuais justamente porque elas decorrem de entendimento firmado no âmbito do Conselho Deliberativo, ou seja, (em tese) o contrato de previdência privada, nesse caso, é expressão do que definido (também) pelos representantes dos participantes, logo, imutável *prima facie* pelo participante aderente.

Portanto, *no mínimo*, deve-se ter o cuidado de avaliar os diferentes regramentos em que inseridos os contratos de previdência privada, sendo caracterizados os pactos advindos do regime de previdência fechada (novamente em tese) com maior *maleabilidade*, o que afastaria o caráter de adesão (ou o transformaria para uma *espécie sui generis*), por sua vez os contratos advindos do regime de previdência aberta são mais rígidos quanto às cláusulas de *aderência*, o mesmo se dizendo quanto à aplicação das normas consumeristas.

A *adesão* a um contrato com cláusulas pré-redigidas e voltadas para determinada coletividade é característica ínsita dos contratos previdenciários, como já analisado, e fator de verdadeira viabilização desses pactos. A dificuldade de alteração das suas cláusulas também é condição irmanada com a necessidade de

---

fundo, visando à garantia do pagamento futuro de benefício de prestação programada e continuada.

Logo, a relação jurídica existente entre os fundos de pensão e seus participantes é de caráter estatutário, sendo regida por leis específicas (Leis Complementares ns. 108 e 109/2001) bem como pelos planos de custeio e de benefícios, de modo que, apenas em caráter subsidiário, aplicam-se a legislação previdenciária e a civil, não podendo incidir normas peculiares de outros microssistemas legais, tais como o CDC e a CLT.

perenidade e estabilidade de um contrato de longa duração e que deve passar segurança e previsibilidade aos participantes e àqueles que irão administrar um patrimônio que deverá produzir benefícios previdenciários em futuro programado.

São outros os contornos da *adesão* no contrato de previdência privada, não podendo, portanto, simplesmente ser feita a *analogia* com o contrato de adesão consumerista *ordinário* que não conta com os mesmos matizes.

4.4 PLANOS DE BENEFÍCIOS

Entendidas tais circunstâncias, tem-se que as relações jurídicas formadas em decorrência dos contratos de previdência privada redundarão na *adesão* do participante a um plano de benefícios que regulará a referida *relação jurídica*, todavia, não havendo confusão ou identidade entre o plano de benefício e o contrato de previdência complementar, não obstante a nítida relação de interdependência.[34]

Vale lembrar que o plano de benefícios é elaborado, planejado, arquitetado previamente à possibilidade de se firmar o contrato de previdência. Instituída[35] regularmente a entidade

34. "Visando aprimorar a sistemática estabelecida anteriormente na Lei 6.435/1977, a LC 109/2001 buscou distinguir mais claramente duas unidades jurídicas: a) a entidade previdenciária, responsável pela administração de planos de benefícios; b) o plano de benefícios, que consubstancia a comunhão de recursos vinculados a um mesmo contrato de previdência" (MARTINS, Danilo Ribeiro Miranda. *Previdência privada:* limites e diretrizes para a intervenção do estado cit., p. 96-97).

35. "*Instituir* um plano de benefícios é constituí-lo, é cria-lo. Por intermédio da constituição de um plano de benefícios a entidade de previdência complementar ditará as regras aplicáveis às respectivas relações intersubjetivas instauradas. As aludidas relações têm por intuito precípuo fornecer a uma pessoa ou a uma comunidade de pessoas, benefícios previdenciários complementares aos oficiais.

Podemos afirmar que, com a constituição dos mencionados planos, é que a entidade de previdência complementar efetivamente nasce e torna-se ativa. Sem a instituição dos planos de benefícios, nada acontece nas referidas entidades. Os planos de benefícios respectivos é que darão o conteúdo de atuação das aludidas entidades. Sem eles, a entidade de previdência complementar perde sua razão de ser. Elas existem, justamente, para viabilizar a instituição e execução de planos de benefícios, nos estritos termos privada, inicia-se o desenho do plano de benefício, que, não obstante contar com a liberdade típica da autonomia privada da entidade, será submetido à prévia aprovação do órgão de supervisão, que analisará não somente o atendimento à legislação de regência, como também a correção da projeção atuária que guiará o *sucesso* do plano.[36]

Os planos de benefícios devem ser voltados para a coletividade não somente em decorrência das determinações constitucionais que perfazem o liame que mantém aglutinado o sistema de seguridade social, mas também por força das suas características intrínsecas.

Segundo Manuel Póvoas,[37] e a analogia é válida para o caso,

> é o conjunto dos inúmeros contratos semelhantes de seguros que objetivam o risco, permitindo o seu tratamento atuarial e originando a comunidade dos segurados e é esta que, paralelamente aos interesses de cada um dos segurados, cria interesses ao nível da nação, interesses sociais na medida em que evita as desigualdades sociais que a doença, o acidente, a sobrevivência ou a morte quase sempre determinam, e interesses econômicos, na media em que as enormes somas que mobilizam a poupança que representam ao nível da nação se apresenta como uma realidade do maior interesse para o estado moderno.

---

do artigo 2º da lei ora em comentários" (BALERA, Wagner (Coord.). *Comentários à Lei de Previdência Privada* cit.).

36. "Conforme visto, a estruturação e a elaboração de um plano de benefícios devem ser feitas de acordo com as coberturas que a entidade pretende assegurar aos participantes, uma das modalidades de plano admitidas por lei e demais atos normativos vigentes, o regime financeiro a ser adotado, dentre outros. Os efeitos jurídicos decorrentes dessas escolhas estão estabelecidos no ordenamento jurídico brasileiro, incluindo aquelas inerentes à constituição de reservas técnicas, provisões e fundos garantidores das prestações assumidas pela EAPC perante os participantes e da aplicação de seus recursos no mercado de capitais, conforme as diretrizes estabelecidas pelo CMN" (CASTRO, Marina Grimaldi de. *Previdência complementar aberta*... cit., p. 71).
37. PÓVOAS, Manuel Sebastião Soares. *Previdência privada* cit., p. 273.

Definindo o plano de benefícios, entende Ivy Cassa[38] que

> [...] é um patrimônio coletivo (reserva matemática) adstrito a uma relação previdenciária que se estabelece entre a patrocinadora, a EFPP e os participantes. Tem como titular uma pluralidade de pessoas que não se encontram em uma relação de união ou associação personificada de forma especial. Em outras palavras, tem-se aqui uma pluralidade que não deu lugar à formação de pessoa jurídica nova, independente da reunião de pessoas.

Como já observado, a instituição de uma Entidade de Previdência Complementar sem um plano de benefícios é um vazio de propósito. Pode-se dizer que a EPC é o cérebro de um organismo que só pulsa graças aos planos de benefícios que administra.

Os planos de benefícios são traduzidos nos regramentos que irão nortear o desenvolvimento das relações jurídicas existentes entre a entidade e os participantes e entre os participantes. Também se abstrai do plano de benefícios a forma de custeio, a relação cadastral, o plano atuarial, contábil e de investimentos, para cada plano de forma *segregada* (segregação patrimonial), especialmente quanto à EPC administrar vários planos de benefícios (sendo possível a solidariedade deste que expressamente previsto no convênio de adesão – artigo 13, § 1º, da LC 109/2001).

Obviamente que toda essa normatização é o que propiciará o participante gozar do benefício previdenciário que será concedido a tempo e modo também definido no plano de benefícios. Vale lembrar que todo o desenvolvido, normatizado e fiscalizado tem como objetivo a concessão de um benefício previdenciário que irá viabilizar proteção na ocorrência de um risco social, inclu-

38. *Contrato de previdência privada* cit., p. 150.

sive de modo a propiciar a mantença da estrutura financeira do indivíduo ou do grupo familiar, quando há percepção de renda superior àquela que poderia ser obtida com o pagamento de benefício advindo do regime público de previdência.

4.5 SEGREGAÇÃO PATRIMONIAL DOS PLANOS DE BENEFÍCIOS

Para fortalecer esse propósito a legislação determina a segregação patrimonial dos planos de benefícios administrados por uma mesma EPC. Tal regramento inicia na Constituição Federal, em seu artigo 202, que determina a "constituição de reservas que garantam o benefício contratado", e reverbera na Lei Complementar n. 109/2001 (art. 31, § 3º e art. 34, I, *b*).

Soma-se à força dos regramentos constitucional e legal a lógica do sistema de previdência privada, pautada numa organização mínima que propicie a boa administração dos patrimônios pelas entidades de previdência, significando a necessidade de segregação de patrimônios (de planos e da entidade), ou, então, no caso de solidariedade, a expressa previsão para a gestão também diferenciada.

De forma a melhor balizar a independência patrimonial dos planos de benefícios, já há tempos se discutia a possibilidade de cadastro dos planos junto à Receita Federal do Brasil para facilitar a análise fiscalizatória do âmbito de competência do órgão.

O mesmo se projetava nos órgãos responsáveis pela supervisão e fiscalização das entidades de previdência, o que redundou na publicação da Resolução MPS/CGPC n. 14, de 1º de outubro de 2004, que instituiu o Cadastro Nacional de Planos de Benefícios das Entidades Fechadas de Previdência Complementar – CNPB, que era obtido mediante cadastramento de cada plano de benefícios pela respectiva Entidade Fechada de Previdência Complementar.

O CNPB tinha como objetivo delimitar a independência patrimonial dos planos de benefícios geridos por uma mesma entidade, sendo certo que tal *delimitação* também alcançava o patrimônio dos planos e o da própria entidade, não podendo qualquer dos patrimônios responder por eventual prejuízo de outro, exceção feita para o caso já mencionado de solidariedade entre planos.

Assim, segundo a Resolução n. 14/2004, "cada plano de benefícios possui independência patrimonial em relação aos demais planos de benefício, bem como identidade própria quanto aos aspectos regulamentares, cadastrais, atuariais, contábeis e de investimento".

A criação do CNPB com o intuito de reforçar o entendimento com relação à independência patrimonial deveria ser mais do que suficiente para delinear e cristalizar premissa que é própria do regime. No entanto, surpreendentemente a força de uma resolução administrativa, não obstante ancorada em determinações constitucional e legal, não foi suficiente para o pretendido balizamento e *defesa* do patrimônio dos planos de benefícios.

Como a *solução administrativa* do CNPB não foi suficiente, outra teve nascimento recente com a publicação da Resolução CNPC n. 31, de 11 de dezembro de 2018, que trata das condições e procedimentos para as EFPC buscarem a independência patrimonial dos respectivos planos de benefícios operacionalizando a inscrição dos planos no Cadastro Nacional de Pessoa Jurídica – CNPJ, medida que o mercado ansiava há tempos.

Mudando o foco do CNPB para o CNPJ e com conteúdo pouco mais incisivo, a nova regulamentação administrativa vem a lume para *tentar* o que a sua antecessora não conseguiu, é dizer, independência patrimonial entre planos e entre os planos e a gestora.

Muito diferente é a regulamentação voltada para os planos de benefícios das Entidades Abertas de Previdência Complementar, a começar que o reforço condizente com a independência patrimonial vem por meio de lei e não por regulamentação administrativa.

Nesses termos, a Lei n. 11.196/2005, em seu artigo 78, já explicita que o patrimônio dos fundos[39] não se confunde ou comunica com o patrimônio das entidades, logo, não respondendo por dívida destas nem mesmo subsidiariamente.

O mesmo artigo, em seu § 2º, estabelece que

> os bens e direitos integrantes do patrimônio dos fundos não poderão ser penhorados, sequestrados, arrestados ou objeto de qualquer outra forma de constrição judicial em decorrência de dívidas da entidade aberta de previdência complementar ou da sociedade seguradora.

Percebe-se que, sem qualquer razão de base normativa, há tratamento diferenciado para os planos de benefícios de previdência complementar aberta e fechado, sendo que aqueles contam com proteção (independência patrimonial) consideravelmente mais robusta do que os planos dos regimes fechados.

Problema detectado com a experiência do CNPB, para além da incapacidade de sustentar a independência patrimonial, também advinha com os constantes *ataques* sofridos ao patrimônio dos fundos, quer para a cobrança de dívidas de

39. Lei n. 11.196/2005:

"Art. 76. As entidades abertas de previdência complementar e as sociedades seguradoras poderão, a partir de 1º de janeiro de 2006, constituir fundos de investimento, com patrimônio segregado, vinculados exclusivamente a planos de previdência complementar ou a seguros de vida com cláusula de cobertura por sobrevivência, estruturados na modalidade de contribuição variável, por elas comercializados e administrados.

§ 1º Durante o período de acumulação, a remuneração da provisão matemática de benefícios a conceder, dos planos e dos seguros referidos no caput deste artigo, terá por base a rentabilidade da carteira de investimentos dos respectivos fundos.

§ 2º Os fundos de investimento de que trata o caput deste artigo somente poderão ser administrados por instituições autorizadas pela Comissão de Valores Mobiliários – CVM para o exercício da administração de carteira de valores mobiliários."

valor de outros fundos gerenciados pela mesma entidade, quer para saldar débitos da própria entidade.

Referido problema, nas entidades abertas, encontra-se *superado normativamente* com a expressa disposição legal que impede a constrição do patrimônio do plano para o pagamento da dívida da entidade de previdência.

A *esperança* que se tem agora para os planos dos regimes fechados de previdência é que o CNPJ *por plano* consiga consolidar a independência patrimonial, especialmente das eventuais dívidas advindas da entidade gestora.

A analogia que pode ser feita com as sociedades empresárias detentoras de CNPJ diminui a referida *esperança*, sendo certo que melhor seria se a vedação de buscar patrimônio para adimplir produto outro que não o pagamento de benefício previdenciário viesse de forma expressa e em lei, como acontece com os planos das entidades abertas.

Quando ainda sob a égide do CNPB a doutrina advertia que

> [...] a despeito da independência patrimonial, é importante frisar que, para efeitos da Lei Complementar n. 109, de 2001, os planos de benefícios não apresentam autonomia jurídica, assim entendidos os entes que são sujeitos de direitos para todos os fins. Com efeito, todo e qualquer pleito e/ou iniciativa, tendente a defender e implementar ações inseridas dentro dos planos de benefícios instituídos e operados por entidades de previdência complementar, deve ser exercido por elas unicamente. As entidades de previdência complementar e seus gestores (como administradores) são as pessoas que detêm responsabilidade pelos atos praticados na esfera do patrimônio daqueles que usufruem direitos previdenciários supletivos presentes e futuros.[40]

40. BALERA, Wagner (Coord.). *Comentários à Lei de Previdência Privada* cit., p. 58.

Agora com a utilização do CNPJ a advertência deve ser mantida, a mera utilização do CNPJ pelo plano de benefícios não lhe confere personalidade jurídica própria. A aquisição de personalidade se dá de acordo com as regras do Código Civil, não sendo alterada a premissa pela mera inscrição no CNPJ.

4.6 MODALIDADES DE PLANOS DE BENEFÍCIOS: BENEFÍCIO DEFINIDO, CONTRIBUIÇÃO DEFINIDA E CONTRIBUIÇÃO VARIÁVEL

Os planos de benefícios podem ser desenvolvidos nas modalidades benefício definido (planos BD), contribuição definida (planos CD) e contribuição variável (planos CV), além de "outras formas de planos de benefícios que reflitam a evolução técnica e possibilitem flexibilidade ao regime de previdência complementar", conforme permite o artigo 7º, parágrafo único, da Lei Complementar n. 109/2001.

Logo de início já se percebe que as modalidades de planos de benefícios não estão limitadas às três expressamente citadas na legislação, podendo ser expandida até o limite da criatividade humana, circundada pela autorização dos órgãos supervisores para a implementação.

Os planos da modalidade benefício definido tinham forte apelo na década de 1980, por grande influência do que acontecia nos Estados Unidos da América, e tinha como objetivo *suplementar* o valor da aposentadoria recebida pelo regime geral de previdência, de modo a manter o padrão financeiro daquele que se retirava da atividade laboral. Hoje é uma modalidade de plano que é pouco adotada no mercado pelo risco que apresenta para a consecução dos objetivos que lhe são ínsitos, conforme se verá na sequência.

Atualmente os planos de benefício definido vêm regulados na Resolução CNSP n. 349/2017, para as EAPC, e na Resolução CGPC n. 16/2005, para as EFPC. Interessante notar que enquanto para as entidades abertas a definição importa na prefixação do valor das contribuições e do benefício futuro (art. 8º, II), apurados mediante técnica atuarial (sempre de acordo com as orientações do órgão supervisor), para as entidades fechadas mantém-se a ideia do benefício programável com valor predeterminado; no entanto, as contribuições podem variar de acordo com os cálculos atuariais que irão propiciar o alcance do valor originalmente almejado.

Melhor nos parece a definição sugerida para as entidades fechadas de previdência complementar, na medida em que não é possível firmar posição inabalável quanto às disposições atuariais e de investimento do plano, propiciando cravar qual o montante da contribuição necessária para a consecução do valor do benefício pretendido. Ao contrário, é comum que tais circunstâncias variem, impingindo também uma alteração na estratégia do plano, o que pode até redundar na manutenção do planejamento anterior, mas não necessariamente.[41]

Quanto ao raciocínio, vale o alerta de Ivy Cassa,[42] que traz como característica dos planos BD o risco elevado, especialmente no âmbito das EFPC,

> [...] pois é o participante, junto com a patrocinadora, que assume o risco da operação.
>
> Desse modo, estamos diante de planos que, numa primeira impressão, podem fazer crer que o participante receberá um benefício por toda a vida, desde que

41. "Como a própria denominação sugere, os planos de benefícios definido (ou "planos BD", como costumam ser chamados) são aqueles em que se conhecem previamente os valores dos benefícios futuros de aposentadoria. As contribuições dos participantes e das pessoas jurídicas são capitalizadas em padrões pré-fixados, de forma a alcançar os benefícios futuros.

    Porém, eventualmente, as metas fixadas para capitalização dos recursos do participante podem não ser alcançadas, o que acaba gerando descompasso financeiro para o plano estruturado nesta modalidade. Nestes casos, o plano poderá apresentar déficit que, em médio prazo, pode comprometer os benefícios assegurados aos participantes" (BALERA, Wagner (Coord.). *Comentários à Lei de Previdência Privada* cit.).

42. *Contrato de previdência privada* cit., p. 157.

> cumprida a meta atuarial, isto é, desde que seja feito o pagamento das contribuições fixadas, e que não tenha ocorrido nenhum tipo de imprevisto no decorrer da relação. No entanto, tais planos podem terminar por frustrar essa expectativa, pois é grande a exposição ao risco de déficit atuarial. Num caso como esse, porém, não se poderá alegar que o participante foi enganado, pois o déficit integra o risco da operação, assumido, desde logo, quando do ingresso no plano.

No mesmo sentido, sob perspectiva diversa, Marina Grimaldi de Castro[43] ressalta que

> [...] as consequências decorrentes de erros de cálculos atuariais e estatísticos porventura cometidos pela EAPC ou pelos prestadores de serviços que ela contrata para tanto e de imprevistos financeiros, administrativos e técnicos ocorridos ao longo do prazo de diferimento ou de cobertura do contrato, conforme o caso, devem ser suportados pela entidade e não pelo participante, devido à natureza das prestações por ela assumidas perante os mesmos [...].

Visando evitar os *riscos* detectados nos planos BD, adveio a modalidade de plano de contribuição que, não obstante não adiantar para o participante qual será o valor do seu benefício futuro, minimiza outras incertezas. O participante dessa modalidade de plano conhece o valor da contribuição que deverá aportar, que será acumulada em uma conta individual (reserva do participante) e capitalizada. O saldo dessa conta (valor das contribuições mais rentabilidade) é o que exprimirá o valor do benefício.

Para Ivy Cassa os planos BD assemelham-se "[...] a uma obrigação de resultado, pois a entidade promete um resultado

---

43. *Previdência complementar aberta:* estrutura, regulação... cit., p. 80.

ao participante, qual seja o de, no momento da aposentadoria, ele receber o valor previamente definido. O equilíbrio do plano sustenta-se com base no patrimônio coletivo".[44] Enquanto os planos CD "[...] aproximam-se da obrigação de meio, pois a entidade não promete um resultado, mas um meio para atingi-lo".[45]

Finalmente, os planos de contribuição variável vêm definidos na Resolução CNSP n. 349/17 como aquela modalidade em que o valor e o tempo de pagamento das contribuições é definido previamente, e o valor do benefício, advindo dessa aritmética, espelha o saldo acumulado da respectiva provisão matemática de benefícios a conceder (art. 8º, I). De se observar, portanto, que não obstante a referida resolução não definir a modalidade de "contribuição definida", ela traz conceito para o plano CV que em muito se confunde com os planos CD do regime fechado.

Explica Marina Grimaldi[46] que

> o plano de contribuição variável, portanto, é aquele em que não é estabelecido previamente nem o valor dos benefícios que a EAPC vai pagar, nem o valor das contribuições que o participante deve realizar. O participante efetua as contribuições de acordo com sua disponibilidade financeira, conveniência e interesse e na periodicidade que melhor lhe aprouver, podendo ou não tais previsões constar no *formulário de inscrição*. Transcorrido o período de diferimento do contrato, o participante ou seus beneficiários gozarão benefícios equivalentes aos valores pelo primeiro aportados durante esse período, atualizados conforme as variações sofridas em decorrência dos investimentos realizados

44. *Contrato de previdência privada* cit., p. 157.
45. *Contrato de previdência privada* cit., p. 159.
46. *Previdência complementar aberta:* estrutura, regulação... cit., p. 80.

> pela EAPC com os recursos das reservas técnicas, provisões e fundos, descontados os valores das taxas pagas à entidade gestora [...].

Os contornos do plano CV conferem *conforto* ao participante, que, sujeito a imprevistos de todas as sortes, pode modular sua contribuição de acordo com a sua capacidade econômica. Também é interessante para a EAPC tendo em vista que "[...] não se encontra presente feição atuarial no período de diferimento do contrato. O cálculo atuarial somente será realizado por ocasião da concessão do benefício e, ainda assim, se este for o da modalidade de renda vitalícia".[47]

A Resolução CGPC n. 16/05 define a modalidade de contribuição variável como "aquele cujos benefícios programados apresentem a conjugação das características das modalidades de contribuição definida e benefício definido" (art. 4º).

---

47. CASTRO, Marina Grimaldi de. *Previdência complementar aberta...* cit., p. 81.

Parte II

ARBITRAGEM

CAPÍTULO 5

MEIOS ADEQUADOS DE RESOLUÇÃO DE CONFLITOS E A ARBITRAGEM

Importante iniciar esclarecendo que a diversidade de meios de resolução de conflitos implica aprimoramento do acesso à justiça, projetando consequências que acabam por atender a inúmeros dispositivos constitucionais, como a razoável duração do processo e a celeridade na tramitação, ou seja, e sobretudo, o alcance da justiça em tempo e modo que atendam aos anseios sociais.

Vale adicionar que a irradiação de metodologias eficientes para a resolução do conflito passa pela compreensão do que se convencionou denominar de Tribunal Multiportas, nos Estados Unidos da América (especialmente na década de 1970, como se verá a seguir), e de Sistema Multiportas, no Brasil.

Da doutrina de Mauro Cappelletti e Bryant Garth abstrai-se que

> [...] o direito ao acesso efetivo tem sido progressivamente reconhecido como sendo de importância capital entre os novos direitos individuais e sociais, uma vez que a titularidade de direitos é destituída de sentido, na ausência de mecanismos para sua efetiva reivindicação. O acesso à justiça pode, portanto, ser encarado como o requisito fundamental – o mais básico dos direitos humanos – de um sistema jurídico moderno e igua-

litário que pretenda garantir, e não apenas proclamar os direitos de todos.[1]

Prosseguem os autores explicitando que

> O recente despertar de interesse em torno do acesso efetivo à Justiça levou a três posições básicas, pelo menos nos países do mundo Ocidental. Tendo início em 1965, estes posicionamentos emergiram mais ou menos em sequência cronológica. Podemos afirmar que a primeira solução para o acesso – a primeira "onda" desse movimento novo – foi a assistência judiciária; a segunda dizia respeito às reformas tendentes a proporcionar representação jurídica para os interesses "difusos", especialmente nas áreas da proteção ambiental e do consumidor; e o terceiro – e mais recente – é o que nos propomos a chamar simplesmente "enfoque de acesso à justiça" porque inclui os posicionamentos anteriores, mas vai muito além deles, representando, dessa forma, uma tentativa de atacar as barreiras ao acesso de modo mais articulado e compreensivo.[2]

O acesso à justiça, que deve se desdobrar em procedimento apto e hábil a gerar pacificação e justiça, passa a ser objeto fundamental de interesse, porque sem a garantia do acesso se inviabiliza a justiça de forma brutal e silente, visto que se pode alegar que "não há violação" a direitos, pois sequer houve a oportunidade de defesa. Se não há "processo", "reclamação" ou qualquer outro procedimento que instrumentalize a *voz* pela busca de direitos, essa *ausência*, como dito, pode ser lida como a não ocorrência de violação, porém, e em verdade, o que há é violação na origem, e brutal, na medida em que sequer é viabilizada uma linha de acesso.

---

1. CAPPELLETTI, Mauro; GARTH, Bryant. *Acesso à justiça*. Tradução e revisão Ellen Gracie Northfleet. Porto Alegre: Sergio Antonio Fabris, 1988 (reedição 2002). p. 5.
2. CAPPELLETTI, Mauro; GARTH, Bryant. *Acesso à justiça* cit., p. 12.

Para que isso não ocorra, a Constituição Federal, desde sempre, garantiu a inafastabilidade do controle do Poder Judiciário a lesão ou ameaça a direito (art. 5º, XXXV, da CF). Referida *imposição* constitucional sempre perfez (e perfaz) garantia essencial do Estado Democrático de Direto brasileiro, mas o ponto é que, sem prejuízo dessa garantia fundamental, a possibilidade de outras ferramentas para a resolução de conflitos concorre positivamente com o Judiciário para o alcance da pacificação social.

Explica Francisco Cahali[3] que,

> Primitivamente, os conflitos de interesse eram solucionados por autotutela ou autodefesa, que representava a definição da questão litigiosa pela imposição da vontade do mais forte. Esse método de solução foi superado há anos quando o Estado idealizou o monopólio da jurisdição, impedindo, assim, que as próprias partes fizessem uso de suas razões, o que, no atual ordenamento brasileiro, é até mesmo capitulado como crime.

Prossegue Cahali salientando que,

> Além da autotutela, existem meios heterocompositivos e autocompositivos de resolução de litígios. As principais formas heterocompositivas de solução de conflito são promovidas através do processo judicial, desenvolvido perante o Poder Judiciário, e pelos procedimentos realizados na arbitragem. As principais formas autocompositivas de solução de conflitos são a negociação, a conciliação e a mediação. Esse tema dos métodos alternativos integra aquilo que se designou de *terceira onda renovatória do direito processual civil*, da qual a

3. CAHALI, Francisco José. *Curso de arbitragem*: mediação: conciliação: Tribunal Multiportas. 7. ed. rev., atual. e ampl. São Paulo: Thomson Reuters Brasil, 2018. p. 45.

obra de Mauro Cappelletti e Bryant Garth é fonte de consulta obrigatória.[4]

Essa plêiade de possibilidades para a resolução de conflitos vem marcada historicamente com a ideia de Tribunal Multiportas, com origem na chamada *Conferência Pound*, desenvolvida nos Estados Unidos da América no ano de 1976, mais especificamente a partir da palestra ministrada pelo professor da Faculdade de Direito de Harvard, Frank E. A. Sander, intitulada *Variedade de processos de disputas*.[5]

> Quanto ao tema, já tivemos a oportunidade de discorrer nos seguintes termos: A Conferência Pound detinha como um dos objetivos contrabalancear a palestra proferida em 1906 pelo reitor da Faculdade de Harvard, Roscoe Pound, sobre a insatisfação da população norte-americana com a administração da justiça. Segundo o professor Sander, a palestra de Roscoe não havia sido muito bem recebida.
>
> A partir da já longínqua insatisfação de Pound com o sistema de administração da justiça, passando pela palestra do professor Sander, se inicia a ideia de que o Poder Judiciário não é a única porta possível a resolver conflitos de interesses. Ao contrário, por vezes, a porta do Judiciário é a menos hábil para o encontro da pacificação social.
>
> O Sistema Multiportas visa a concretizar o direito fundamental do acesso à justiça, figurando o Poder

---

4. CAHALI, Francisco José. *Curso de arbitragem*: mediação: conciliação: Tribunal Multiportas cit., p. 45.

5. Explica Frank Sander, em entrevista, que o nome originalmente dado à ideia que emergiu de sua palestra na Conferência Pound era "centro abrangente de justiça". Após aquela palestra, uma revista da *American Bar Association* – ABA fez uma reportagem sobre a palestra e a publicou com uma capa em que aparecia uma grande quantidade de portas. Segundo Sander, dessa reportagem é que foi cunhado o termo Tribunal Multiportas (*Tribunal Multiportas*: investindo no capital social para maximizar o sistema de solução de conflitos no Brasil. Rio de Janeiro: Ed. FGV, 2012. p. 32).

> Judiciário como uma dessas portas. Indispensável, sem dúvida alguma, mas uma das portas. Sobressai, dessa forma, "a satisfação do usuário com o resultado final do processo de resolução de conflito, mais do que com o mero acesso ao poder judiciário, a uma relação jurídica processual ou ao ordenamento jurídico material aplicado ao caso concreto".
>
> Em reforço ao até agora explicitado, Briquet acresce que o "tribunal tradicional oferece ao público apenas uma 'porta' para resolver disputas: 'o processo litigioso'. Com o conceito de multiportas se aperceberam que o litígio não é a melhor alternativa para resolver muitas das disputas. Além da adjudicação deveria ser oferecida às partes uma variedade de opções alternativas para a resolução dos conflitos; além disso, as partes deveriam poder contar com assistência para fazer avaliação dos casos no intuito de determinar qual processo de resolução de disputas seria o mais apropriado".[6]

A arbitragem também está inserida nesse cenário e ganha cada vez mais força, quer em decorrência do contexto explicado referente ao sistema multiportas, quer por conta da sua adequação para a resolução rápida de determinadas controvérsias, com as características que modulam o procedimento e serão explicadas nos tópicos a seguir.

5.1 O DESENVOLVIMENTO DA ARBITRAGEM NO BRASIL

A figura do método de resolução de conflitos denominada arbitragem surgiu, normativamente, pela primeira vez no Brasil na Constituição do Império de 1824, em seu art. 160, que dispunha ser possível às partes nomear *juízes árbitros* para

6. GALLO, Ronaldo Guimarães. Mediação não é conciliação: a importância da técnica no desenvolvimento dos processos autocompositivos. *Revista de Arbitragem e Mediação*, São Paulo: Revista dos Tribunais, ano 14, n. 54, p. 342-343, jul.-set. 2017.

a resolução de causas cíveis ou "penaes civilmente intentadas", sendo certo que as sentenças arbitrais deveriam ser executadas sem recurso, desde que convencionado pelas partes.

O Código Comercial de 1850, por sua vez, trouxe a figura da arbitragem obrigatória (arts. 245 e 294), remetendo ao juízo arbitral as controvérsias advindas dos contratos de *locação mercantil*, bem como as questões sociais controvertidas entre sócios enquanto existente a sociedade, inclusos nesse lapso temporal os procedimentos de liquidação e partilha.

Referido Código ainda trazia a possibilidade da arbitragem para os casos em que havia contestação da apólice de seguro, não se tratando de arbitragem obrigatória, como nos casos supradestacados, visto que o normativo exigia o acordo das partes para a jurisdição arbitral, porém é mais uma menção expressa contida no referido *Codex* (art. 667, item 11).

Lembra Carlos Augusto da Silveira Lobo que, quatro meses após a publicação do Código Comercial, adveio o Regulamento 737, que

> [...] disciplinou o procedimento arbitral minuciosamente, em nada menos do que 66 artigos, dispondo sobre o compromisso, a formação do tribunal arbitral, os deveres e impedimentos dos árbitros, os requisitos formais do laudo arbitral. Não dispensou, todavia, a homologação do laudo pelo juízo estatal competente.[7]

Referido regulamento também trazia a arbitragem obrigatória ou facultativa, como já previa o Código Comercial, diferenciando-se os normativos pelo fato de aquele ter disciplinado expressamente a questão. Explica Fichtner que

---

7. LOBO, Carlos Augusto da Silveira. História e perspectivas da arbitragem no Brasil. *Revista de Arbitragem e Mediação – Rarb*, v. 50, jul.-set. 2016. Item 1.1. Disponível em: http://www.mpsp.mp.br/portal/page/portal/documentacao_e_divulgacao/doc_biblioteca/bibli_servicos_produtos/bibli_boletim/bibli_bol_2006/RArbMed_n.50.06.PDF.

> No mesmo ano foi editado o conhecido Regulamento n. 737 (na verdade, Decreto n. 737/1850), que continha extensa previsão sobre arbitragem em nada menos do que 65 artigos, alguns deles prevendo arbitragem de forma obrigatória ("juízo arbitral necessário"), na mesma linha do Código Comercial. Assim, o *caput* do art. 411 do Regulamento n. 737 estabelecia que "o Juizo arbitral ou é voluntario ou necessario", sendo certo que, na forma do § 1º, "é voluntario, quando é instituido por compromisso das partes" e, na forma do § 2º, "é necessario, nos casos dos arts. 245, 294, 348, 739, 783 e 846 do Codigo Commercial, e em todos os mais, em que esta fórma de Juizo é pelo mesmo Codigo determinada".[8]

E prossegue o mesmo autor advertindo que,

> Consoante anota Oscar Argollo, "na época, o sistema sofreu severas críticas, e os arts. 411 usque 475 foram derrogados pela Lei n. 1.350, de 14.9.1866, e seu regulamento, o Decreto n. 3.960, de 1867, extinguindo a arbitragem obrigatória, mas mantendo apenas a voluntariedade do juízo arbitral".
>
> Ao que se tem notícia, portanto, a arbitragem obrigatória no Brasil teve vida curta, inferior a quatro lustros, vindo a ser extinta em 1866. É de se destacar que esse Decreto n. 3.900/1867 veio regulamentar, pela primeira vez em território nacional, a cláusula compromissória, mas o fez de maneira a torná-la praticamente ineficaz, razão pela qual, segundo Jacob Dolinger e Carmen Tiburcio, esse diploma teria sido o responsável pela "tradição do compromisso como o único instrumento apto à instauração da arbitragem" no Brasil.[9]

8. FICHTNER, José Antonio; MANNHEIMER, Sergio Nelson; MONTEIRO, André Luís. *Teoria geral da arbitragem*. Rio de Janeiro: Forense, 2019. p. 23. (Versão digital.)
9. FICHTNER, José Antonio; MANNHEIMER, Sergio Nelson; MONTEIRO, André Luís. *Teoria geral da arbitragem* cit., p. 23.

Acresce, ainda, Carlos Augusto da Silveira Lobo[10] que

> Dezesseis anos depois (da edição do Código Comercial), a Lei 1.350, regulamentada pelo Dec. 3.900, de 26.06.1867, estabeleceu a disciplina jurídica do juízo arbitral em termos pouco diferentes do que já constara do Regulamento 737. O Dec. 3.900, que tinha força de lei, sobreviveu ao Império e vigeu no âmbito federal e nos Estados que não regularam a arbitragem em seus códigos processuais. Somente com a entrada em vigor do Código de Processo Civil federal de 1939, o Dec. 3.900/1867 veio a ser revogado, juntamente com os códigos de processo civil dos Estados.

Já a primeira Carta Republicana do Brasil (1891) trouxe referência à arbitragem ("arbitramento" na expressão da Carta) como procedimento preliminar à competência privativa do Congresso Nacional para autorizar a declaração de guerra, é dizer, tal competência poderia ser exercida no caso de inviabilidade ou insucesso do *arbitramento* (art. 34, item 11).

Lembra Fichtner,[11] fiando-se na narrativa doutrinária, que

> [...] essa previsão de solução de disputas internacionais por arbitragem teve importância, por exemplo, no conflito entre Brasil e França pelo território do Amapá, solucionado em favor do Brasil em 1º de dezembro de 1900. Além disso, a disputa entre Brasil e Inglaterra pela Ilha da Trindade também foi solucionada por arbitragem em 1896 em favor dos brasileiros, bem como a contenda entre os mesmos países pelo território do Rio Branco, em parte correspondente ao atual estado de Roraima, mas que desta vez resultou na vitória inglesa em 1904.

---

10. LOBO, Carlos Augusto da Silveira. História e perspectivas da arbitragem no Brasil cit., item 1.1.

11. FICHTNER, José Antonio; MANNHEIMER, Sergio Nelson; MONTEIRO, André Luís. *Teoria geral da arbitragem* cit., p. 24.

Ainda como marcos históricos para a arbitragem, vale a pena citar o "caso Alabama", decorrente da *intervenção* inglesa na Guerra de Secessão (a guerra civil norte-americana, ocorrida entre os anos de 1861 e 1865), aceitando os *pedidos* feitos pelos Confederados (estados do Sul dos Estados Unidos da América) para a construção de navios de guerra em estaleiros britânicos. Desses navios, o que mais causou danos foi o *cruzador* Alabama, que capturou 58 navios mercantes dos estados do Norte, antes de ser afundado em 1864.

Em decorrência da *atuação* britânica na Guerra de Secessão americana (quebrando as próprias regras com relação à neutralidade), alegavam os americanos a ocorrência de danos gravitando na casa de centenas de milhões de dólares, além do prolongamento da guerra por pelo menos mais dois anos.

O impasse foi resolvido seis anos após o final da Guerra de Secessão por meio do chamado Tratado de Washington, que também continha determinação para que a indenização devida aos Estados Unidos fosse estabelecida por meio da arbitragem, o que efetivamente aconteceu, com decisão prolatada em setembro de 1972. A decisão rejeitou o pedido americano por "danos indiretos" e ordenou a Inglaterra ao pagamento de 15,5 milhões de dólares em indenização pelas reivindicações do *caso Alabama*.[12]

A Constituição de 1934 manteve disposição assemelhada ao que já dispunha a Carta de 1891, no sentido de que o Brasil somente declarará guerra quando não viável a arbitragem ou esta não desenvolver-se de forma a bem resolver a questão (art. 4º), sendo certo que a autorização para a declaração de guerra é de competência exclusiva do Poder Legislativo, sendo novamente enfatizado no art. 40, *b*, que tal se dará quando "não couber ou malograr-se o recurso do arbitramento".

12. Informações obtidas em: https://history.state.gov/milestones/1861-1865/alabama.

A Carta ainda traz a competência da União (art. 5º, XIX, *c*) para legislar sobre arbitragem *comercial*, sem prejuízo da competência "supletiva ou complementar" dos Estados para legislar sobre a mesma matéria.

Controvérsia envolvendo os *limites* dos Estados também era passível de resolução por meio do *arbitramento* (art. 13 das Disposições Transitórias).

Como se diminuindo o interesse pelo instituto de resolução de conflito a cada nova Constituição, a Carta de 1937 traz pouquíssimos normativos voltados para o instituto. Em seu art. 184, § 1º, extingue a possibilidade de resolução dos *limites* entre Estados pela via arbitral.

No mais, meramente joga uma pá de cal por sobre as decisões arbitrais no art. 18, *d*.

As Constituições de 1946 e 1967, na linha do que já preconizava a Carta de 1935, referenciam, respectivamente, nos arts. 4º e 7º, a possibilidade da utilização da arbitragem para questões que possam redundar na declaração de guerra, com a diferença de que nestas Cartas mais recentes também se faz menção à possibilidade de utilização de outros meios pacíficos de solução de conflitos, além de serem as primeiras a deixarem de utilizar a expressão "arbitramento" para iniciar o uso do termo "arbitragem".

A Emenda Constitucional n. 1/1969 não inova quanto ao cenário deixado pelas Cartas anteriores, meramente mantendo a disposição já existente na Constituição de 1967 referente à arbitragem.

Na seara infraconstitucional, rememora Lobo[13] que

> O Código Civil de 1916 disciplinou o compromisso nos arts. 1.037 a 1.048, por considerá-lo matéria de direito

13. LOBO, Carlos Augusto da Silveira. História e perspectivas da arbitragem no Brasil cit., item 1.1.

> substantivo. Clóvis Bevilaqua, refletindo entendimento então unânime, enfatizava a semelhança entre o compromisso e a transação, tendo ambos como fim a extinção de obrigações. Quanto à cláusula compromissória, tinha-a como simples pacto preliminar, cujo objeto é a obrigação de celebrar o compromisso arbitral. No direito então vigente, o inadimplemento de pactos preliminares, não dava lugar a execução específica: resultava meramente em indenização por perdas e danos.

Acresce Fichtner[14] que,

> [...] com a unificação da legislação processual civil (art. 5º, XIX, "a", da CR/1934 e art. 16, XVI, da CR/1937) no Código de Processo Civil de 1939 (Decreto-lei n. 1.608/1939), a arbitragem ganhou disciplina nacional nos arts. 1.031 a 1.046, cumprindo destacar, por exemplo, a disposição desse último artigo, segundo o qual "caberá recurso de apelação da sentença que homologar, ou não, a decisão arbitral".

Trazendo à tona os tratados e convenções firmados pelo Brasil e que dizem respeito ao tema, enumera Lobo,[15] iniciando com o Protocolo de Genebra de 1923, que

> [...] determinava o reconhecimento e validade das cláusulas compromissórias firmadas entre partes submetidas a jurisdições de Estados contratantes diferentes, as quais teriam o efeito de excluir a jurisdição estatal (efeito negativo). Esse tratado internacional foi ratificado pelo Brasil e promulgado pelo Dec. 21.187/1932, tornando-se, portanto, norma de direito interno, posto que aplicável

14. FICHTNER, José Antonio; MANNHEIMER, Sergio Nelson; MONTEIRO, André Luís. *Teoria geral da arbitragem* cit., p. 25.

15. LOBO, Carlos Augusto da Silveira. História e perspectivas da arbitragem no Brasil cit., item 1.2.

apenas em arbitragens nas quais pelo menos uma das partes fosse domiciliada no exterior.

A Convenção de Genebra, de 1927, que aperfeiçoou o Protocolo de 1923, sequer foi assinada pelo Brasil.

Em 1958, a Convenção de Nova Iorque foi publicada sob os auspícios da ONU. Ratificada por quase todos os países importantes do mundo, até hoje constitui documento básico da arbitragem comercial internacional. Todavia, a Convenção de Nova Iorque só veio a ser ratificada pelo Brasil 44 anos depois, tendo sido promulgada pelo Dec. 4.311, de 23.07.2002, ou seja, quando já em vigor a Lei de Arbitragem.

Em 1975, foi assinada a Convenção Interamericana sobre Arbitragem Comercial Internacional, ratificada pelo Brasil em 27.12.1995 e promulgada pelo Dec. 1.902, de 09.05.1996, às vésperas da entrada em vigor da Lei de Arbitragem.

O Brasil é parte em outras convenções internacionais sobre arbitragem no âmbito do Mercosul.

Finalmente, a Carta Cidadã de 1988, logo em seu preâmbulo, traça o comprometimento do Brasil, *na ordem interna e internacional, com a solução pacífica das controvérsias*, retomando o fôlego normativo com relação a outras formas de solução de conflitos que não tão somente o Poder Judiciário.

Ainda, o art. 4º da Constituição Federal de 1988, prosseguindo com a inspiração inserta no preâmbulo, traz o princípio da solução pacífica de conflitos como vetor que deve conduzir o Brasil nas suas relações internacionais. E o art. 114, § 1º, de forma expressa, viabiliza o uso da arbitragem quando frustrada a negociação coletiva de trabalho.

Tem-se como expoente de todo esse ciclo a chamada Lei de Arbitragem (Lei n. 9.307/1996), cujo projeto foi elaborado por Carlos Alberto Carmona, Pedro A. Batista Martins e Selma Ferreira Lemes, aprovado no Senado Federal no ano de 1993, após apresentação do projeto pelo Senador Marco Maciel, aprovado na Câmara dos Deputados em 1996,[16] e logo depois sancionado pelo presidente Fernando Henrique Cardoso (23.09.1996).

A resistência à utilização da arbitragem no Brasil não se fez menor com a promulgação da lei que a regulava, tendo sido questionada sua constitucionalidade no Supremo Tribunal Federal, sob o argumento de que a inafastabilidade do controle do Poder Judiciário (art. 5º, XXXV) perfazia princípio que fulminava de morte referido normativo. Em sessão plenária de 12.12.2001, o Pretório Excelso findou com a controvérsia e, por maioria de votos, julgou pela constitucionalidade da lei, afastando o último óbice existente quanto ao seu desenvolvimento.[17]

---

16. O projeto de Lei de Arbitragem foi aprovado em um ano sem alterações no Senado Federal. Depois foram mais de três anos na Câmara dos Deputados, tendo recebido 12 emendas que fulminavam de morte o projeto de lei sobre arbitragem. As sugestões eram anacrônicas. A comissão relatora rebateu todas. Recebíamos contatos frequentes de Petrônio. Eram folhas e folhas de faxes (não havia internet) colocando-nos a par do que ocorria no Congresso, bem como solicitando subsídios técnicos. Foram anos de estresse constante e de prontidão diuturna para não sermos pegos de surpresa com decisões das comissões temáticas e votações inesperadas na Câmara dos Deputados. Todos cumpriram seu papel, sob a batuta de Petrônio (LEMES, Selma Ferreira. *Petrônio R. G. Muniz, o arauto da arbitragem brasileira*. Disponível em: http://selmalemes.adv.br/artigos/historiadaleidearbitragem.pdf. Acesso em: 7 mar. 2019).

17. "O trabalho, evidentemente, não se encerrou com a promulgação da Lei 9.307/1996. Muito pelo contrário, aos profissionais que passaram a atuar com maior intensidade no ramo das soluções extrajudiciais de conflitos – e da arbitragem em especial – após novembro de 1996 (vigência da lei), impôs-se a obrigação moral, social e profissional de levar adiante o bastão que lhes foi entregue pelos bravos pioneiros que lutaram no lustro anterior.

    Os cinco anos seguintes, porém, foram ainda de incerteza e indefinição, por conta do questionamento do caráter vinculante da cláusula compromissória – um dos pilares da Lei 9.307/1996 – perante o Supremo Tribunal Federal, como incidente de constitucionalidade no julgamento de pedido homologatório de sentença arbitral estrangeira (Reino de Espanha). O período foi de apreensão, pois reacendeu os ânimos dos que defendiam o monopólio da justiça estatal para buscar a derrocada de dispositivos medulares da Lei de Arbitragem.

    Novamente a sociedade se mobilizou em defesa do instituto da arbitragem. Artigos de especialistas ou apenas interessados no tema, memoriais aos ministros, contatos políticos, acadêmicos e profissionais foram estimulados, sempre com o devido respeito aos que entendiam de forma diversa – inclusive alguns ministros que compunham a

A Lei de Arbitragem foi recentemente reformada pelo novo Código de Processo Civil (Lei n. 13.105/2015) e pela Lei n. 13.129/2015. Segundo Fichtner,[18]

> A Reforma da Lei de Arbitragem, por sua vez, trouxe importantes alterações na arbitragem brasileira, a começar pelas disposições afirmando, em caráter geral, a autorização para a submissão de conflitos envolvendo a Administração Pública ao processo arbitral. Previu-se também a carta arbitral, garantiu-se a preservação da confidencialidade da arbitragem nos casos em que é necessária a cooperação do Poder Judiciário, disciplinaram-se as tutelas provisórias na fase pré-arbitral e no curso da arbitragem, dispôs-se sobre sentença parcial, criou-se o marco temporal interruptivo da prescrição na arbitragem, estabeleceram-se regras sobre as listas de árbitros, alterou-se em alguma medida o regime da ação de anulação da sentença arbitral e disciplinou-se a chamada arbitragem estatutária. [...].

Corte Suprema –, para fortalecer a tese da constitucionalidade integral da Lei 9.307/1996. Finalmente, em dezembro de 2001, sobreveio o julgamento, por maioria, confirmando que a Lei de Arbitragem não afronta a Constituição Federal.

A esse fundamental reconhecimento do instituto da arbitragem pela mais alta corte do País veio a se somar, em julho de 2002, a ratificação pelo governo brasileiro da Convenção sobre o Reconhecimento e a Execução de Sentenças Arbitrais Estrangeiras feita em Nova York em 10 de junho de 1958 ('Convenção de Nova York'). Consolidava-se, portanto, o arcabouço legislativo brasileiro de suporte à consagração da arbitragem como meio eficaz de solução de litígios patrimoniais, inclusive no âmbito internacional.

Esse é o ano de 2002, portanto. Os anos de trabalho árduo de preparação, encaminhamento e convencimento acerca do projeto de lei sobre arbitragem comercial; o ano crítico de sua tramitação final e aprovação no Congresso Nacional e consequente sanção presidencial; os anos de suspense durante o julgamento da constitucionalidade da espinha dorsal da lei pelo Supremo Tribunal Federal; os anos da longa espera pela ratificação da Convenção de Nova York, todos eles ficaram para trás, mas certamente jamais serão esquecidos, muito menos o trabalho de todos que colaboraram para o resultado positivo" (WEBER, Ana Carolina et al. *A reforma da arbitragem*. MELO, Leonardo de Campos; BENEDUZZI, Renato Rezende (Coord.). Rio de Janeiro: Forense, 2016. p. 5. (Versão digital.)).

18. FICHTNER, José Antonio; MANNHEIMER, Sergio Nelson; MONTEIRO, André Luís. *Teoria geral da arbitragem* cit., p. 27.

5.2 CONCEITO, NATUREZA JURÍDICA E CARACTERÍSTICAS

A arbitragem é uma forma de resolução de conflitos não integrante do Poder Judiciário, ou seja, está fora da chamada jurisdição estatal (o que não quer dizer, como se verá em breve, que a sentença arbitral não esteja imbuída de jurisdição).

A arbitragem integra o que se convencionou chamar de Sistema Multiportas, querendo dizer com isso que é um dos métodos possíveis de resolução de conflitos, valendo salientar que o Poder Judiciário também é uma dessas portas passíveis de solução do litígio. Enquanto esta é a via subsidiada pelo Estado (processo *estatal* - público), aquela é o instrumento escolhido pelas partes envolvidas na controvérsia (processo *arbitral* - privado).

Também compõem o sistema multiportas a mediação e a conciliação, dentre inúmeros outros mecanismos, diferenciando-se da arbitragem por esta perfazer método heterocompositivo de resolução de disputas, enquanto aquelas são métodos autocompositivos. Vale uma breve contextualização a respeito da autotutela, da autocomposição e da arbitragem.

A autotutela, provavelmente a forma de resolução de conflitos mais antiga existente, é simplesmente a imposição da força para a obtenção do resultado pretendido por aquele que a detém. Assim, numa controvérsia, independentemente da discussão ou da argumentação, sairá vencedor o mais forte, não espelhando qualquer *justiça* ao resultado. Esta, caso caracterizada no resultado, será por mera coincidência. Obviamente que é um método distante de qualquer sistema que busque a resolução eficiente de conflitos, até porque, quando aparecer a oportunidade para que o derrotado consiga restituir o bem perdido, este o fará, prorrogando o conflito indefinidamente.

Tendo em vista a ineficácia da autotutela, desenvolveu-se outro mecanismo, que não conta com a força como princípio propulsor, mas sim com o diálogo: a autocomposição. A base da autocomposição diz com a possibilidade do diálogo abrindo caminho para um resultado eficaz pretendido pelas partes, mas esse resultado é alcançado a partir do ponto em que uma das partes, ou ambas, cede com relação aos próprios interesses, alcançando, assim, denominador comum.

Segundo Cintra, Grinover e Dinamarco:[19]

> [...] uma das partes em conflito, ou ambas, abrem mão do interesse ou de parte dele. São três as formas de autocomposição (as quais, de certa maneira, sobrevivem até hoje com referência aos interesses disponíveis): a) *desistência* (renúncia à pretensão); b) *submissão* (renúncia à resistência oferecida à pretensão); c) *transação* (concessões recíprocas). Todas essas soluções têm em comum a circunstância de serem *parciais* – no sentido de que dependem da vontade e da atividade de uma ou de ambas as partes envolvidas.

No ponto, vale acrescer o entendimento de Luís Eduardo Simardi Fernandes,[20] que destaca que,

> À primeira vista [a autocomposição] parecia uma grande evolução em relação à autotutela, mas esbarrava em dois problemas fundamentais. Primeiro, que a humanidade não tem um nível de altruísmo tal que permita estabelecer a autocomposição como sistema principal de solução dos litígios. Segundo, partindo do ponto de vista da sociedade primitiva, temos que a atitude aparentemente altruísta de abrir mão de seu interesse mal disfarçava o receio de ser privado violentamente do objeto de seu interesse pelo adversário mais forte.

19. CINTRA, Antônio Carlos de Araújo; GRINOVER, Ada Pellegrini; DINAMARCO, Cândido Rangel. *Teoria geral do processo*. 19. ed. São Paulo: Malheiros, 2003. p. 21.

20. SOUZA, André Pagani de et al. *Teoria geral do processo contemporâneo*. 4. ed. São Paulo: Atlas, 2019. p. 8. (Versão digital.)

Em outras palavras, era o receio das consequências do exercício da autotutela.

Tendo em vista as fragilidades existentes nos métodos anteriores, e decorrentes de um processo de desenvolvimento de instrumentos de resolução de conflitos, veio a lume a arbitragem, método que se caracterizava pela *eleição* de um terceiro (o árbitro)[21] de confiança que *julgaria* o conflito, trazendo com si a importante qualidade da imparcialidade.

De se notar, portanto, que a *arbitragem* emergiu, como solução de controvérsia, antes da jurisdição estatal,[22] que somente após se apropriou como principal método de resolução de disputa com o fortalecimento gradativo do Estado e sua consequente capacidade de impor suas regras às respectivas esferas de liberdade.[23]

21. "Essa interferência, em geral, era confiada aos sacerdotes, cujas ligações com as divindades garantiam soluções acertadas, de acordo com a vontade dos deuses; ou aos anciões, que conheciam os costumes do grupo social integrado pelos interessados. E a decisão do árbitro pauta-se pelos padrões acolhidos pela convicção coletiva, inclusive pelos costumes. Historicamente, pois, surge o juiz antes do legislador" (CINTRA, Antônio Carlos de Araújo; GRINOVER, Ada Pellegrini; DINAMARCO, Cândido Rangel. *Teoria geral do processo* cit., p. 21-22).

22. "Aliás, para estudiosos do tema, a arbitragem em diversas civilizações teria precedido até mesmo a justiça estatal, e mesmo estruturada esta jurisdição, muitas vezes por opção das partes buscava-se a solução por pessoa de confiança e respeito dos envolvidos, como, por exemplo, uma autoridade religiosa, um reconhecidamente sábio entre a comunidade, ou mesmo um membro da família experiente e idôneo" (CAHALI, Francisco José. *Curso de arbitragem*: mediação: conciliação: Tribunal Multiportas cit., p. 33).

23. "[...] tem-se notícia de arbitragem até na Mitologia grega, quando Zeus nomeou um árbitro para decidir qual das Deusas mereceria o 'pomo de ouro da mais bela'; veja-se a passagem da Ilíada: '[...] e deixou mesa um pomo de ouro com a inscrição 'à mais bela'. As deusas Hera, Atena e Afrodite disputaram o pomo e o título de mais bela. Para não arranjar confusão entre os deuses, Zeus então ordenou que o príncipe troiano Páris, na época sendo criado como um pastor ali perto, resolvesse a disputa. Para ganhar o título de 'mais bela', Atena ofereceu a Páris poder na batalha e sabedoria, Hera riqueza e poder e Afrodite o amor da mulher mais bela do mundo. Páris deu o pomo a Afrodite, ganhando assim sua proteção, porém atraindo o ódio das outras duas deusas contra si e contra Troia'" (CAHALI, Francisco José. *Curso de arbitragem*: mediação: conciliação: Tribunal Multiportas cit., p. 30).

Bem aglutinam Cintra, Grinover e Dinamarco[24] ao asseverar que,

> [...] antes do Estado conquistar para si o poder de declarar qual o direito no caso concreto e promover a sua realização prática (jurisdição), houve três fases distintas: a) autotutela; b) arbitragem facultativa; c) arbitragem obrigatória. A autocomposição, forma de solução parcial dos conflitos, é tão antiga quanto a autotutela. O processo surgiu com a arbitragem obrigatória. A jurisdição, só depois (no sentido em que a entendemos hoje).

Diferentemente da autocomposição, quando então a disputa será resolvida pelas próprias partes envolvidas (no caso da mediação ou conciliação com o auxílio de um terceiro também imparcial, o mediador e o conciliador, respectivamente), a arbitragem é método heterocompositivo, significando dizer que a resolução do conflito é *confiada* a um terceiro estranho à disputa e imparcial, que conta com a confiança das partes e irá pôr fim à controvérsia.

A arbitragem é método adequado[25] e heterocompositivo de solução de controvérsia, contido no sistema multiportas,

---

24. CINTRA, Antônio Carlos de Araújo; GRINOVER, Ada Pellegrini; DINAMARCO, Cândido Rangel. *Teoria geral do processo* cit., p. 23.

25. "Faço aqui um alerta: a terminologia tradicional, que se reporta a 'meios alternativos' parece estar sob ataque, na medida em que uma visão mais moderna do tema aponta meios adequados (ou mais adequados) de solução de litígios, não necessariamente alternativos. Em boa lógica (e tendo em conta o grau de civilidade que a maior parte das sociedades atingiu neste terceiro milênio), é razoável pensar que as controvérsias tendam a ser resolvidas, num primeiro momento, diretamente pelas partes interessadas (negociação, mediação, conciliação); em caso de fracasso deste diálogo primário (método autocompositivo), recorrerão os conflitantes às fórmulas heterocompositivas (processo estatal, processo arbitral). Sob este enfoque, os métodos verdadeiramente alternativos de solução de controvérsias seriam os heterocompositivos (o processo, seja estatal, seja arbitral), não os autocompositivos (negociação, mediação, conciliação). Para evitar esta contradição, soa correta a referência a métodos adequados de solução de litígios, não a métodos alternativos. Um sistema multiportas de resolução de disputas, em resumo, oferecerá aos litigantes diversos métodos, sendo necessário que o operador saiba escolher aquele mais adequado ao caso concreto" (CARMONA, Carlos Alberto.

em que partes capazes submeterão (autonomia privada) conflitos referentes a direito patrimonial disponível, por força da convenção de arbitragem e nos limites impostos por esta, a um árbitro (ou árbitros: tribunal arbitral), que conta com a confiança das partes e é revestido da necessária imparcialidade e autonomia, que findará por decidir o conflito, na condição de juiz de fato e de direito, por meio de sentença arbitral que tem força de título executivo judicial.

Quanto à sua natureza jurídica, lembra J. E. Carreira Alvim[26] que três correntes clássicas se formam em torno do tema: "[...] a) uma privatista (ou contratualista), com Chiovenda à frente; b) outra, publicista (ou processualista) comandada por Mortara; c) intermediária (ou conciliadora), tendo como expoente Carnelutti".

Prossegue o mesmo autor ressaltando que,

> Por questão metodológica, considero privatistas ou contratualistas os que veem na arbitragem o produto de um mero acordo das partes, sem qualquer conotação jurisdicional, e publicistas ou processualistas os que sustentam o caráter verdadeiramente jurisdicional da arbitragem, vendo nela uma atividade que viceja ao lado da jurisdição estatal, com idêntica finalidade.[27]

E conclui ao final que,

> Sem dúvida, a arbitragem brasileira, por natureza e por definição, tem indiscutível caráter jurisdicional, não cabendo mais, depois da Lei n. 9.307/96, falar-se em

Arbitragem e processo: um comentário à Lei n. 9.307/96. 3. ed. rev., atual. e ampl. São Paulo: Atlas, 2009. p. 33. (Versão digital.)).

26. ALVIM, J. E. Carreira. *Direito arbitral*. 3. ed. atual. por Luciana Gontijo Carreira Alvim Cabral. Rio de Janeiro: Forense, 2007. p. 37-38.

27. ALVIM, J. E. Carreira. *Direito arbitral* cit., p. 39.

> contratualidade, salvo no que concerne à sua origem, por resultar da vontade das partes.[28]

Também nos filiamos à corrente que entende ser jurisdicional[29] a natureza jurídica da arbitragem, que, como bem assinalou Alvim, provém de negócio jurídico em sua origem (quando pactuada), mas conta com indubitável força jurisdicional.

Para além das inúmeras teorias que gravitam em torno do tema, observa-se que a edição da Lei n. 9.307/1996 acabou por resolver a questão. Nesta senda, traz o normativo a indicação de que o árbitro "é juiz de fato e de direito", não ficando sujeito a recurso, ou homologação do Poder Judiciário a sentença que proferir (arts. 18 e 31), que tem força de título executivo judicial (art. 515, VII, do CPC).

Como a *jurisdição* é função do Estado, tem-se que o árbitro só está munido de força jurisdicional porque o próprio Estado assim quis, regrando tal condição em seu ordenamento jurídico (*e.g.*, Lei n. 9307/1996 e Código de Processo Civil), conferindo quais são as características, os deveres e as responsabilidades, inclusive excluindo (ou restringindo) o que não quer que esteja inserido na sua órbita de competência.

Segundo Cahali,[30]

> A jurisdição, em tese, enquanto autoridade abstrata de *dizer o direito* (*jurisdictio, jus dicere*), é conferida ao

---

28. Idem, p. 46.

29. "Da jurisdição, [...], podemos dizer que é uma das funções do Estado, mediante a qual este se substitui aos titulares dos interesses em conflito para, imparcialmente, buscar a pacificação do conflito que os envolve, com justiça. Essa pacificação é feita mediante a atuação da vontade do direito objetivo que rege o caso apresentado em concreto para ser solucionado; e o Estado desempenha essa função sempre mediante o processo, seja expressando imperativamente o preceito (através de uma sentença de mérito), seja realizando no mundo das coisas o que o preceito estabelece (através da execução forçada)" (CINTRA, Antônio Carlos de Araújo; GRINOVER, Ada Pellegrini; DINAMARCO, Cândido Rangel. *Teoria geral do processo* cit., p. 131).

30. CAHALI, Francisco José. *Curso de arbitragem*: mediação: conciliação: Tribunal Multiportas cit., p. 137.

> Estado (a ser manifestada pelos magistrados) e também excepcionalmente aos particulares (pelo modelo arbitral na forma estabelecida em nosso sistema jurídico); a Lei prevê (e assim cria o *poder*), estabelece regras, requisitos e condições para a jurisdição privada ser exercida, ou seja, a jurisdição, em tese, é atribuída pelo ordenamento.

Arremata Carmona[31] dizendo não haver

> [...] manual, tese ou monografia – refiro-me agora à bibliografia nacional produzida nestes onze anos de vigência da Lei de Arbitragem – que não tenha desafiado o assunto, explorando filão que já se esgotara nas duas últimas décadas do século XX. O fato que ninguém nega é que a arbitragem, embora tenha origem contratual, desenvolve-se com a garantia do devido processo e termina com ato que tende a assumir a mesma função da sentença judicial. Sirva, pois, esta evidência para mostrar que a escolha do legislador brasileiro certamente foi além das previsões de muitos ordenamentos estrangeiros mais evoluídos que o nosso no trato do tema, trazendo como resultado final o desejável robustecimento da arbitragem.

Finalmente, e como adiante se analisará, o contido no parágrafo único do art. 8º da Lei n. 9307/1996 (princípio *Kompetenz-kompetenz*) somente emerge com eficácia e efetividade caso o árbitro esteja imbuído de jurisdição, o mesmo não se podendo dizer para o raciocínio que elucubra a natureza contratual da arbitragem,[32] somando este mais um argumento para configurar a natureza jurisdicional da arbitragem.

Como principais características da arbitragem podemos citar, inicialmente, a possibilidade franqueada às partes de

31. CARMONA, Carlos Alberto. *Arbitragem e processo*: um comentário à Lei n. 9.307/96 cit., p. 27.
32. CAHALI, Francisco José. *Curso de arbitragem*: mediação: conciliação: Tribunal Multiportas cit., p. 139.

escolha do árbitro, ou colegiado, que irá pôr fim à controvérsia.[33] O árbitro a ser escolhido, para além de ser de confiança das partes, normalmente é pessoa que conta com expertise e experiência em relação à matéria que será submetida ao procedimento arbitral, o que significa que a possibilidade de *erro* na conclusão do processo é muito menor, bem como que não haverá necessidade (em tese) de contratação de peritos (o que significa diminuição de gastos), gerando maior rapidez na análise do caso, na medida em que o árbitro escolhido é conhecedor da matéria.

Tal rapidez é ainda mais dinâmica quando aliada à impossibilidade de recurso diante da sentença arbitral prolatada (art. 18 da LA),[34] sendo importante acrescer, como já ressaltado, que a impossibilidade do recurso, no que tange ao erro no julgamento, também é minimizada exatamente pela escolha do árbitro *especialista*.

Outra interessante característica da arbitragem diz com a flexibilidade do seu procedimento, que não fica adstrito, por exemplo, às rígidas regras do Código de Processo Civil, nem de forma subsidiária, a não ser que assim o queiram as partes, ou determine o regulamento da Câmara[35] que administrará o procedimento arbitral, valendo ressaltar que a esmagadora

33. "Parties also like being able to choose arbitrators with particular subject matter expertise. In addition, they like the fact that there is less discovery in arbitration, thereby generally resulting in a shorter process than in a full scale litigation, or at least shorter than is found in U.S. – sthule litigation" (MOSES, Margaret L. *The principles and practice of international commercial arbitration*. Cambridge: Cambridge University Press, 2017. p. 4).

34. Em face da sentença arbitral, como sinalizado, não é cabível recurso, mas é possível pedido da parte para que se corrija *erro material*, ou então para que esclareça sobre obscuridade, dúvida, contradição ou omissão (art. 30 da LA).

35. Sinalizamos exemplificativamente a arbitragem institucional, em que as partes escolhem uma câmara arbitral que irá administrar a arbitragem. Normalmente a arbitragem institucional é regida pelo regulamente da câmara arbitral. A outra hipótese é a chamada arbitragem *ad hoc*, quando então se constituem regras próprias para determinada arbitragem. Em qualquer dos modelos a flexibilidade é característica marcante.

maioria das Câmaras conta com regulamento próprio e não utiliza o CPC de forma subsidiária.[36]

Contudo, os regulamentos das Câmaras (nas arbitragens institucionais)[37] não conseguem antever e pré-estipular, em abstrato, as melhores regras que deverão ser observadas para determinado caso concreto. Todavia, é possível na arbitragem que essa modelagem do procedimento ao caso apresentado seja desenvolvida pelos árbitros e pelas partes,[38] quer quando firmada a convenção de arbitragem, ou quando do desenvolvimento do termo arbitral, ou mesmo em outro momento do procedimento, desde que conte com a anuência das partes.

A flexibilidade do procedimento arbitral vem *normativamente marcada* no art. 21 da Lei n. 9307/1996 e, especificamente, a doutrina[39] costuma acentuar a seguinte sequência: convencionado pelas partes; regulamento da Câmara arbitral; poder normativo dos árbitros.

Ainda quanto à flexibilidade, aponta Cahali[40] que

> [...] o procedimento arbitral, realmente, é pragmático. Com efeito, pela sua abrangência a toda e qualquer

36. A Câmara de Mediação e Arbitragem da FGV permite que o Tribunal Arbitral utilize subsidiariamente o Código de Processo Civil para resolver as questões a respeito das quais o regulamento é omisso (art. 49 do Regulamento de Arbitragem da Câmara FGV).

37. Mais uma vez, a flexibilidade se apresenta com ainda mais força nas arbitragens *ad hoc*, eis que o regramento do procedimento será desenvolvido especificamente para o caso concreto a ser analisado (art. 21 da LA).

38. "Na arbitragem o procedimento é mais flexível (*tailor-made proceedings*), por natureza. Essa característica é sumamente importante por dois motivos concatenados: (i) possibilidade de moldar o procedimento arbitral às características específicas da causa e, por conseguinte, (ii) possibilidade, caso haja necessidade, de reduzir as diferenças de cultura processual (*background processual*) entre partes advindas de diferentes sistemas jurídicos. As partes, em outras palavras, podem moldar na convenção de arbitragem, no termo de arbitragem ou mesmo no curso do processo arbitral, o procedimento que melhor lhes aproveita" (FICHTNER, José Antonio; MANNHEIMER, Sergio Nelson; MONTEIRO, André Luís. *Teoria geral da arbitragem* cit., p. 54).

39. *Vide* FICHTNER, José Antonio; MANNHEIMER, Sergio Nelson; MONTEIRO, André Luís. *Teoria geral da arbitragem* cit., p. 55; CARMONA, Carlos Alberto. *Arbitragem e processo*: um comentário à Lei n. 9.307/96 cit., p. 290-292.

40. CAHALI, Francisco José. *Curso de arbitragem*: mediação: conciliação: Tribunal Multiportas cit., p. 126-127.

> situação, as regras estabelecidas no Código de Processo Civil, e procedimentos cartorários no Judiciário, geram a necessidade de prática de uma série de atos, protocolos, providências, cumprindo inúmeras formalidades, até para segurança do jurisdicionado. Já na arbitragem, o foco maior é a solução da matéria de fundo, e, assim, há maior informalidade nas providências para se alcançar o objetivo: solucionar a controvérsia.

Acresce Natália Mizrahi Lamas[41] exemplificando com as possibilidades no procedimento arbitral de

> [...] escolher um determinado idioma para o procedimento, mas aceitar documentos redigidos em outro, sem a necessidade de tradução. De igual forma, depoimentos de testemunhas em língua estrangeira podem ser aceitos sem tradução simultânea. Perícias podem ser realizadas sem a nomeação de um perito do tribunal arbitral, considerando-se apenas laudos periciais produzidos por especialistas contratados pelas partes, que se equiparam aos assistentes técnicos, cabendo ao tribunal arbitral decidir as questões que forem postas à luz desses dois documentos.

Finalmente, importante característica da arbitragem é a *possibilidade* de o procedimento contar com a confidencialidade.[42] Tal hipótese será tratada mais adiante, de modo que, para o momento, faz-se meramente a citação.

---

41. LAMAS, Natália Mizrahi. Introdução e princípios aplicáveis à arbitragem. In: LEVY, Daniel; SETOGUTTI, Guilherme (Coord.). *Curso de arbitragem*. São Paulo: Thomson Reuters Brasil, 2018. p. 30.

42. "Other advantages include the ability to keep the procedure and the resulting award confidential. Confidentiality is provided in some institutional rules, and can be expanded (to cover witnesses and experts, for example) by the parties agreement to require those individuals to be bound by a confidentiality agreement. Many companies want confidential procedures because they do not want information disclosed about their company and its business operations, or the kinds of disputes it is engaged in, nor do they want a potentially negative outcome of a dispute to become public"

5.3 PRINCÍPIOS DA ARBITRAGEM

A Lei de Arbitragem trouxe em seu art. 21, § 2º, os princípios que necessariamente devem se fazer presentes no processo arbitral, são eles (na ordem trazida pela lei): contraditório, igualdade das partes, imparcialidade do árbitro e livre convencimento.[43]

Por motivos didáticos, e também porque entendemos ser este princípio pedra angular do processo arbitral, iniciaremos com a imparcialidade do árbitro.

Dentre as inúmeras peculiaridades do procedimento arbitral, a possibilidade de as partes escolherem a pessoa responsável a pôr fim ao conflito é a de maior relevo. Diferentemente do que acontece no processo estatal, em que o juiz togado é escolhido por distribuição livre (um "sorteio") e ninguém sabe ao certo quem será o julgador, no processo arbitral as partes o escolhem e o requisito legal para essa "escolha" é a capacidade legal e a confiança das partes (art. 13 da LA), diferentemente do que acontece no juízo estatal, em que há necessidade de aprovação em concurso público, investidura no cargo etc.

Ainda, quando da eleição do árbitro, as partes interessadas irão procurar, como já tivemos a oportunidade de sublinhar neste trabalho, alguém com expertise na matéria (o que minimiza a possibilidade de erro na decisão e confere maior agilidade ao procedimento), ou seja, muito provavelmente o árbitro escolhido conhece a temática conflituosa e, também muito provavelmente, já se posicionou a respeito em um artigo

(MOSES, Margaret L. *The principles and practice of international commercial arbitration* cit., p. 4-5).

43. "Pinçou o legislador, dentre os princípios gerais do processo, aqueles capazes de prestar às partes razoável garantia de um julgamento justo. Exigiu, assim, que fosse respeitado, seja qual for o procedimento que as partes (ou o árbitro) criarem ou escolherem, o princípio do contraditório, o da igualdade, o da imparcialidade do árbitro e o do livre convencimento" (CARMONA, Carlos Alberto. *Arbitragem e processo*: um comentário à Lei n. 9.307/96 cit., p. 293).

científico ou mesmo no desenvolvimento do seu labor cotidiano. A explícita posição a respeito da matéria que está sendo controvertida não implica a descaracterização da imparcialidade ou independência do árbitro.

Como bem esclarece Carlos Eduardo Stefen Elias,[44]

> A questão da parcialidade somente se põe quando as preconcepções do árbitro a respeito dos temas a serem discutidos na arbitragem (ou a respeito das partes) são estabelecidas de forma tal a impedir ao árbitro agregar à sua interpretação do caso a contribuição das partes, ou seja, a partir de quando suas preconcepções o imunizem contra a influência e persuasão dos argumentos que lhe são apresentados.

Portanto, ainda que o árbitro já tenha se manifestado publicamente sobre matéria que será discutida no juízo arbitral, o ponto que garante a necessária imparcialidade é o *desinteresse* pela vitória de qualquer das partes ao final, bem como a *indiferença* com o resultado final, que deve revelar o desenvolvimento da atuação das partes envoltas nessa relação processual.

É muito comum em procedimentos arbitrais que serão conduzidos por colegiado de árbitros (comumente chamados de Tribunal Arbitral) que cada parte escolha um árbitro, e estes, conjuntamente, escolham o presidente do tribunal arbitral (normalmente a regra advém do regulamento da Câmara Arbitral que administrará o procedimento).[45]

---

44. ELIAS, Carlos Eduardo Stefen. Existência de relação entre o árbitro (ou pessoas ligadas a ele) com a parte (ou pessoas ligadas a ela). In: CARMONA, Carlos Alberto; LEMES, Selma Ferreira; MARTINS, Pedro Batista (Coords.). *20 Anos da Lei de Arbitragem* – Homenagem a Petrônio R. Muniz. São Paulo: Atlas, 2017. p. 5785. (Edição do Kindle.)

45. Exemplificativamente, regra constante do Regulamento de Arbitragem da Câmara de Mediação e Arbitragem Especializada – CAMES:

    "Art. 28. Quando as partes tiverem convencionado que o litígio deverá ser solucionado por Tribunal Arbitral, cada parte indicará, na Solicitação de Arbitragem e na resposta, respectivamente, o nome de um Árbitro.

A escolha do chamado coárbitro para compor o tribunal arbitral por uma das partes, à evidência que não o imbui de parcialidade, nem o enceta no colegiado como aquele que deverá defender os interesses de quem o indicou. Independentemente da forma com que foi gerada a indicação do árbitro, este tem como obrigação o princípio da imparcialidade, sob pena de desenvolver-se procedimento arbitral absolutamente inútil, eis que nulo.[46]

Princípio conectado à imparcialidade é o do contraditório, comumente externado como a possibilidade de as partes gerarem informação nos autos e também, ato oposto, a oportunidade de se reagir a tal informação.[47] A possibilidade de as partes gerarem

---

Parágrafo único. Se alguma das partes deixar de fazer a indicação, o Árbitro será designado pelo Conselho Deliberativo da CAMES.

[...]

Art. 39. No caso de ter sido definida a solução do litígio por Tribunal Arbitral, a CAMES Local comunicará os Árbitros indicados pelas partes para que escolham, no prazo de 3 (três) dias úteis, dentre os profissionais integrantes do corpo de Árbitros da CAMES, o terceiro Árbitro, o qual presidirá o Tribunal Arbitral, a menos que as partes tenham definido, consensualmente, outra forma de indicação".

46. "No âmbito da arbitragem (jurisdição arbitral), que é instaurada com base em uma manifestação da autonomia das partes, as pessoas indicadas para funcionar como árbitro têm o dever de revelar, antes da aceitação da função, 'qualquer fato que denote dúvida justificada quanto à sua imparcialidade e independência' (art. 14, § 1º, da Lei da Arbitragem). Nem todo fato que a pessoa indicada para funcionar como árbitro decidir revelar, no entanto, constituirá necessariamente um motivo de impedimento ou suspeição que lhe proíba exercer a função. A vedação legal decorrerá da ocorrência de alguma das hipóteses previstas no Código de Processo Civil, 'no que couber' (art. 14, *caput*, da Lei da Arbitragem) – e mesmo assim, pelo menos segundo parte da doutrina, tão somente se uma das partes apresentar objeção tempestivamente. Não se reconheceria, portanto, com relação à jurisdição arbitral, uma presunção absoluta (*juris et de jure*) de parcialidade como aquela que vigora, com relação à jurisdição estatal, no regime dos motivos de impedimento previstos no art. 134 do Código de Processo Civil. Nomeado o árbitro, este somente poderá ser recusado pela parte interessada por motivo superveniente, exceto quando o árbitro não houver sido nomeado, diretamente, pela parte – o que ocorre com frequência na prática arbitral – ou quando o motivo para a recusa do árbitro for conhecido posteriormente à sua nomeação (art. 14, § 2º)" (LUDWIG, Marcos de Campos. Impedimentos e suspeição de árbitros no direito brasileiro por falta de independência e imparcialidade: análise legislativa, pesquisa jurisprudencial e esboço de melhores práticas. In: WEBER, Ana Carolina et al.; MELO, Leonardo de Campos; BENEDUZZI, Renato Rezende (Coord.). *A reforma da arbitragem*. Rio de Janeiro: Forense, 2016. P. 119).

47. "Caberá então às partes ou ao árbitro estabelecer (ou adotar) um procedimento que possa garantir plenamente a recíproca manifestação dos contendentes a respeito das

informações que reflitam as perspectivas (fático-jurídicas) que trazem ao processo e que redundam nos motivos que as fazem crer estarem acobertadas pelo que é regrado na lei é medida fundamental, posto que alimenta o convencimento do árbitro (sob todas as perspectivas), que poderá decidir fundamentadamente com base no que lhe restou convencido.

Da liberdade das partes em produzir, manifestar-se quanto à matéria debatida nos autos (contraditório), deflui a formação do convencimento do árbitro, que perfaz outro importante princípio do processo arbitral.

O princípio do livre convencimento do árbitro quanto à valoração da prova, esclarece Carmona,[48] impõe liberdade à convicção do julgador e livra-o

> [...] das limitações e mistérios da prova legal, tarifada, que transforma o julgador num mero autômato". O mesmo doutrinador adverte que "livre convencimento não se confunde com arbítrio, de forma que deve o julgador fundamentar a sentença, explicando os motivos de seu convencimento, como forma de possibilitar às partes o controle da decisão.

O princípio da igualdade, como bem lembram Cintra, Grinover e Dinamarco,[49] *brota* de norma constitucional (art. 5º, *caput*), sendo imperiosa, portanto, sua importância, que é

---

provas e das razões do adversário, o que significa, também, contemplar formas efetivas de comunicação dos atos processuais e concessão de tempo razoável para as respectivas manifestações. Mas não é só isso: a feição moderna do princípio do contraditório exige que o julgador – seja ele juiz togado, seja ele árbitro – não tome decisões acerca de pontos fundamentais do litígio sem provocar debate a respeito, pois somente assim será assegurada às partes a efetiva possibilidade de influir no resultado do julgamento" (CARMONA, Carlos Alberto. *Arbitragem e processo*: um comentário à Lei n. 9.307/96 cit., p. 295).

48. CARMONA, Carlos Alberto. *Arbitragem e processo*: um comentário à Lei n. 9.307/96 cit., p. 298.

49. CINTRA, Antônio Carlos de Araújo; GRINOVER, Ada Pellegrini; DINAMARCO, Cândido Rangel. *Teoria geral do processo* cit., p. 53.

expressa no necessário tratamento igualitário dado às partes durante o processo arbitral.

Entretanto, a igualdade assume contornos diferentes dos que a caracterizam na jurisdição estatal, a começar pelo fato de que na jurisdição arbitral há uma livre escolha do procedimento e, muitas vezes, das regras que irão norteá-lo, diferentemente do que acontece no processo estatal.

Tal conduta desenvolvida pelas partes, e que conflui para o processo arbitral, induz um patamar de igualdade entre aqueles que firmaram a convenção arbitral, indução esta que não se pode abstrair nos processos de jurisdição estatal. O mesmo deve ser dito com relação ao equilíbrio financeiro, que não poderá ser alegado no procedimento arbitral como empecilho ao seu desenvolvimento, na medida em que foram as próprias partes que acordaram pela forma de resolução do conflito.

Tudo para concluir que prossegue sendo absolutamente necessário o tratamento igualitário entre as partes, porém o reequilíbrio exigido do juiz estatal para inserir as partes em patamar de equilíbrio no mais das vezes não poderá ser exigido do juiz arbitral, decorrência da liberdade na escolha do procedimento, cujas características são previamente conhecidas.

Outro princípio importante que regra o processo arbitral, não elencado nominalmente na Lei de Arbitragem, tem origem alemã e é conhecido como *kompetenz-kompetenz*, traduzido para o português como princípio competência-competência, que é a expressão do art. 8º, § 2º, da LA, é dizer, cabe ao árbitro "[...] decidir de ofício, ou por provocação das partes, as questões acerca da existência, validade e eficácia da convenção de arbitragem e do contrato que contenha a cláusula compromissória".

O princípio, espelhado na norma jurídica, confere *jurisdição*[50] ao árbitro para analisar em primeiro lugar a sua

50. "Neste caminho a doutrina, à qual nos filiamos, diz que o princípio da competência--competência deveria ser da 'jurisdição-jurisdição'. O árbitro tem competência para

"competência" quanto à análise das matérias eventualmente alegadas (ou não) como impeditivas de validação da convenção arbitral. É o chamado efeito *negativo* do princípio competência--competência, significando dizer que a validade da convenção arbitral deve ser analisada pelo árbitro; não havendo nulidade, os conflitos que ela deve regular estão sob a jurisdição arbitral.

Vale observar que o efeito *negativo* do princípio não é afastado nem mesmo quando a alegação de *prejuízo* da convenção arbitral é trazida antes de constituído o juízo arbitral. É o que determina o art. 20 da LA, em nítido fortalecimento ao princípio competência-competência, quando estabelece que arguições relativas a "competência, suspeição ou impedimento do árbitro ou dos árbitros, bem como nulidade, invalidade ou ineficácia da convenção de arbitragem" deverão ser aduzidas na primeira oportunidade após a instituição do juízo arbitral.

Como reforço ao acima articulado, cita-se o art. 485, VII, do Código de Processo Civil.[51]

Francisco Cahali[52] traz, ainda, uma perspectiva diferente quanto à importância do princípio ao dispor que:

> Essa regra é de fundamental importância ao instituto da arbitragem, na medida em que, se ao Judiciário coubesse decidir, em primeiro lugar, sobre a validade da cláusula, a instauração do procedimento arbitral restaria

---

avaliar a possibilidade de o litígio ser submetido à sua jurisdição ou não, haja vista a natureza jurisdicional da arbitragem, conforme completa Daniel Bushatsky: 'Aqui um parênteses: detém o árbitro competência para decidir sobre sua *jurisdição* e não, como vulgarmente tratado, competência para dirimir sobre sua competência. O rigor técnico assim impõe, pois a arbitragem afasta a jurisdição estatal e não a competência de um órgão do próprio poder Judiciário. Trata-se de analisar qual das duas jurisdições – estatal ou arbitral – está legitimada a apreciar e julgar a controvérsia'. [...]" (CAHALI, Francisco José. *Curso de arbitragem*: mediação: conciliação: Tribunal Multiportas cit., p. 155).

51. "Art. 485. O juiz não resolverá o mérito quando: [...] VII – acolher a alegação de existência de convenção de arbitragem ou quando o juízo arbitral reconhecer sua competência; [...]".

52. CAHALI, Francisco José. *Curso de arbitragem*: mediação: conciliação: Tribunal Multiportas cit., p. 149.

> postergada por longo período, e, por vezes, apenas com o intuito protelatório de uma das partes em esquivar-se do cumprimento da convenção. O princípio, desta maneira, fortalece o instituto, e prestigia a opção das partes por esta forma de solução de conflitos, e afasta, em certa medida, o risco de desestímulo à contratação da arbitragem, em razão de potencial obstáculo prévio a surgir no Judiciário diante da convenção, por maliciosa manobra de uma das partes.

O princípio da competência-competência não elimina da análise do Poder Judiciário a decisão do árbitro com relação à validade da convenção arbitral, sendo possível o pedido de nulidade nos termos do que dispõe o art. 33 da LA.

Nesse sentido, bem ressalta Felipe Vollbrecht Sperandio[53] ao explicitar que a Lei de Arbitragem

> [...] oportuniza e prevê o momento específico para que o Poder Judiciário examine a convenção de arbitragem. O artigo 32 (I) dispõe que a sentença arbitral será nula, se nula for a convenção de arbitragem. O artigo 33, por sua vez, indica que a parte interessada poderá pleitear ao Poder Judiciário a declaração de nulidade de sentença arbitral, nos casos previstos em lei.

E arremata o mesmo autor dizendo ser

> possível afirmar que o tribunal arbitral detém poderes exclusivos e ininterruptos para resolver questões jurisdicionais até a prolação de sentença arbitral. Depois da sentença arbitral, caso provocado, o Poder Judiciário assume os poderes de reexaminar eventuais vícios da convenção de arbitragem. Trata-se, assim, de um con-

53. SPERANDIO, Felipe Vollbrecht. Convenção de arbitragem. In: LEVY, Daniel; PEREIRA, Guilherme Setogutti J. (Coord.). *Curso de arbitragem*. São Paulo: Thomson Reuters Brasil, 2018. P. 88.

trole jurisdicional *a posteriori*, exercido no âmbito de ação de declaração de nulidade da sentença arbitral, ou impugnação ao cumprimento de sentença – ambos fundamentados no artigo 32 (I) da LArb.[54]

Outra possibilidade legal de interferência prévia do Poder Judiciário no conflito que tem convenção arbitral firmada a lhe reger está contida no art. 7º da LA,[55] quando, efetivamente, mesmo existindo a convenção, o Judiciário terá de intervir (por motivos óbvios) previamente à constituição do processo arbitral.

Tal regra poderia ser lida como exceção ao efeito negativo do princípio competência-competência. Todavia, lemos de forma diferente o normativo, visto que nos parece que a regra é voltada para a constituição do juízo arbitral, quando então as *competências* decorrentes serão adotadas nos termos preconizados pela lei.

A regra do art. 7º da LA não perfaz exceção ao *kompetenz-kompetenz*, ao contrário, confere força à convenção arbitral e, em decorrência, à incidência dos regramentos condizentes com esse sistema de resolução de conflitos.

Além disso, a regra do art. 7º da LA expressa princípio geral do sistema no sentido de que a execução forçada de obrigação, *e.g.*, como as decorrentes da sentença arbitral, é impraticável em qualquer sistema *extra Judiciário*, porque demanda intervenção que conta com competência exclusiva do Estado.

5.4 CONVENÇÃO ARBITRAL

A convenção de arbitragem tem regramento iniciado no art. 3º da Lei n. 9.307/1996, deixando claro a redação do

---

54. SPERANDIO, Felipe Vollbrecht. Convenção de arbitragem cit., p. 89.

55. "Art. 7º Existindo cláusula compromissória e havendo resistência quanto à instituição da arbitragem, poderá a parte interessada requerer a citação da outra parte para comparecer em juízo a fim de lavrar-se o compromisso, designando o juiz audiência especial para tal fim".

dispositivo que as partes interessadas podem submeter os conflitos que emergem da relação ao juízo arbitral mediante a convenção de arbitragem, que é *gênero* que contempla duas espécies: a cláusula compromissória e o compromisso arbitral.

O regramento da convenção arbitral (bem como dos seus efeitos) por meio de lei tem importância fundamental para a arbitragem no Brasil. Isso porque, como explicam Jacob Dolinger e Carmen Tiburcio:[56]

> [...] A rigor, antes da edição da Lei n. 9.307 (Lei de Arbitragem), de 23 de setembro de 1996, essa forma de solução de controvérsias nunca chegou a alcançar o destaque atingido em países europeus e nos Estados Unidos, principalmente em razão da legislação então em vigor. À época, não se conferia à clausula compromissória força cogente para instauração da arbitragem, que dependia de nova manifestação de vontade das partes especificando o objeto concreto de litígio. No máximo, lhe eram assegurados efeitos contratuais e a previsão era equiparada a uma obrigação de fazer, cujo descumprimento resolvia-se, quando muito, por meio de indenização pecuniária. Além disso, dois outros empecilhos então existentes merecem destaque: (i) a exigência de que o laudo arbitral proferido no Brasil fosse homologado pelo Judiciário, a fim de se tornar exequível; e (ii) a obrigatoriedade de que o laudo arbitral proferido no exterior fosse homologado também pela Justiça estrangeira, antes de ser submetido à aprovação do STF.

Com o advento da Lei de Arbitragem, concluem os mesmos autores que

> [...] operou-se significativa modificação no contexto até então vigente: os três obstáculos da legislação anterior foram

56. DOLINGER, Jacob; TIBURCIO, Carmen. *Direito internacional privado*. 13. ed. rev., atual. e ampl. Rio de Janeiro: Forense, 2017. p. 633. (Versão digital.)

> superados e o país avançou no sentido de adequar-se aos padrões internacionais. Os laudos arbitrais brasileiros – agora denominados sentenças arbitrais – passaram a valer como títulos executivos judiciais, sendo equiparados a uma sentença judicial (arts. 18 e 31); a exigência da homologação judicial estrangeira foi afastada, permitindo-se a submissão direta de pedido de homologação do laudo estrangeiro ao STF (art. 35, após a EC 45/2004, STJ); e, por fim, a cláusula compromissória tornou-se passível de execução específica, permitindo o uso do aparato estatal para o fim de torná-la eficaz.[57]

A Lei de Arbitragem, e o regramento da convenção arbitral, trouxe grande incremento ao processo arbitral[58] brasileiro, exterminando discussões a respeito da obrigatoriedade (ou não) da cláusula compromissória e findando com o entendimento anterior, que retratava a cláusula arbitral como *pacto de contrahendo*[59] que, quando não concretizado (ou seja, recusa de uma das partes em se submeter ao juízo arbitral), resultava em mero pedido de perdas e danos, modelagem que enfraquecia consideravelmente o instituto da arbitragem.

---

57. DOLINGER, Jacob; TIBURCIO, Carmen. *Direito internacional privado* cit., p. 633.

58. "Falar de processo arbitral, portanto, significa equivaler as esferas estatal e arbitral como mecanismos jurisdicionais nos quais juiz e árbitro exercem as mesmas funções: serem julgadores de fato e de direito, dizerem o direito, em movimento alinhado com a própria natureza jurídica da arbitragem. Uma jurisdicionalidade que advém dos próprios desígnios da Lei de Arbitragem, elaborada justamente para trazer um mecanismo que seja apto a resolver controvérsias com respaldo do Estado, pacificando situações, dizendo o direito exatamente como o processo judicial" (PARENTE, Eduardo de Albuquerque. *Processo arbitral e sistema.* Coord. Carlos Alberto Carmona. São Paulo: Atlas, 2012. p. 91).

59. "É preciso reconhecer, de qualquer modo, que a cláusula compromissória não pode mais ser qualificada como mero pré-contrato, na medida em que ela não consubstancia mais uma promessa de celebrar compromisso, mas sim uma promessa de instituir juízo arbitral. E o compromisso também tem esta característica – qual seja, promessa de instituir juízo arbitral – pois somente com a aceitação do árbitro é que se tem por instaurada a instância arbitral. Uma e outra, portanto, produzem o mesmo efeito de retirar do juiz estatal a competência para conhecer de um determinado litígio, dando margem à instauração do juízo arbitral" (CARMONA, Carlos Alberto. *Arbitragem e processo*: um comentário à Lei n. 9.307/96 cit., p. 79).

A arbitragem sempre contou com a subdivisão refletida atualmente na Lei n. 9.307/1996 (cláusula arbitral e compromisso arbitral), sendo mais utilizado, como visto anteriormente, o compromisso arbitral. A cláusula arbitral possuía como fundamento a Convenção de Genebra de 1923,[60] o que retirava a paridade, segundo entendimento à época, entre a cláusula e o compromisso arbitral, nascendo o entendimento de natureza jurídica de *pacto de contrahendo* para a cláusula arbitral, com dificílima efetividade de implementação tendo em vista que, após surgido o conflito, normalmente o canal de comunicação entre as partes atingidas resta consideravelmente afetado.[61]

Todavia, e como inicialmente já mencionado, a lei brasileira adotou a convenção de arbitragem[62] como forma geral de

60. Convenção de Genebra de 1923: "1 – Cada um dos Estados contratantes reconhece a validade, entre partes submetidas respectivamente à jurisdição de Estados contratantes diferentes, de compromissos ou da cláusula compromissória pela qual as partes num contrato se obrigam, em matéria comercial ou em qualquer outra suscetível de ser resolvida por meio de arbitragem por compromisso, a submeter, no todo ou em parte, as divergências, que possam resultar de tal contrato, a uma arbitragem, ainda que esta arbitragem deva verificar-se num país diferente daquele a cuja jurisdição está sujeita qualquer das partes no contrato".

61. "A cláusula compromissória não possuía execução específica, isto é, qualquer negativa de instituição do juízo arbitral nas relações jurídicas que continham cláusula compromissória era, quando muito, apenada com perdas e danos, causa essa que foi indicada como primordial para a pouca utilização da arbitragem. Entendia-se que a cláusula compromissória era apenas uma forma de pré-definir a arbitragem como forma de solução do conflito, mas não obrigatoriamente, até porque ninguém poderia se vincular à solução de um conflito que só existia *in abstracto*.

    O objeto da cláusula compromissória não é certo, não é específico e, por isso, as partes só poderiam ser compelidas a cumprir o contrato preliminar se ele contivesse todos os requisitos do contrato principal (art. 1.006, § 2º, do Código de Processo Civil de 1939 e do revogado, pela Lei n. 11.232/05, art. 639 do Código de Processo Civil de 1973, atual art. 466-B do Código de Processo Civil), o que não ocorria com a cláusula compromissória" (GUERRERO, Luis Fernando. *Convenção de arbitragem e processo arbitral*. Coord. Carlos Alberto Carmona. 2. ed. São Paulo: Atlas, 2014. p. 8 e ss. (Coleção Atlas de Arbitragem – Versão digital.)).

62. "A convenção de arbitragem é o acordo de vontades pelo qual as partes se vinculam à solução de litígios determinados ou determináveis, presentes ou futuros, por meio de juízo arbitral, sendo derrogada, em relação aos mencionados litígios, a jurisdição estatal. Na convenção de arbitragem, sem dúvida existe um negócio jurídico celebrado entre as partes, tendo como pressuposto um acordo de vontade entre elas,

exprimir as espécies cláusulas compromissórias e compromisso arbitral, sendo que aquelas existem previamente à eclosão do conflito, enquanto estas advêm posteriormente à ocorrência da controvérsia (arts. 4º e 9º da LA).

> São, pois, dois momentos distintos, com circunstâncias e características próprias. Enquanto a previsão da cláusula compromissória se faz em contrato, ou em documento próprio a ele reportado, cujo cumprimento se espera das partes, no compromisso o litígio já está presente, e diante dele as partes resolvem buscar a solução arbitral para preservar os direitos que entendem lesados. A cláusula pressupõe o vínculo contratual. Já o compromisso pode referir-se à relação conflituosa com origem em negócio ou em fato jurídico, sem ter sido necessariamente cogitada a arbitragem previamente ao nascimento do conflito. Fora isto, o compromisso arbitral exige requisitos próprios e a Lei de Arbitragem sugere também elementos facultativos, como se vê, respectivamente, nos arts. 10 e 11 [...].[63]

A convenção de arbitragem é instrumento que tem natureza contratual[64] e jurisdicional. Por meio dela as partes pactuam que os conflitos decorrentes da respectiva relação jurídica

---

dizendo respeito a objetos estipulados pelas partes de acordo com o ordenamento jurídico utilizado" (GUERRERO, Luis Fernando. *Convenção de arbitragem e processo arbitral* cit., p. 5).

63. CAHALI, Francisco José. *Curso de arbitragem*: mediação: conciliação: Tribunal Multiportas cit., p. 166.

64. Segundo Guerrero: "No entanto, há apenas um negócio jurídico e não um conjunto de atos de organização que, na verdade, são decorrência desta convenção. Deve haver na convenção de arbitragem a indicação da arbitragem como forma de solução de conflito e previsão das regras de solução de conflito, de maneira direta, com a previsão expressa de todos os elementos para a estruturação da arbitragem, ou de maneira indireta, com a indicação do órgão arbitral. Diante disso, a convenção é assim negócio jurídico processual, sendo o elemento de organização fundamental para a instituição direta da arbitragem ou para a instauração da demanda prevista no art. 7º da lei de Arbitragem e não para a determinação da sua natureza jurídica" (GUERRERO, Luis Fernando. *Convenção de arbitragem e processo arbitral* cit., p. 15).

serão analisados e resolvidos por meio do procedimento arbitral. Então é através desse contrato (a convenção) que *surge* o poder jurisdicional de resolução de conflito pelo árbitro (a força jurisdicional da convenção, a ser atribuída ao árbitro, é decorrente de determinação legal, como já observado).

O interessante é que o pacto (*convenção*) advindo da autonomia privada[65] das partes é o *gerador* e o *limitador* da jurisdição do árbitro. A jurisdição se dará nos exatos limites conferidos pela convenção arbitral, o que significa que as partes possuem ampla liberdade de arquitetar o instrumento que está definindo a escolha pela jurisdição arbitral, representando a possibilidade de exclusão de determinada matéria, qual será a lei aplicável, o idioma, a sede da arbitragem etc.

De toda forma, e nos limites do que arquitetado na convenção de arbitragem, a opção pelo processo arbitral afasta a possibilidade de atuação da jurisdição estatal por sobre o conflito, exceção feita para as disposições expressamente constantes na própria Lei de Arbitragem (*e.g.*, os casos de nulidade constantes do art. 32 da LA).

Conforme já sinalizado, a lei brasileira adota a forma "convenção de arbitragem" como sendo o gênero que contém duas espécies: a cláusula arbitral e o compromisso arbitral.

---

65. "A doutrina não diverge em reconhecer a autonomia privada como o poder de autodeterminação da pessoa, em que o ordenamento jurídico oferece e assegura aos particulares a possibilidade de regular suas relações mútuas dentro de determinados limites por meio de negócios jurídicos.

Agregue-se, a título de esclarecimento, que atualmente se vem entendendo que a locução mais apropriada para a hipótese é autonomia negocial em vez de autonomia privada, inclusive no que tange à cláusula compromissória.

De qualquer forma, é com esteio na autonomia privada que se forma o negócio jurídico voltado para a eleição da arbitragem como meio de resolução de disputas decorrentes de um contrato, no qual a cláusula compromissória está inserida ou a ela faz referência" (NANNI, Giovanni Ettore. Cláusula compromissória como negócio jurídico: análise de sua existência, validade e eficácia. In: LOTUFO, Renan; NANNI, Giovanni Ettore; MARTINS, Fernando Rodrigues (Coords.). *Temas relevantes do direito civil contemporâneo*: reflexões sobre os 10 anos do Código Civil. São Paulo: Atlas, 2012. p. 507-508).

Com relação às cláusulas arbitrais, algumas ponderações são importantes tendo em vista o objeto do tema proposto neste estudo, ou seja, calha identificar e definir o que são as cláusulas "cheias", "vazias", "patológicas" e "escalonadas".

A cláusula compromissória é o pacto estabelecido entre as partes interessadas em submeter os conflitos advindos da respectiva relação à jurisdição arbitral, afastando, no que concerne aos limites estabelecidos na cláusula arbitral, a jurisdição estatal (art. 4º da LA).

Nesse diapasão, a cláusula compromissória *cheia* é aquela que conta com todos os requisitos necessários para, eclodido o conflito, iniciar o processo arbitral e com as especificações necessárias para o processamento do conflito e a instituição da arbitragem.

De forma contrária, a cláusula arbitral *vazia* é aquela que não conta com os elementos necessários que viabilizam o início do procedimento arbitral e a instituição da arbitragem.

Destaque-se, todavia, que, não obstante a cláusula arbitral ser *vazia*, dela se extrai a *vontade* das partes de não se submeter à jurisdição estatal, mas sim à jurisdição arbitral. Para a resolução do *problema* será necessária a celebração pelas partes de um *compromisso arbitral* que propicie superar as falhas contidas na cláusula arbitral originária.

O compromisso arbitral pode ser gerado em um contexto *extrajudicial*, é dizer, por meio de acordo entre as partes que convolará no necessário compromisso; ou, então, em caso de recalcitrância de uma das partes, por intermédio da ação (art. 7º da LA). Segundo Felipe Vollbrecht Sperandio:[66]

> O propósito da ação de execução específica da cláusula arbitral vazia é definir as características do processo ar-

66. SPERANDIO, Felipe Vollbrecht. Convenção de arbitragem cit., p. 108.

> bitral. O juiz dará às partes oportunidade para acordar tais características, sendo inclusive obrigatória a tentativa de conciliação. Mas, permanecendo o impasse, cabe ao juiz preencher as omissões da cláusula arbitral vazia, a fim de permitir a rápida instauração do processo arbitral. Nesse sentido, a lei dá ao juiz discricionariedade, valendo anotar que a sentença judicial não está sujeita a apelação com efeito suspensivo e valerá como compromisso arbitral. Os dispositivos na Lei de Arbitragem sobre o procedimento de execução específica de cláusula são detalhados e autoexplicativos.

Já as cláusulas arbitrais patológicas são aquelas *defeituosas*, diferenciando-se das demais pela incompletude *material* dos seus termos, que não permitem a inteligência do que pretendido pelas partes, ou então contam com elementos incorretos, imprecisos ou mesmo inexistentes.

Segundo Carmona,[67]

> Patologia (do grego *phatos*, doença e *logos*, tratado), ensinam os dicionaristas, é a parte da medicina que tem por objeto "o conhecimento da origem, sintomas e natureza das doenças". Patológico, portanto, é a qualidade do que é anômalo, anormal, doentio. A doutrina acostumou-se a utilizar a expressão cláusula arbitral patológica, provavelmente de origem francesa, para designar aquelas avenças inseridas em contrato que submetem eventuais litígios à solução de árbitros mas que, por conta de redação incompleta, esdrúxula ou contraditória, não permitem aos litigantes a constituição do órgão arbitral, provocando dúvida que leva as partes ao Poder Judiciário para a instituição forçada da arbitragem. São patológicas, assim, as cláusulas arbitrais vazias (ou seja, aquelas que não disciplinam o modo de indicar o

67. CARMONA, Carlos Alberto. *Arbitragem e processo*: um comentário à Lei n. 9.307/96 cit., p. 112.

árbitro), as cláusulas arbitrais que indicam órgão arbitral inexistente, ou ainda as cláusulas arbitrais que apontam um mecanismo inoperante para a indicação do árbitro. Passo a examinar rapidamente estes três exemplos para melhor delimitar o tema.

Ainda diante de uma cláusula arbitral patológica, é fundamental poder aquilatar qual a vontade das partes quando da elaboração da cláusula malversada. Isso porque, restando clara a vontade das partes em se submeter à jurisdição arbitral, isso deverá ser tentado em homenagem ao "princípio da salvação da convenção arbitral, da preservação da arbitragem, do favor arbitral".[68]

A cláusula escalonada, também chamada "med-arb", nada mais é do que a inserção da modalidade de resolução de conflitos *mediação* como fase obrigatória para a tentativa de resolução de conflitos. Infrutífero o processo de mediação, estaria aberta a via do processo arbitral.

Explica Silvia Rodrigues Pachikoski[69] que

> A cláusula escalonada ou cláusula med-arb ou cláusula sequencial estabelece como forma de solução da controvérsia, etapas que devem ser cumpridas até que se culmine em uma decisão final, caso não se tenha obtido a composição nas etapas anteriores. A cláusula sequencial pressupõe o cumprimento da etapa prévia para o avanço ao procedimento arbitral. As partes ao estabelecerem este tipo de cláusula escalonada visam obter uma composição ou a solução do conflito da forma melhor possível, considerando custos e tempo, além

---

68. CAHALI, Francisco José. *Curso de arbitragem*: mediação: conciliação: Tribunal Multiportas cit., p. 182.
69. PACHIKOSKI, Silvia Rodrigues. A cláusula escalonada. In: SALOMÃO, Luis Felipe; ROCHA, Caio Cesar Vieira (Coords.). *Arbitragem e mediação*: a reforma da legislação brasileira. 2. ed. rev. e atual. São Paulo: Atlas, 2017. p. 276. (Versão digital.)

da preservação do relacionamento comercial existente, utilizando-se, para tanto, dos dois mecanismos, quais sejam, mediação e arbitragem.

Dúvida pode emergir a respeito da *obrigatoriedade* dessa fase prévia mesmo quando uma das partes, ou ambas, exprima o desinteresse por eventual composição.

Vale lembrar que o procedimento arbitral, por expressa disposição legal, conta com fase em que deve ser tentada a conciliação (art. 21, § 4º, da LA). Se há referida condição no *iter* arbitral, pode-se concluir que, quando as partes elencam, previamente ao início do procedimento arbitral, a necessidade da mediação, é porque desenharam um *design* para a solução do conflito[70] que deve ser atendido.[71]

Outros fatores que impelem a essa conclusão também condizem com o (*possível*) desconhecimento das partes envolvidas com relação ao desenvolvimento do procedimento de mediação, servindo essa primeira *sessão* como verdadeira oportunidade para se desvendar como o instrumento pode auxiliar na querela.

Com tal objetivo, algumas cláusulas arbitrais impõem multa para a parte que não comparecer à primeira sessão de mediação.

70. Contrariamente ao entendimento: "Seria formalismo excessivo imaginar alguma nulidade por conta da instauração da arbitragem sem que as partes se submetam previamente ao procedimento autocompositivo escolhido. Diante da eventualidade de violação da avença contida na cláusula escalonada, poderá o árbitro, se perceber espaço para composição, notando a necessidade de instaurar procedimento próprio, propor que as partes suspendam a arbitragem, remetendo os litigantes ao procedimento de mediação ou conciliação escolhido. Se qualquer uma das partes discordar, nada impedirá que os árbitros, atendendo os ditames do § 4º do art. 21 da Lei de Arbitragem, tentem a conciliação das partes. Não havendo predisposição para a composição, restará claro que a superação da fase de mediação prevista na cláusula escalonada não terá provocado prejuízo algum, de modo que não haverá qualquer sombra de nulidade a macular o procedimento arbitral" (CARMONA, Carlos Alberto. *Arbitragem e processo*: um comentário à Lei n. 9.307/96 cit., p. 35).

71. Bem sabemos que há diferenças entre a mediação e a conciliação. A respeito: GALLO, Ronaldo Guimarães. Mediação não é conciliação: a importância da técnica no desenvolvimento dos processos autocompositivos cit., p. 342-343.

Não se olvida, com referida cláusula, do fundamento indispensável da mediação, que é o *querer* das partes em participar do processo. Porém, como anteriormente assinalado, tal medida se põe como mais um estímulo para a participação da parte na mediação, de forma a (no mínimo) ter conhecimento da técnica de resolução de conflitos, gerando efetividade à cláusula med-arb e qualificando a *recusa* ou o *prosseguimento* da mediação.

Vale lembrar que a mediação não se presta, ou, melhor dizendo, tem como objeto último a celebração de um acordo; muito mais do que isso, a mediação intenta a recuperação do tecido lesado e que por vezes sequer as partes sabem qual é a origem ou profundidade (talvez o prolongado tempo de convívio, uma alteração no tratamento "que era cortês" etc.).

Ainda, as partes, quando acordaram a cláusula escalonada, anteviram a possibilidade de resolução de seus conflitos por seus próprios meios, sem a intervenção de terceiros (que não o mediador, obviamente).

Portanto, afastar o instrumento prévio de resolução de conflitos, em decorrência de mera manifestação, muitas vezes elaborada por terceiro, encaminhada previamente à tentativa de mediação não nos parece que atende ao requisito constante da cláusula, e que foi instituído pela mais ampla autonomia da *vontade* das partes.

Nessa linha de raciocínio, conclui-se que a observância prévia da mediação perfaz verdadeira condição de procedibilidade da arbitragem, e é exatamente por esse motivo que a cláusula escalonada deve conter o máximo de detalhamento possível, especialmente com relação aos prazos, para vazão do trâmite, impedindo que a cláusula seja meramente utilizada para obstrução do início do processo arbitral.

5.5 ARBITRABILIDADE OBJETIVA E SUBJETIVA

Tão importante quanto conhecer as possibilidades de utilização do processo arbitral, suas características e fundamentação legal, é ter conhecimento das possíveis vedações da sua utilização, é dizer, do que contido nas possibilidades desse instrumento de resolução de conflitos. É o que se denomina *arbitrabilidade*.

A arbitrabilidade vem logo definida no art. 1º da Lei n. 9.307/1996, que informa ser o método apto a resolver conflitos envolvendo pessoas capazes e que gravitem em torno de direitos patrimoniais disponíveis.[72] A doutrina, calcada na expressa disposição legal referida, subdivide a arbitrabilidade em *subjetiva* e *objetiva* (*ratione materiae*).

A arbitrabilidade subjetiva diz respeito às pessoas que estão envolvidas na relação jurídica que se intenta submeter à arbitragem, sendo que o requisito para tanto, como acabamos de ver, é que essas pessoas sejam *capazes*. A capacidade civil é matéria disciplinada no Código Civil (arts. 1º a 6º) e pode ser dividida, para melhor compreensão, em capacidade de fato e capacidade de exercício de direitos.[73]

Melhor explicando,

> A capacidade pode ser caracterizada como plena, relativa ou incapacidade absoluta. A primeira categoria engloba aqueles indivíduos que não têm limitação para o exercício de direitos e deveres, sempre apta para contratar em qualquer circunstância.

---

72. "A Lei de Arbitragem abandonou a fórmula preconizada pelo Código de Processo Civil (art. 1.072, revogado), que se reportava a direitos patrimoniais 'sobre os quais a lei admita transação', preferindo técnica superior. Agora, a remissão à disponibilidade do direito é objetiva e não oblíqua como ocorria na redação adotada pelo dispositivo indigitado do Estatuto de Processo" (CARMONA, Carlos Alberto. *Arbitragem e processo*: um comentário à Lei n. 9.307/96 cit., p. 38).

73. "Mas a titularidade do direito difere de seu exercício. Para o exercício dos direitos, a lei estabelece restrições, em razão da idade, da inaptidão para exprimir vontade, de vícios, e ainda da prodigalidade, conforme previsão nos arts. 3º e 4º do CC/2002. Nestas hipóteses de incapacidade relativa ou absoluta, o exercício do direito estará condicionado à assistência ou representação, conforme o caso, dos pais, tutores ou curadores" (CAHALI, Francisco José. *Curso de arbitragem*: mediação: conciliação: Tribunal Multiportas cit., p. 143).

> Já a capacidade relativa impõe aos indivíduos uma limitação na realização de determinados atos ou na forma de exercê-los. Sua vontade terá relevância para o mundo jurídico, mas em menor grau do que a manifestação de vontade do plenamente capaz.
>
> De outro lado, os absolutamente incapazes representam aquela categoria de indivíduos que, por si, não podem exercer sozinhos os atos da vida civil. Os atos praticados sem que se considere tal restrição produzem nulidade absoluta, mas se tais atos forem realizados pelos representantes destes indivíduos, não haverá limitação nenhuma. Disso depreende-se, como expõe Orlando Gomes, que as incapacidades podem ser supridas.[74]

Quanto às chamadas pessoas jurídicas, há necessidade de *alguém* com poderes de representação de acordo com o respectivo ato constitutivo. O mesmo se diz quanto aos contratos coletivos envolvendo diversos sujeitos, é dizer, será necessária a verificação do *documento* que torna a relação jurídica "comum", de modo a se aquilatar a viabilidade de submissão ao processo arbitral e através de qual procedimento (no que tange ao poder de representação).[75]

Isso implica dizer que a arbitrabilidade subjetiva depende do direito material, que indicará aqueles com *direitos* passíveis de submissão ao processo arbitral, juntamente com o conteúdo da convenção de arbitragem que limitará a extensão do que é passível de ser submetido à arbitragem.

---

74. GUERRERO, Luis Fernando. *Convenção de arbitragem e processo arbitral* cit., p. 49-50.

75. "Desta maneira, a análise da arbitrabilidade subjetiva deve partir da verificação da capacidade de gozo e exercício de direitos pelas partes interessadas e da verificação da existência de permissão ou vedação à realização da arbitragem para uma determinada parte. Além disso, em casos de contratos que envolvam diversos sujeitos, tais como acordo de acionistas ou contratos coletivos, deve-se verificar a possibilidade e o grau de vinculação dos entes que compõem este determinado grupo. Não sendo possível utilizar a arbitragem, em face da pessoa envolvida no negócio jurídico, estaremos diante da inarbitrabilidade subjetiva" (GUERRERO, Luis Fernando. *Convenção de arbitragem e processo arbitral* cit., p. 51).

Já a arbitrabilidade *objetiva*, pautando-se na literalidade da lei, diz com os direitos que poderão ser submetidos à arbitragem, quais sejam, os patrimoniais disponíveis, restando, *contrario senso*, os direitos patrimoniais indisponíveis como não suscetíveis de apreciação pela via da arbitragem.[76]

Explicita Carmona,[77] quanto ao tema, que

> [...] um direito é disponível quando ele pode ser ou não exercido livremente pelo seu titular, sem que haja norma cogente impondo o cumprimento do preceito, sob pena de nulidade ou anulabilidade do ato praticado com sua infringência. Assim, são disponíveis (do latim disponere, dispor, pôr em vários lugares, regular) aqueles bens que podem ser livremente alienados ou negociados, por encontrarem-se desembaraçados, tendo o alienante plena capacidade jurídica para tanto.
>
> De maneira geral, não estão no âmbito do direito disponível as questões relativas ao direito de família (em especial ao estado das pessoas, tais como filiação, pátrio poder, casamento, alimentos), aquelas atinentes ao direito de sucessão, as que têm por objeto as coisas fora do comércio, as obrigações naturais, as relativas ao direito penal, entre tantas outras, já que ficam estas matérias todas fora dos limites em que pode atuar a autonomia da vontade dos contendentes.

76. "Direitos não patrimoniais, pois, de plano são excluídos do juízo arbitral. E assim, os direitos da personalidade (direito à vida, a honra, a imagem, ao nome), o estado da pessoa (modificação da capacidade, como interdição, dissolução do casamento, reconhecimento ou desconstituição da filiação, atributos do poder familiar, como guarda e regulamentação de visitas), ficam excluídos da arbitragem. Mas eventuais impactos patrimoniais destes direitos, como também do direito penal, conforme o caso, são arbitráveis (por exemplo, apuração do *dano ex delicto*, e partilha de bens na separação ou no divórcio [...]" (CAHALI, Francisco José. *Curso de arbitragem*: mediação: conciliação: Tribunal Multiportas cit., p. 144-145).

77. CARMONA, Carlos Alberto. *Arbitragem e processo*: um comentário à Lei n. 9.307/96 cit., p. 38.

Os impactos *econômicos* decorrentes da relação jurídica qualificada pela lei como indisponível, todavia, são passíveis de resolução pelo processo arbitral, nestes termos, a matéria relacionada ao divórcio não é passível de submissão ao procedimento arbitral, mas são as celeumas de conteúdo econômico decorrentes; o mesmo no que tange à pensão alimentícia, matéria que não é passível de submissão à arbitragem, porém o é com relação ao valor financeiro que espelhará o cumprimento do dever de pagamento da referida pensão.[78]

Arremata Carmona,[79] quanto ao assunto, dizendo que

> São arbitráveis, portanto, as causas que tratem de matérias a respeito das quais o Estado não crie reserva específica por conta do resguardo dos interesses fundamentais da coletividade, e desde que as partes possam livremente dispor acerca do bem sobre que controvertem. Pode-se continuar a dizer, na esteira do que dispunha o Código de Processo Civil (art. 1.072, revogado), que são arbitráveis as controvérsias a cujo respeito os litigantes podem transigir.[80]

---

78. "[...] mesmo que se trata de direitos indisponíveis, há sempre um campo de interesses patrimoniais disponíveis dentro do qual a arbitragem pode ser utilizada. Suponhamos, como disse antes, o direito ao meio ambiente. O direito ao meio ambiente sem dúvida é indisponível. O Estado traçou uma reserva para esses direitos em benefício da sociedade e dos indivíduos. Mas o modo de cumprimento da obrigação, esse é disponível. Não ataca o núcleo fundamental do direito indisponível. Mas cuida, exclusivamente, de um acordo ou de uma arbitragem sobre a maneira de se cumprir a obrigação relativa à conservação, à preservação, à reconstituição do meio ambiente" (GRINOVER, Ada Pellegrini; GONÇALVES, Eduardo Damião. Conferência sobre arbitragem na tutela de interesses difusos e coletivos. *Revista de Processo*, São Paulo: Revista dos Tribunais, n. 136, ano 31, jun. 2006. p. 252).
79. CARMONA, Carlos Alberto. *Arbitragem e processo*: um comentário à Lei n. 9.307/96 cit., p. 39.
80. No mesmo sentido Ada Pellegrini Grinover: "Eu diria que a disponibilidade, hoje, corresponde àquilo em que pode haver transação. Se puder haver transação, estamos perante um bem disponível, num sentido menos fechado, num sentido menos rigoroso em relação àquele que antigamente o direito civil e o direito administrativo entendiam; ou seja, para que se possa saber se tanto a transação como a arbitragem são possíveis e até que ponto são possíveis, na tutela dos direitos ou interesses transindividuais, temos que verificar se se trata de direitos disponíveis e se se trata,

5.6 CONFIDENCIALIDADE E PRIVACIDADE

Acabou por tornar-se um verdadeiro mito que gravita em torno da arbitragem a pseudoqualidade de que os respectivos processos são confidenciais. Não há base normativa que reflita referido raciocínio. É certo que a esmagadora maioria das arbitragens são desenvolvidas sob o manto da confidencialidade e inúmeros são os motivos para tanto. Aliás, vários deles refletem o motivo da escolha do processo arbitral para a resolução do litígio.

Mas o ponto é que as arbitragens costumam ser confidenciais porque há previsão nas convenções arbitrais que regerão as controvérsias advindas da relação jurídica que regulamentam, bem como porque a quase totalidade das Câmaras de Arbitragem atuando no mercado contam, nos respectivos regulamentos, com a garantia da confidencialidade para os processos arbitrais, sendo excepcionada tal condição quando as partes assim quiserem, ou nos casos em que a lei assim determina (*e.g.*, administração pública em um dos polos da relação arbitral).

Descreve José Miguel Júdice[81] os motivos que a doutrina entende como favoráveis à utilização da confidencialidade:

conforme o art. 1º da Lei de Arbitragem, de direitos patrimoniais disponíveis". Sob a perspectiva da "outra face da mesma moeda", consigna Eduardo Damião Gonçalves: "São arbitráveis todas as matérias que não digam respeito aos direitos indisponíveis. E eu digo que é básico, mas que faz uma diferença, porque você já raciocina pela exclusão, e você efetivamente em vez de tentar ver o que cabe dentro do conceito de direitos patrimoniais disponíveis, você efetivamente apenas começa a retirar do campo da arbitragem aquilo que for explicitamente indisponível. E a gente pode discutir isso depois. O explicitamente indisponível também não é uma questão muito simples" (GRINOVER, Ada Pellegrini; GONÇALVES, Eduardo Damião. Conferência sobre arbitragem na tutela de interesses difusos e coletivos cit., p. 251 e 248, respectivamente).

81. JÚDICE, José Miguel. Confidencialidade e publicidade. Reflexão a propósito da Reforma da Lei de Arbitragem (Lei n. 13.129, de 25 de maio de 2015). In: CAHALI, José Francisco; RODOVALHO, Thiago; FREIRE, Alexandre (Org.). *Arbitragem*: estudos sobre a Lei n. 13.129, de 26-5-2015. São Paulo: Saraiva, 2016. p. 298-299. (Versão digital.)

a) A caracterização ontológica da arbitragem como uma justiça de partes, privada e discreta, que tem, por isso, como corolário a confidencialidade.
b) A vontade presumida das partes, que preferirão evitar que a tensão litigiosa e a necessidade de extremar pontos de vista venham a dificultar a viabilidade de futuros acordos.
c) O risco de que concorrentes de qualquer das partes–se conhecedores das acusações mútuas - possam utilizá-las contra elas.
d) O carácter confidencial dos documentos contratuais que muitas vezes sustentam o conflito arbitral (*shareholders agreements*, patentes, contratos de transferência de tecnologia etc.).
e) O acesso, que em certos litígios se torna inevitável autorizar, a documentos estratégicos de empresas, contas não divulgadas, segredos comerciais etc.
f) A convicção de que a justiça feita sem os holofotes e as pressões do mundo exterior pode revelar-se mais rigorosa, serena e ponderada.

Por outro lado, o mesmo doutrinador elenca argumentos em sentido oposto,[82] quais sejam:

a) A transparência é um corolário do carácter jurisdicional da arbitragem, devendo ser a esse título tratada como se de um tribunal estatal se tratasse.

82. "To an extent, some of the disadvantages of arbitration are the same as the advantages, just viewed from a diferente perspective. For example, less Discovery may be generally viewed as an advantage. Nonetheless, certain kinds of disputes, which typically involve extensive discovery, such as antitrust disputes, are increasingly arbitrated. These kinds of disputes often require the aggrieved party to prove a violation that it can only prove if it has sufficient acess to documents under the control of the offending party. Less discovery in this kind of case means less of a chance for a claimant to meet its burden of proof" (Apud JÚDICE, José Miguel. Ibidem).

b) A transparência é conatural ao princípio democrático e permite aumentar fortemente as garantias de imparcialidade.

c) A transparência é a regra das sociedades de informação, não sendo viável tentar contrariar essa tendência.

d) A credibilidade do sistema arbitral fica reforçada desse modo, evitando-se que suspeições sobre cobertura a negócios menos ilícitos e conducentes a prejuízo para o interesse geral se acentuem em detrimento do sistema.

e) A publicidade contribuirá para a melhoria do sistema arbitral, permitindo criar sistemas de precedentes e evitar sentenças arbitrais de muito má qualidade que não são recorríveis.

O que não se pode perder de vista é que *confidencialidade* não se confunde com *privatividade*, sendo certo que o processo arbitral é privado. Segundo Renato Stephan Grion:[83]

> A confidencialidade da arbitragem, portanto, não deve ser confundida com o caráter privado desse método de resolução de controvérsias. Aquela pode ser definida como a obrigação comum entre as partes e os demais agentes envolvidos no processo arbitral de não revelar quaisquer informações a respeito dele para terceiros não autorizados. A privacidade, por sua vez, reflete o princípio de que apenas as partes e terceiros relevantes poderão participar dos atos processuais da arbitragem.

No mesmo sentido ressalta Rodrigo Garcia da Fonseca[84] que

83. GRION, Renato Stephan. Procedimento II. In: LEVY, Daniel; PEREIRA, Guilherme Setogutti J. (Coord.). *Curso de arbitragem*. São Paulo: Thomson Reuters Brasil, 2018. p. 213.

84. FONSECA, Rodrigo Garcia da. O segredo de justiça e a arbitragem. In: WEBER, Ana Carolina et al.; MELO, Leonardo de Campos; BENEDUZZI, Renato Rezende (Coord.). *A reforma da arbitragem*. Rio de Janeiro: Forense, 2016. p. 387. (Versão digital.)

> Não se discute que, por natureza, a arbitragem é uma forma privada de resolução de controvérsias, no sentido de ser conduzida pelas próprias partes e árbitros, quando muito com o concurso de uma instituição administradora do procedimento, a qual também é privada, no sentido de ser, via de regra, desvinculada do Poder Público. Assim, há uma "privacidade" que é, sim, inerente à arbitragem, privacidade esta com o sentido de o procedimento se desenvolver fora do espaço público, apenas entre os diretamente envolvidos. A privacidade é efetivamente uma característica relevante da arbitragem, mas não se confunde com a confidencialidade.

Feita a distinção, e retomando o raciocínio, tem-se que não há no ordenamento jurídico obrigatoriedade quanto à confidencialidade no processo arbitral. A Lei n. 9.307/1996 meramente impõe, no art. 13, § 7º, que o árbitro deverá atuar com *discrição* no desenvolvimento das suas funções. *Discrição* que não conta com o mesmo *peso* da confidencialidade e que está restrita, por imposição legal, ao desenvolvimento da função de árbitro, nada sendo dito quanto às partes e aos demais interessados que eventualmente intervenham no processo.

Decorrência do constatado é que a confidencialidade advém do contratado pelas partes, quer no que espelhado na convenção de arbitragem, quer quando esta remete às regras de uma câmara arbitral, que normalmente conta com normativos viabilizando a confidencialidade.

Interessante notar que a recente Lei n. 13.129/2015, que imprimiu diversas alterações na Lei de Arbitragem, exterminou celeuma condizente com a publicidade ou privacidade dos atos praticados fora do processo arbitral quando da necessidade de colaboração da jurisdição estatal. No passado, havia necessidade de pedido expresso quanto à mantença da confidencialidade do que discutido no processo arbitral também no processo estatal, sendo necessário, para tanto, fundamentar o pedido em uma das hipóteses que viabilizava o chamado *segredo de justiça*, gerando grande confusão quanto ao tema.

A reforma da Lei de Arbitragem acabou por inserir no normativo o art. 22-C, parágrafo único, que, nos casos de cooperação entre a justiça arbitral e a estatal, viabiliza que seja observado o segredo de justiça, "desde que comprovada a confidencialidade na arbitragem".

Obviamente que, se a arbitragem vem sendo desenvolvida com publicidade total dos seus atos, é dizer, sem o manto da confidencialidade, não se vislumbra o menor sentido em requerer o segredo de justiça na jurisdição estatal. Contrariamente, é dizer, quando o processo arbitral vem utilizando a confidencialidade, tem-se que a alteração legislativa adveio com importante medida que visa proteger o interesse das partes que resolveram adotar a arbitragem para a solução das suas controvérsias.

A Lei de Arbitragem e o Código de Processo Civil estão em absoluta sintonia quanto ao tema ora analisado, na medida em que este normativo também conta com mandamento assemelhado que excepciona a regra geral da publicidade dos procedimentos para os processos arbitrais "que versem sobre arbitragem, inclusive sobre cumprimento de carta arbitral, desde que a confidencialidade estipulada na arbitragem seja comprovada perante o juízo" (art. 189, IV, do CPC).

Pode-se concluir, portanto, que a regra na jurisdição estatal é a da publicidade dos atos praticados nos respectivos processos e que, normativamente, a regra é a mesma para o processo arbitral, todavia, na prática, observa-se que a modalidade de publicidade dos atos na arbitragem é a exceção, sendo adotada na maioria dos procedimentos a confidencialidade, que tem como fundamento as convenções firmadas entre as partes, que por vezes meramente remetem aos regulamentos das câmaras de arbitragem, todas elas viabilizando a utilização da confidencialidade para os procedimentos. Também calha asseverar que a legislação hodierna acolhe perfeitamente os contornos acima traçados.

Contudo, há exceções inseridas dentro do que já contextualizado e a principal delas diz respeito à Administração Pública (inclusa a administração indireta), que, necessariamente, deverá observar o princípio da publicidade mesmo quando opte por resolver seus conflitos em um processo arbitral (art. 1º, § 3º, da LA).

A Administração Pública também poderá contar com a confidencialidade (em qualquer procedimento, não necessariamente o arbitral) quando o assunto remeter a segredos de relevo ou importância que necessitam ser preservados, é dizer, *segredos* cuja divulgação iria contra o interesse público, motivo pelo qual se faz necessário ser resguardado.

O mesmo se pode dizer das pessoas de direito privado que estão em um processo (estatal ou arbitral) que não conta com a confidencialidade. A discussão de segredos comerciais, estratégias de mercado, propriedade intelectual etc., bem como debates que possam violar a intimidade de algum dos participantes do processo podem ensejar a utilização da confidencialidade. Para esses casos, a manutenção da publicidade ensejaria função contrária à que prioritariamente se busca do princípio, ou seja, a mantença da publicidade redundaria em violação ao interesse público.

Parte III

ARBITRAGEM E PREVIDÊNCIA PRIVADA

CAPÍTULO 6

A ARBITRAGEM NA PREVIDÊNCIA PRIVADA

Conforme observado na Parte I deste trabalho, Capítulo 1, a previdência privada angariou longo amadurecimento na Constituição Federal de 1988, o qual passou por sua realocação topográfica, retirando-a do Sistema da "Ordem Econômica e Financeira" e inserindo-a na "Ordem Social", no Capítulo da Seguridade Social, com regulamentação constitucional das suas premissas básicas, tudo volvendo para a constituição de sua essência.

Referidas alterações não foram ao léu ou sem significância jurídica, expressam o valor e o *norte* a ser conferido à matéria, impregnando-a da principiologia adotada para o sistema, expressando entendimento modernizado e consentâneo com a evolução do pensamento (e da *necessidade*) social.

Para além das mudanças suprarreferidas, já se abstraía da Carta de Princípios a identificação dos direitos previdenciários como direitos sociais, logo, norma fundamental para a República. É direito que integra, compõe e recompõe a pessoa humana, a sua dignidade, logo, sustentação do Estado Democrático de Direito (a respeito, vide seção 2.1).

Tendo em vista todo o raciocínio desenvolvido neste trabalho, para dar um passo adiante, calha questionar se as regras fundamentais, os direitos sociais que dão forma à previdência privada são passíveis de submissão ao processo arbitral, a um procedimento de resolução de conflitos que está fora do sistema estatal de pacificação.

Esse questionamento pode ser traduzido para a análise da arbitrabilidade das matérias, cujo pano de fundo é a previdência privada.

O questionamento é inovador, ao menos no que diz respeito à hipótese. De fato, não conhecemos análise específica tal qual a que se tece neste trabalho, mas reflexões com questionamentos de conteúdo assemelhado, cujas respostas foram talhadas ao longo de anos de discussão, são importantes e servem de valiosa analogia para o desenvolvimento da resposta que ora interessa.

Nesse sentido, o mesmo questionamento foi feito quanto à possibilidade de submissão da Administração Pública (leia-se, dos conflitos advindos das relações jurídicas que a Administração Pública participa) ao processo arbitral. Assim como agora desafiamos a dignidade da pessoa humana, no direito social, no que diz respeito à Administração Pública, o foco era o interesse público, tido como indisponível, qualquer que fosse a perspectiva.

A arbitrabilidade *subjetiva* foi matéria controvertida por longo período no que diz respeito à Administração Pública. Atualmente, referido questionamento encontra-se superado e é lembrado na doutrina apenas a título de ilustração do desenvolvimento dessa *evolução*. Não calha reproduzir aqui tal *avanço* porque destoa do tema e, nessa perspectiva específica, não se verifica similitude que propiciará auxiliar o desbravamento da temática ora a ser enfrentada.

Já no que diz respeito à arbitrabilidade objetiva, a analogia pode auxiliar. Toda a controvérsia, no que diz respeito à participação da Administração Pública em um dos polos da relação jurídica arbitral, gravitava em torno da possibilidade de esta "transigir" sobre o interesse público, que, enquanto público, a titulariza sem poder dispor.

É o caso de afastar a primeira confusão quanto ao assunto. Explica Carmen Tiburcio[1] que,

> [...] primeiramente, fazia-se uma analogia entre compromisso e transação, de modo que a capacidade para firmar compromisso decorreria não da capacidade para contratar, mas para transigir. Como o direito de se submeter à arbitragem suporia o de transigir, não podendo a Fazenda transacionar, não poderia igualmente firmar compromisso. Este argumento partia de bases equivocadas, entretanto. Tais figuras não se confundem nem na natureza, nem nos efeitos. Pode firmar cláusula compromissória quem pode contratar, e o Estado pode. Quando a Administração se submete à arbitragem, não está transigindo com o interesse público, mas deslocando o litígio do Judiciário para os árbitros.

Da contribuição já colacionada não se abstrai apenas o desfazimento da *confusão* entre institutos, mas também a sinalização de que a Administração Pública pode submeter à arbitragem a matéria firmada nos contratos que entabula. É a diferença do entendimento quanto aos chamados interesse público primário e interesse público secundário.

Novamente nos valendo dos ensinamentos de Carmen Tiburcio,[2] tem-se que o

> [...] critério geral [...] é bem simples: como sintetiza Eros Roberto Grau, "*sempre que puder contratar, o que*

1. TIBURCIO, Carmen. Arbitragem envolvendo a administração pública: arbitrabilidade subjetiva e objetiva. Histórico e situação atual. In: MUNIZ, Joaquim de Paiva; BONIZZI, Marcelo José Magalhães; FERREIRA, Olavo A. V. Alves (Coord.). *Arbitragem e administração pública*: temas polêmicos. Ribeirão Preto: Migalhas, 2018. p. 124.
2. TIBURCIO, Carmen. Arbitragem envolvendo a administração pública: arbitrabilidade subjetiva e objetiva cit., p. 126.

> *importa disponibilidade de direitos patrimoniais, poderá a Administração, sem que isso importe disposição do interesse público, convencionar cláusulas de arbitragem".* Isto é: só não se admite a submissão à arbitragem de poderes, interesses e direitos de que o Poder Público não possa alienar ou restringir pela via negocial, seja porque correspondem a imperativos legais (*e.g.*, o poder de alteração unilateral do contrato), seja porque são de titularidade de terceiros – o que inclui o interesse público primário (*e.g.*, a proteção do patrimônio cultural brasileiro, que é direito difuso dos brasileiros) –, seja ainda porque são juridicamente definidos como inalienáveis (*e.g.*, as terras indígenas) ou, de outra forma, postos extra commercium (*e.g.*, tecidos humanos) (grifos do original).

De tal entendimento não diverge a jurisprudência do Egrégio Superior Tribunal de Justiça. No Conflito de Competência 139.519/RJ (2015/0076635-2) a Ministra relatora para o acórdão, Regina Helena Costa, analisa o princípio da indisponibilidade do interesse público partindo do *pressuposto* de que "o interesse público é sempre indisponível porque é de titularidade da coletividade, e não do Poder Público [...]".

Tal ilação visa distinguir o interesse público *indisponível* da existência de direito disponível da Administração, que é submetido aos contratos que esta celebra. Nos dizeres da Ministra Regina Costa: "[...] sempre que a Administração contrata há disponibilidade do direito patrimonial, podendo, desse modo, ser objeto de cláusula arbitral, sem que isso importe em disponibilidade do interesse público".

Fechando o raciocínio, conclui a Ministra relatora do paradigmático acórdão

> [...] que a Administração Pública, ao recorrer à arbitragem para solucionar litígios que tenham por objeto direitos

> patrimoniais disponíveis, não desatente ao interesse público, nem renuncia ao seu atendimento.
>
> Diversamente, ao assim agir, prestigia o princípio da indisponibilidade do interesse público, desdobramento que é do sobreprincípio da supremacia do interesse público sobre o particular.

De se notar que doutrina e jurisprudência confluem no entendimento de que o interesse público perfaz direito indisponível e, portanto, não suscetível de submissão ao processo arbitral (como também não são passíveis de ser negociados em contratos que a Administração firma). Visto de outro ângulo, a análise por essa mesma Administração Pública do que contido em contrato que firma (logo, direito disponível, visto que, se indisponível, não firmaria contrato em paridade de condições, mas sim atuaria com seu poder de império) e estrategicamente opta pela melhor resolução de conflitos dentre as inúmeras existentes, inclusa aí a arbitragem, também perfaz atuação que visa o interesse público, na medida em que está a adotar a forma mais eficiente de resolução dos conflitos que hipoteticamente poderão emergir desse contrato.[3]

Traçadas essas bases, vale iniciar a pretendida analogia dizendo que, tal qual o interesse público gerido pela Administração Pública, o direito social corporificado nos direitos provindos da Seguridade Social também é *indisponível*. Aliás, porque de *interesse público* e de titularidade da coletividade.

3. "Com relação aos atos da administração, Rafael Bielsa tem obra clássica, distinguindo esses atos em atos administrativos de autoridade e atos de simples gestão, ou seja, de gestão patrimonial. Portanto, a sentença arbitral e a transação nunca poderiam versar sobre matéria do poder da autoridade, mas poderiam se manifestar, e podem se manifestar, sobre questões pactuadas. São matérias ou atribuições que não importam no exercício de um poder de autoridade de império e, portanto, admitem a transação e admitem a arbitragem" (GRINOVER, Ada Pellegrini; GONÇALVES, Eduardo Damião. Conferência sobre arbitragem na tutela de interesses difusos e coletivos. *Revista de Processo*, São Paulo: Revista dos Tribunais, n. 136, ano 31, jun. 2006. p. 252).

Aqui ainda com maior vigor, na medida em que direito ínsito à dignidade da pessoa humana, é dizer, direito fundamental.

Também se parte do pressuposto de que os direitos inerentes à Seguridade Social são *indisponíveis*, logo, excluídos da possibilidade de submissão a um processo arbitral, já que não há a arbitrabilidade objetiva.

Todavia, assim como exemplificado quanto à Administração Pública, a expressão dos direitos decorrentes da Seguridade Social, entabulados pela via do contrato privado, também é disponível, e aqui também se adota a premissa básica de Eros Grau no sentido de que, se não fossem direitos disponíveis, não poderiam ser submetidos à negociação contratual.

O desdobramento dos direitos que perfazem o subsistema da previdência privada, sua *execução* (invariavelmente com conteúdo patrimonial), com a possibilidade de escolha (*facultatividade* imanente à Previdência Privada) quanto à forma de contratação, se dá em *disponibilidade* (arbitrabilidade objetiva) passível de análise no processo arbitral.

Presente, portanto, a arbitrabilidade objetiva que propicia a utilização da arbitragem para a resolução de conflitos advindos das relações entabuladas no âmbito da previdência privada.

Quanto à arbitrabilidade subjetiva, conforme já salientado, a analogia com a Administração Pública não se faz de muita valia, o que não significa que não conta com especificidades que ensejam análise mais acurada em momento oportuno.

Para o que interessa ao fechamento deste capítulo, tem-se que a titularidade de direito disponível relacionado à previdência privada por pessoa *capaz* traduz a arbitrabilidade subjetiva, cuja coletividade inserida nos planos de benefícios trará a complexidade, que, como anteriormente já sinalizado, será devidamente analisada em breve (seções 6.3 e 6.4).

6.1 O CONTRATO DE PREVIDÊNCIA PRIVADA E A ARBITRAGEM

Já tivemos a oportunidade de analisar que o regime jurídico em que se desenvolvem as relações de previdência complementar é o privado. As relações jurídicas são entabuladas, de forma facultativa, por meio dos contratos de previdência privada. Como qualquer contrato, estes também são atos que envolvem mais de uma parte e que irão disciplinar a relação jurídica entre os contratantes, porém há peculiaridades que conferem contorno especial aos pactos *previdenciários*.

Relembrando, de modo sintético, o contrato de previdência privada é firmado entre uma pessoa física, o participante, e uma pessoa jurídica legalmente habilitada para o desenvolvimento do *mister*, que pode ser resumido no recebimento antecipado de contribuições pecuniárias que servirão de base econômica suficiente (em tese) para a manutenção do padrão de vida do participante (e/ou de sua família) quando acometido por uma *necessidade* social.

Terceira pessoa tem papel fundamental nesse contrato *bilateral*, qual seja, o patrocinador/instituidor do plano de benefício. A relação do patrocinador/instituidor com a convenção arbitral firmada em contrato de previdência privada será objeto de análise na seção 6.3.

Vale lembrar, ainda, que essa espécie de contrato tem forte regulação estatal e, para boa parte da doutrina, contornos de contrato de adesão/consumo (discutiremos sobre o assunto mais adiante, ainda nesta seção).

Tendo em vista essa sucinta base, já se pode refletir que, numa primeira análise, os contratos de previdência privada não apresentam maiores complicações quanto à possibilidade de utilização de convenção arbitral para a resolução dos conflitos que dele emergem.

Todavia, por trás dessa aparente *segurança* quanto à utilização da arbitragem, emergem alguns pontos de dúvida que devem ser superados para podermos asseverar com firmeza aquela açodada conclusão.

O primeiro ponto nodal a ser desbravado é *se* juridicamente possível o participante firmar contrato de previdência privada com EPC, intentando que a resolução dos conflitos que possam do pacto emergir seja feita pela arbitragem. Melhor, e dificultando o questionamento, detectar se é possível a EPC instituir, para aqueles que querem com ela contratar, a cláusula arbitral como forma de resolução dos conflitos advindos desse pacto.

Para análise dos questionamentos, pelo menos em um primeiro momento, faz-se necessária a distinção entre entidades abertas e fechadas de previdência complementar[4].

Três características dos Fundos de Pensão devem ser relembrados para iniciar essa análise, sendo que a primeira delas é o "caráter democrático" que pode ser extraído da composição paritária entre representantes dos participantes e assistidos e dos patrocinadores no Conselho Deliberativo da entidade (art. 11 da LC n. 108/2001), órgão responsável pela política geral da administração da EFPC e dos seus planos de benefícios (art. 10 da LC n. 108/2001).

A segunda observação a ser analisada é que o contrato de previdência privada firmado entre a EFPC e o participante não tem característica de contrato de consumo, visto que à EFPC não é franqueada a comercialização ao público em geral, ao contrário, essa comercialização é restrita ao grupo que conta com relação jurídica *definida* com os patrocinadores do fundo.

---

4. Conforme já explanado neste trabalho as EFPC não contam mais com o *monopólio* das relações de previdência privada com os entes da administração pública direta e indireta, passando, pós EC nº /2019, também as EAPC estarem *autorizadas* a firmar contrato de previdência privada com os entes políticos (artigo 202, §4º).

A respeito, vale trazer à colação voto do Ministro Ricardo Villas Bôas Cueva, do E. Superior Tribunal de Justiça:[5]

> Assim, o que predomina nas relações entre a EFPC e seus participantes é o associativismo ou o mutualismo com fins previdenciários, ou seja, uma gestão participativa com objetivos sociais comuns de um grupo específico, que se traduzem na rentabilidade dos recursos vertidos pelos patrocinadores (empregadores) e participantes (empregados) ao fundo, visando à garantia do pagamento futuro de benefício de prestação programada e continuada.

Logo, a relação jurídica existente entre os fundos de pensão e seus participantes é de caráter estatutário, sendo regida por leis específicas (Leis Complementares n.s 108 e 109/2001) bem como pelos planos de custeio e de benefícios, de modo que, apenas em caráter subsidiário, aplicam-se a legislação previdenciária e a civil, não podendo incidir normas peculiares de outros microssistemas legais, tais como o CDC e a CLT.

Quanto às cláusulas padronizadas constantes dos contratos de previdência, vale lembrar, e esse é o terceiro ponto a ser destacado, que os regulamentos dos planos têm forte acompanhamento do ente estatal responsável pela supervisão desse mercado (no caso, a Previc), não sendo possível à EPC alterar as regras dos seus planos ao bel-prazer.

Para além da necessária supervisão adotada no Brasil para os planos de previdência privada, novamente trazemos à lembrança que a padronização dos contratos, leia-se, a estabilidade do conteúdo do regulamento sobre um plano que regulará relações jurídicas por longuíssimos anos, *in casu*, é uma necessidade.

5. REsp 1.421.951 (2013/0394822-0 – 19.12.2014).

Tudo isso para concluir no sentido de ser juridicamente possível a inserção de cláusula arbitral em contrato firmado com EFPC, tão logo com a criação do plano, com a sua instituição, como com o plano já em desenvolvimento por meio de alteração do seu regulamento.

Nesta última hipótese se poderia questionar se a existência de participantes que são contrários à alteração da medida implicaria em algum obstáculo para que a cláusula arbitral seja inserida no ambiente dos planos de benefício, e a resposta é negativa, pois, como visto, a administração da entidade e dos seus planos de benefícios conta com representação dos participantes, o que confere legitimidade às mudanças endereçadas ao referido plano de benefícios. Aliás, vale retomar, para essa espécie de regime (o *fechado*) de previdência privada o participante *assume* o risco da operação juntamente com a entidade, tudo a reforçar o caráter democrático da gestão.

Entender sobre a inviabilidade da arbitragem para os contratos firmados com EFPC, tendo como fundamento a alegação do caráter "de adesão", conforme o acima articulado, seria a mesma coisa que o *autor do contrato* querer intentar óbice quando do seu cumprimento sob o argumento de se tratar de contrato de adesão.

Portanto, e novamente, não se vislumbra qualquer óbice jurídico à inserção de cláusula arbitral a regrar os conflitos advindos de planos de benefícios administrados por fundos de pensão, especialmente tendo em foco a necessidade quanto à padronização dos contratos que implicam a estreita supervisão praticada pelo órgão regulador e a impossibilidade de se conjugar o argumento condizente com a *imposição* da cláusula ante a composição paritária do Conselho Deliberativo da EFPC.

Certo é, todavia, que ainda se faz necessário aguardar a regulamentação da atuação das EPC no mercado *fechado* de previdência privada, podendo o legislado aprimorar a aplicação dos princípios advindos do artigo 194 da CF, especialmente no que tange às EAPC, que, como visto, não observam o disposto no inciso VII do retro mencionado normativo.

Tal *aprimoramento pode* guindar a EAPC ao mesmo "patamar" que se encontra a EFPC quando o patrocinador é a administração pública, isso significando dizer a *descaracterização* do contrato de previdência privada como de natureza jurídica de *consumo*, com isso agregando para si todo o raciocínio acima desenvolvido para a utilização da arbitragem, sem maiores controvérsias quanto à possibilidade.

Apesar da *esperança* no futuro regramento (que advirá sob a forma de lei complementar), não se vislumbram grandes alterações, mesmo com a principiologia constitucional relacionada à previdência conclamando por efetividade. Isso porque o artigo 202, §6º, CF (com a redação que lhe imprimiu a EC nº /2019) já salienta que serão estabelecidos os requisitos para a participação dos participantes nos colegiados das Entidades Fechadas de Previdência Complementar, o que leva a crer que as Entidades Abertas de Previdência Complementar permanecerão sem participantes a integrar os corpos diretivos.

O que não deixa de ser um grande paradoxo ou, visto de outra perspectiva, meramente uma opção para a escolha das características que a EPC deve conter para curar interesses previdenciários advindos de contratos com a administração pública, sendo certo que, um modelo, o das EFPC, permite acompanhamento mais próximo do participante (atenção ao *caráter democrático*), e o outro modelo, das EAPC, ignora tal *participação* solenemente.

Prosseguindo, vale ainda acrescer que há diferença em relação às EAPC que atuam no mercado chamado *aberto* de previdência complementar, no que diz com a natureza dos contratos de previdência que firmam. No âmbito desta atuação, a interpretação dominante é a de que os contratos de previdência firmados se caracterizam como contratos de consumo. Também não se detecta, como mencionado, o "regime democrático" expresso na composição paritária do Conselho Deliberativo das EFPC.

Quanto ao ponto, tem-se que o E. Superior Tribunal de Justiça divulga, com periodicidade, o "Jurisprudência em Teses", sendo que a edição de n. 122 trouxe exatamente a temática "arbitragem". Duas teses foram destacadas nessa edição, e uma delas estabelece que

> [...] a legislação consumerista impede a adoção prévia e compulsória da arbitragem no momento da celebração do contrato, mas não proíbe que, posteriormente, em face de eventual litígio, havendo consenso entre as partes, seja instaurado o procedimento arbitral.[6]

A *tese* ventilada vem escorada em uma série de decisões do E. Tribunal Superior. No Recurso Especial 1.628.819/MG (2016/0255310-1), de relatoria da Ministra Nancy Andrighi, é retomado o entendimento da ausência de antinomia entre o art. 51, VII, do CDC e o art. 4º, § 2º, da Lei de Arbitragem, em face da aplicação do princípio da especialidade das normas, porém sendo acrescidos novos matizes.

O v. acórdão esclarece que as regras que regulamentam a arbitragem estão em pleno vigor desde que pactuado entre as partes. Para o caso dos contratos de adesão, em que há imposição unilateral das cláusulas contratuais por uma das partes, rege a relação o art. 4º, § 2º, da LA. Finalmente, para as cláusulas padronizadas inseridas no âmbito do sistema de consumo, o art. 51 do CDC tem plena aplicabilidade.

Segundo o r. *decisum*:

> 12. Na realidade, com a promulgação da Lei de Arbitragem, passaram a conviver, em harmonia, três regramentos de diferentes graus de especificidade:

---

6. Disponível em: http://www.stj.jus.br/sites/STJ/default/pt_BR/Comunica%C3%A7%C3%A3o/ noticias/Not%C3%ADcias/Jurisprud%C3%AAncia-em-Teses-trata-de-arbitragem. Acesso em: 15 abr. 2019.

> i) a regra geral, que obriga a observância da arbitragem quando pactuada pelas partes;
>
> ii) a regra específica, aplicável a contratos de adesão genéricos, que restringe a eficácia da cláusula compromissória; e
>
> iii) a regra ainda mais específica, incidente sobre contratos sujeitos ao CDC, sejam eles de adesão ou não, impondo a nulidade de cláusula que determine a utilização compulsória de arbitragem, ainda que satisfeitos os requisitos do art. 4º, § 2º, da Lei 9.307/96.[7]

Acresce, ainda, o mesmo julgado explicitando:

> 14. Em verdade, o que o legislador reputou prejudicial à proteção do hipossuficiente foi justamente a prévia imposição da convenção de arbitragem, por entender que, usualmente, no ato da contratação, o consumidor carece de informações suficientes para que possa optar, de maneira livre e consciente, pela adoção dessa forma de resolução de conflitos.
>
> 15. Isso porque, via de regra, o consumidor não detém conhecimento técnico para, no ato de conclusão do negócio, avaliar as vantagens e desvantagens inerentes à futura e ocasional sujeição ao procedimento arbitral. E, ainda que o contrato chame a atenção para o fato de que se está optando pela arbitragem, o consumidor,

---

7. No mesmo sentido: "Na realidade, com a promulgação da Lei de Arbitragem, passaram a conviver, em harmonia, três regramentos de diferentes graus de especificidade: (i) a regra geral, que obriga a observância da arbitragem quando pactuada pelas partes; (ii) a regra específica, aplicável a contratos de adesão genéricos, que restringe a eficácia da cláusula compromissória; compromissória; e (iii) a regra ainda mais específica, incidente sobre contratos sujeitos ao CDC, sejam eles de adesão ou não, impondo a nulidade de cláusula que determine a utilização compulsória da arbitragem, ainda que satisfeitos os requisitos do art. 4º, § 2º, da Lei n. 9.307/96" (RODOVALHO, Thiago. *Cláusula arbitral nos contratos de adesão* – Contratos de adesão de consumo – contratos de adesão civis – contratos de adesão empresariais. Coimbra: Almedina. p. 802-803. (Edição do Kindle.)).

> naquele momento, não possui os elementos necessários à realização de uma escolha informada. (grifo nosso)

Algumas ponderações devem ser extraídas do elucidativo julgado, acima colacionado. A primeira é que, na nossa opinião, continua sendo possível a utilização da arbitragem em demanda que espelha relação de consumo,[8] o que o Código de Defesa do Consumidor fez não foi negar o uso da arbitragem, mas sim criar uma teia de proteção adicional, visando a *preservação da vontade* do *vulnerável* na relação jurídica (missão nada fácil).

Entendimento oposto ao desenvolvido *supra* implica em contradição ao próprio sistema que regra as relações de consumo, na medida em que este incentiva, na forma de princípio, a criação de "mecanismos alternativos de solução de conflitos de consumo" (art. 4º, V, do CDC).[9]

A outra ponderação é que o argumento que subsidia a limitação da utilização da arbitragem para as relações de consumo não é restrito ao sistema consumerista, mas sim a *qualquer relação jurídica*, é dizer, a cláusula arbitral *imposta compulsoriamente* a uma das partes é nula, não importando o "sistema" jurídico a que se insira essa relação, tampouco a

---

8. "[...] as objeções de ordem abstrata à arbitragem nas relações de consumo não se justificam. Os direitos do consumidor são patrimoniais e disponíveis, razão pela qual não há nenhum impedimento teórico à resolução de conflitos daí decorrentes pela via arbitral, que nada mais é do que um método de composição de litígios em que se deve assegurar às partes todas as garantias processuais inerentes ao exercício da jurisdição e da ampla defesa. A incidência de normas de ordem pública também não representa obstáculo à solução arbitral, desde que o árbitro as observe na conclusão do caso" (FICHTNER, José Antonio; MONTEIRO, André Luís. A cláusula compromissória nos contratos de adesão submetidos ao Código de Defesa do Consumidor. *Temas de arbitragem*: primeira série. Rio de Janeiro: Renovar, 2010. p. 22).
9. "Outrossim, é importante frisar que não há vedação da estipulação de cláusula compromissória nas relações de consumo, até porque constitui um dos princípios da Política Nacional de Relações de Consumo o incentivo aos mecanismos alternativos de solução de conflitos de consumo (art. 4º, V do CDC), contexto no qual a arbitragem está inserida" (COSTA, Nilton César Antunes da. A convenção de arbitragem no contrato de adesão. *Revista de Arbitragem e Mediação*, São Paulo: Revista dos Tribunais, ano 3, jan.-mar. 2006. p. 793).

verificação da situação da parte que *sofreu* a *imposição* (por exemplo, se é ou não hipossuficiente).

O ponto *nodal* a ser observado é que a convenção de arbitragem somente é válida quando fundada na liberdade de contratar, padecendo de nulidade quando a autonomia privada,[10] de alguma forma, não foi observada, *independentemente* de a relação jurídica espelhar a hipótese de relação de consumo. O que mantém a cláusula arbitral viva, apta a ser desenvolvida, é a autonomia privada, é a livre vontade das partes pactuantes em submeter os eventuais conflitos que emergirem dessa relação ao processo arbitral.[11]

O que a lei faz é presumir a possibilidade de imposição (logo, mácula à liberdade de se pactuar a cláusula arbitral) nos contratos de adesão e de consumo. E a própria lei também já confere as medidas a serem observadas para afastar essa presunção.

No caso do contrato de adesão, para além do requisito formal condizente com a cláusula "em apartado", ou em negrito,

10. "A arbitragem é fruto da autonomia privada. Para usar uma expressão comum e já desgastada, a arbitragem é uma criatura contratual (*creature of contract*). Ainda que se adote um princípio 'em favor' da arbitragem, como contrapeso à histórica hostilidade judicial diante do instituto, a legitimidade da arbitragem depende sempre do consentimento das partes, que é a fonte dos poderes dos árbitros. Tal manifestação de vontade de submeter-se ao juízo arbitral é concretizada por meio da convenção de arbitragem" (RECENA COSTA, Guilherme. *Partes e terceiros na arbitragem*. Orientador Paulo Henrique dos Santos Lucon. São Paulo, 2015. Tese (Doutorado – Programa de Pós-Graduação em Direito Processual) – Faculdade de Direito, Universidade de São Paulo, 2015. p. 23).

11. "Dessa forma, a arbitragem tem caráter jurisdicional, mas, ao mesmo tempo, origem contratual. Por isso, a aplicação da convenção de arbitragem é limitada, de um lado, ao negócio jurídico que motivou sua instituição e, de outro, às partes desse negócio jurídico, que consentiram com o afastamento da jurisdição estatal e com a submissão de eventuais conflitos decorrentes do negócio à arbitragem. Desta forma, a arbitragem tem como um de seus principais fundamentos o fato de ser consensual. Para que haja convenção de arbitragem válida, é imprescindível que a partes tenham com ela consentido" (CARDOSO, Paula Butti. *Limites subjetivos da convenção de arbitragem*. Orientador Carlos Alberto Carmona. São Paulo, 2013. Dissertação – Programa de Pós-Graduação da Faculdade de Direito da Universidade de São Paulo, 2013. p. 15).

com assinatura aposta especialmente para a cláusula, a *eficácia* da cláusula só terá validade se o *aderente iniciar* o procedimento arbitral, ou *concordar* com a instituição pela outra parte.

A corroborar o anteriormente aludido, Fichtner e Monteiro[12] ponderam que

> [...] o art. 4º, § 2º, da Lei de Arbitragem possui requisitos de forma no plano da validade ("por escrito em documento anexo ou em negrito, com a assinatura ou visto especialmente para esta cláusula") e fatores no plano da eficácia ("o aderente tomar a iniciativa de instituir a arbitragem ou concordar, expressamente, com a instituição"), razão pela qual, ainda que a cláusula compromissória preencha todas as formalidades exigidas por lei, ela somente será eficaz no caso de consumidor tomar a iniciativa de instituir a arbitragem ou concordar, expressamente, com a arbitragem iniciada pelo fornecedor no momento em que surgir o litígio.

O mesmo deve ocorrer nos contratos de consumo, ainda que com outra fundamentação, especialmente porque, vale lembrar, a "utilização compulsória de arbitragem" inviabiliza o processo arbitral em qualquer tipo de relação jurídica.

Outras balizas que são utilizadas para a limitação da utilização da arbitragem na relação de consumo não necessariamente se amoldam às relações entabuladas no âmbito da previdência privada. Se para aqueles casos a falta de conhecimento *técnico* ou mesmo o parco conhecimento quanto ao conteúdo do negócio que está sendo firmado é a *regra* (ou a lei *presume* ser a regra), não se pode dizer o mesmo de um contrato que enseja (como *regra*) estudo prévio para ser firmado e que irá reger o relacionamento entre as partes por décadas.

---

12. FICHTNER, José Antonio; MONTEIRO, André Luís. A cláusula compromissória nos contratos de adesão submetidos ao Código de Defesa do Consumidor cit., p. 29.

A mencionada *análise prévia* do contrato de previdência a ser firmado com uma EAPC diz com as regras que espelham a valorização do quanto vertido ao plano, as taxas que serão pagas, a gestão administrativa, as modalidades e a gestão dos investimentos, os percentuais etc., propiciando ao consumidor a escolha do plano de previdência que melhor lhe atenda os interesses, com ampla gama de possibilidades.

Dentro desse abrangente espectro de escolhas ofertada ao consumidor[13] que procura um plano de previdência comercializado pelas EAPC, pode estar também a oportunidade de um plano que resolva seus conflitos por meio do processo arbitral, ou mesmo o plano que contenha cláusula escalonada de mediação e arbitragem para a resolução dos futuros conflitos que podem emergir. E esse *diferencial*, resolução do conflito na jurisdição privada, pode ser o principal chamariz para uma gama de interessados que irão pactuar com tal entidade justamente por conta da utilização da arbitragem no contrato.

Fato é que não nos parece o melhor caminho a trilhar o da vedação, *em tese e a priori*, do uso da arbitragem para a resolução de conflitos na previdência complementar aberta, especialmente porque, assim elucubrando, se estaria a vedar a possibilidade de escolha por esse mecanismo de solução de conflitos ao consumidor-interessado adquirente do plano.

Além disso, também aqui se aplica a forte regulação do órgão estatal supervisor do mercado (a Susep), que, cumprindo

13. "Importante considerar também que o art. 54 do CDC, [...], fundiu numa única ideia aquilo que a doutrina vislumbrava uma diferenciação, ou seja, entre o contrato *de adesão* e o contrato *por* adesão, sendo o primeiro referente aos oligopólios e monopólios, onde a situação impõe ao aderente a impossibilidade de recusa, como ocorre, por exemplo, nas cláusulas gerais para o fornecimento de energia elétrica, e o segundo, nas situações em que o aderente detém a possibilidade de recusa, ou seja, há aceitação, em bloco, ou não, das condições gerais do contrato. A presente consideração, como já disse, não é válida apenas para os contratos de adesão no âmbito da relação de consumo, mas para qualquer situação em que ocorra tal forma de contratar" (COSTA, Nilton César Antunes da. A convenção de arbitragem no contrato de adesão cit., p. 123).

seu *mister*, deverá observar a legislação de regência e os atos normativos infralegais, como a Resolução CNSP n. 349/2017, que disciplina:

> Art. 84. Não poderão constar do Regulamento cláusulas coercitivas, desleais, abusivas, impostas, incompatíveis com a boa-fé e com a equidade, ou que estabeleçam obrigações iníquas, que coloquem o participante ou o assistido em desvantagem ou que contrariem a regulamentação e a regulação em vigor.
>
> Art. 85. As cláusulas que implicarem limitação de direito ao participante e ao assistido deverão ser redigidas com destaque, ou seja, com a utilização de tipo gráfico distinto das demais disposições contratuais, e em linguagem de fácil compreensão, permitindo sua imediata e fácil compreensão.
>
> [...]
>
> Art. 93. Não poderão constar do contrato cláusulas coercitivas, desleais, abusivas, impostas, incompatíveis com a boa-fé e com a equidade, ou que estabeleçam obrigações iníquas, que coloquem o participante ou assistido em desvantagem ou que contrariem a regulamentação e a regulação em vigor.

Portanto, o "contrato de adesão" para os planos de benefícios previdenciários sofre forte condicionamento estatal, por meio dos entes que têm como função a supervisão dos respectivos mercados, inclusive no que tange à regulação (como visto anteriormente), valendo acrescer que a forma de contratação e os regulamentos dos planos de benefícios são previamente aprovados pela Previc (entidades fechadas de previdência) e pela Susep (entidades abertas de previdência), o que significa que eventual cláusula que limite o direito do participante será rechaçada pelo órgão de fiscalização.

Tudo para concluir que é viável a indicação da arbitragem como método de solução dos conflitos que emergem do contrato de previdência complementar aberta, inclusive no que se refere à cláusula compromissória (na medida em que não nos parece em discussão a viabilidade do compromisso arbitral[14]).

Partindo da premissa de que o contrato de previdência privada, contendo cláusula arbitral, foi firmado com base na irrestrita autonomia privada, que o público característico dessas relações jurídicas tem conhecimento suficiente quanto ao conteúdo do pacto (lembrando que o *fechamento* desse tipo de contrato dificilmente se dá de forma imediatista, dada a extensa pesquisa que ordinariamente é realizada) e, ainda, que, em face da busca pelo melhor plano, pode estar inserta a vontade do participante em se submeter à jurisdição arbitral, não vemos motivos para se inibir a utilização de cláusula arbitral nessa espécie de contrato.

Sem prejuízo do quanto concluído, calha discutir se a regra do art. 4º, § 2º da LA deve ser aplicada integralmente para os casos ora analisados, na medida em que não se detecta, como *premissa*, a vulnerabilidade do aderente-participante. Para os casos de não vulnerabilidade, somados à liberdade de pacto, nos parece pouco lógico que, ato subsequente, seja conferida ao participante a possibilidade de escolha quanto ao que decidiu com liberdade.

14. O entendimento que se baseia aqui é no sentido de que toda a "amarração" que é realizada para a assinatura do contrato de adesão de consumo, que justifica a proteção contida no art. 54, VII, do CDC e no art. 4º, § 2º, da LA, cede terreno quando da posterior eclosão do conflito, quando o consumidor não estará premido por qualquer imposição advinda do *fornecedor*, bem como terá tempo necessário para buscar o auxílio técnico adequado. A *pressão* existente na assinatura do contrato e que fundamenta o arcabouço protetivo deixa de existir quando do cumprimento, momento em que, como dito, pode eclodir o conflito. Obviamente que, se o compromisso arbitral é firmado sob pressão e não emana da livre vontade do *consumidor*, ele será nulo, decorrência dos mesmos fundamentos já explicados para a hipótese quando analisamos a cláusula arbitral. Reforçando, tal nulidade se dá não por conta da *espécie* de contrato, mas porque tolheu o *consumidor* da indispensável vontade de se submeter ao processo arbitral.

Até porque essa "possibilidade de escolha" do juízo *ex post facto* pode levar à situação em que o aderente, depois de bem analisar os planos de previdência aberta que lhe são ofertados, resolve escolher justamente o plano que tem como *diferencial* a cláusula arbitral.

Com a execução do contrato, eclode o conflito relacionado aos débitos do participante junto à EAPC. Pretendendo mais *prazo* para tentar honrar suas dívidas, o participante inadimplente resolve trilhar o caminho do Poder Judiciário, que, em tese, é mais demorado para a resolução do conflito. Ou seja, referido participante tem a oportunidade de *escolher* o foro que melhor lhe socorre a estratégia, mesmo quando livremente havia optado pela jurisdição privada no bojo do contrato, em nítida ofensa ao princípio da boa-fé contratual.[15]

Não nos parece ser essa a *ratio legis*. Além disso, eventuais excessos contidos no contrato que emergiu o conflito também podem ser analisados pelo árbitro (especialista na matéria e que foi escolhido pelas próprias partes), que afastará as cláusulas que não contam com adequação normativa para a hipótese.[16]

---

15. "A convenção de arbitragem é parte integrante do contrato e compõe o seu equilíbrio econômico-financeiro. O contrato deve ser entendido como um todo que, se partido, será privado das características a ele conferidas pelos contratantes. Admitir que o terceiro pudesse se beneficiar do contrato e evitar a sujeição a determinadas cláusulas contratuais que lhe desfavoreceram iria contra os interesses das demais partes envolvidas, o que não é admissível por contrariar a boa-fé contratual. O princípio da autonomia privada não pode ser considerado como um obstáculo para a vinculação do beneficiário. Seria um contrassenso, pois isso criaria novos obstáculos à validade da convenção, quando o princípio da autonomia foi criado para assegurar essa validade" (CARDOSO, Paula Butti. *Limites subjetivos da convenção de arbitragem* cit., p. 124).
16. "Sem mecanismos adequados para garantir o exercício do poder dentro dos limites prescritos pela vontade das partes, a arbitragem deixaria de ser o exercício de um poder derivado para tornar-se um poder absoluto. Uma dose de *self-restraint* faz-se aqui necessária para garantir a própria continuidade da arbitragem. Paradoxalmente, ao afirmar sua competência de maneira excessiva, um tribunal arbitral pode acabar por reduzir, no longo prazo, o número de conflitos trazidos para a arbitragem. Sem um controle adequado, portanto, a efetividade da arbitragem sofre, pois atores racionais não querem se sujeitar a um sistema arbitrário" (RECENA COSTA, Guilherme. Partes e terceiros na arbitragem cit., p. 24).

Por outro lado, mesmo ante todas as especificidades já arguidas com relação ao contrato de previdência privada, não vislumbramos a possibilidade de se afastar as hipóteses que corporificam a condição de eficácia da cláusula compromissória para os contratos de adesão. A Lei de Arbitragem é válida e o art. 4º não padece de inconstitucionalidade a lhe usurpar os efeitos, motivo pelo qual deve ser observado. Conclusão diversa poderia ser adotada caso as EAPC observassem a regra condizente com o princípio democrático constitucionalmente imposto para o Sistema de Seguridade Social e, como observado (seção 1.2), para o subsistema de previdência privada.

Duas ponderações devem ser avaliadas em decorrência do quanto afirmado. A primeira é que a impossibilidade de centrar a resolução de conflitos no juízo arbitral, é dizer, a viabilidade de escolha entre juízo arbitral e estatal pelos participantes, pode redundar em maiores gastos por parte da EPC, na medida em que se impede uma especialização em determinado procedimento.

Além disso, o procedimento arbitral traz vantagens que não poderão ser incorporadas pela EPC, já que esta deverá permanecer litigando no juízo estatal quando assim optarem os participantes. Essa "não economia", ou melhor, esse gasto deverá ser suportado por todo o grupo de participantes do plano, o que também não deixa de ser mais um viés negativo para a ideia protetiva do art. 4º, § 2º, da LA.

A outra observação é que normalmente se *trata* o contrato de adesão como algo, em tese, *ruim* para aquele que não o autor das suas cláusulas. Como poderemos notar na seção 6.4, não é o que se percebe para os casos da arbitragem nos contratos de previdência privada, sendo essa mais uma nuance a ser considerada para este específico assunto.

Com essas considerações, e tendo em vista as características próprias de cada contrato de previdência privada, concluímos pela viabilidade jurídica de se firmar o pacto com cláusula de arbitragem em seu bojo, com aplicação do art. 4º, § 2º, da LA, para os contratos firmados pelas EAPC.

6.2 ENTIDADE DE PREVIDÊNCIA COMPLEMENTAR, PARTICIPANTE, PATROCINADOR/ INSTITUIDOR E ARBITRAGEM

Acabamos de concluir pela viabilidade de cláusulas arbitrais em contrato de previdência privada. A perspectiva adotada para se chegar a essa conclusão foi a da relação jurídica firmada entre a entidade de previdência e o participante. Mas o foco poderia ter sido outro, como a relação entabulada entre a entidade de previdência e o patrocinador/instituidor.

A patrocinadora que se *junta* à EPC por meio do chamado convênio de adesão, que, como o próprio nome indica, conta com cláusulas padronizadas, caso referido convênio estipule cláusula arbitral para a resolução dos conflitos dele decorrentes, também estaria acobertada pela proteção inserta no art. 4º, § 2º, da LA?

Quanto ao ponto, leciona Thiago Rodovalho:[17]

> Assim sendo, essa suposta e presumida "supremacia econômica do predisponente" não é necessariamente uma realidade presente a todo e qualquer contrato de adesão, situação essa que não tem passado despercebida pela doutrina. Sendo que, por esse raciocínio de presunção, poderíamos ter uma relação contratual em que, de um lado, figure como predisponente um pequeno comerciante (uma oficina, *v.g.*) e, de outro, uma multinacional, como aderente, e que gozaria de especial proteção do Estado, como se, "aprioristicamente", parte vulnerável fosse, o que nos parece, *venia concessa*, um equívoco.

17. *Cláusula arbitral nos contratos de adesão* – Contratos de adesão de consumo, contratos de adesão civis, contratos de adesão empresariais. Coimbra: Almedina. Edição do Kindle. p. 904.

> Deste modo, não queremos afirmar que não deve haver especial proteção ao contratante (quando hipossuficiente) no contrato de adesão. Deve haver sempre que houver de fato disparidade de forças (desigualdade econômica) e a hipossuficiência (vulnerabilidade) for "real". Contudo, quando não houver hipossuficiência (real), a interferência no contrato de adesão só deve ocorrer se a cláusula contratual impugnada conduzir, no caso concreto, a uma desigualdade ou vantagem juridicamente intolerável, é dizer, traduzir-se efetivamente em abuso, o que deve ser aferido pelo intérprete conforme as "circunstâncias fáticas do caso" e dos "usos e costumes comerciais daquele negócio jurídico em particular", dentro de um contexto global do contrato.

Pautado nos ensinamentos trazidos por Rodovalho, e assinalando nossa concordância, não vislumbramos a hipótese de se conferir o mesmo tratamento dado a um participante também à patrocinadora. É certo que, para a atuação dos efeitos do referido art. 4º da LA, não se exige a *vulnerabilidade*, mas a aplicação do quanto determinado pelo normativo poderia ensejar vantagem para a parte *mais forte* na relação contratual, em nítido desvirtuamento da *ratio legis*.

Portanto, entendemos que a cláusula arbitral, caso presente no convênio de adesão e desde que observados os requisitos básicos de validade quanto ao tema, terá aplicabilidade junto às partes pactuantes.

O âmbito de discussão trazido até o momento parte da premissa de que as partes que potencialmente poderão ser envolvidas no processo arbitral *firmaram* a convenção arbitral, ou seja, é desejo das partes que *aderiram* ao *pacto* arbitral se submeter a essa forma de resolução de conflitos.[18] E, na linha

18. "No plano do direito material, a discussão em torno do conceito de parte diz respeito, sobretudo, à relatividade dos contratos. Como manifestações da autonomia privada, as relações contratuais não podem gerar direitos e obrigações, em princípio, senão

de todo o desenvolvido até aqui, o que se tem é a participação no processo arbitral daqueles que firmaram a convenção arbitral, não estando inseridos nessa relação, ou melhor, no foco dado até o momento, os terceiros que não *pactuaram* com a referida convenção.

Não obstante a premissa clássica (a convenção vale para os que a *subscreveram*), há casos em que é possível o ingresso do terceiro no processo arbitral, por sua vontade e iniciativa, ou por vontade das partes, que franqueiam a possibilidade de participação.

Algumas poucas hipóteses (tendo em vista o escopo do presente trabalho) podem ser arguidas. A existência de inúmeras partes detentoras do direito material sob discussão gerará a necessidade de formação do litisconsórcio na relação processual, mas a pluralidade relacionada ao direito material não é a única porta de entrada do terceiro no processo arbitral, visto que aquele que é afetado pela decisão arbitral também se *legitima*.

Em consonância com o que se começa a explicar, sintetiza Guilherme Recena Costa:[19]

> Já se disse, convindo repetir a lição, que "a regra que deveria presidir a outorga aos terceiros da legitimidade para intervir em processo alheio seria a que estabelecesse um justo equilíbrio entre a lesividade do prejuízo emergente de tal processo para o terceiro e as consequências negativas para as partes, da intervenção desse terceiro no processo". É essa orientação que baliza e confirma o acerto das soluções aqui propostas. O

---

para aqueles sujeitos que, de alguma forma, manifestaram a vontade de contratar ou ingressaram na situação substancial por força de algum mecanismo de sucessão ou transferência. A relatividade restringe os efeitos contratuais às partes (e sujeitos a estas equiparados), excluindo, via de regra, terceiros de seu alcance" (RECENA COSTA, Guilherme. *Partes e terceiros na arbitragem* cit., p. 56).

19. RECENA COSTA, Guilherme. *Partes e terceiros na arbitragem* cit., p. 203.

terceiro atingido inexoravelmente pelos efeitos reflexos da sentença ostenta prejuízo que o legitima a intervir como assistente, ainda que contra a vontade das partes. A necessidade de tutela de seu direito prepondera sobre os interesses dos contraentes. Por outro lado, a balança pesa contra a intervenção do assistente que deseja ingressar por meras razões de conveniência e oportunidade: inexistindo prejuízo, deve prevalecer o interesse das partes, traduzido na expectativa contratual de que o litígio seja resolvido por meio de um processo privado.

Atendo-se à análise panorâmica quanto ao tema, o que se tem é que, em face de direito material *incindível* que não conta com a participação de todos os legitimados no processo arbitral, porque a convenção foi firmada por *um*, ou *alguns*, dos detentores do referido direito material, tem-se que o processo arbitral não produzirá os efeitos desejados, na verdade, o prosseguimento do processo se mostrará inútil. Para a hipótese, portanto, a negativa de um dos detentores do direito material incindível (hipótese de litisconsórcio unitário[20]) em participar da arbitragem inviabiliza a formação do processo, muito mais, o seu prosseguimento.[21]

20. "É possível, então, definir litisconsórcio unitário como aquele que se constitui, do lado ativo ou do passivo, entre pessoas para as quais há de ser obrigatoriamente uniforme, em seu conteúdo, a decisão de mérito. Ao litisconsórcio unitário opõe-se o litisconsórcio *comum*. Comum é o litisconsórcio quando se pode dar tratamento heterogêneo, na decisão de mérito, aos vários co-autores ou co-réus" (MOREIRA, José Carlos Barbosa. *Litisconsórcio unitário*. Rio de Janeiro: Forense, 1972. p. 129).

21. "A admissibilidade de intervenção de terceiros na arbitragem é controversa. O terceiro é um sujeito que não consentiu, de qualquer forma, expressa ou tacitamente, com a convenção. Em decorrência da ausência de consentimento, a integração de terceiros ao procedimento arbitral, em regra, não será possível. Se a participação do terceiro for imprescindível ao desenvolvimento do procedimento, este deverá ser extinto pelo árbitro. A intervenção do terceiro na arbitragem apenas será possível a título de exceção, se com isso consentirem todos, terceiros, partes e árbitros, no momento em que se pleitear a intervenção" (CARDOSO, Paula Butti. *Limites subjetivos da convenção de arbitragem* cit., p. 28).

Já para os casos de litisconsórcio *não unitário*[22] abrem-se algumas hipóteses. A primeira delas quando o terceiro também subscreveu a convenção arbitral, logo, não trazendo maiores problemas quanto à sua entrada na lide arbitral. Contrariamente, quando o terceiro não firmou a convenção arbitral, há a possibilidade de integração "não forçada" do terceiro nos autos, sendo que, caso ele se recuse a participar, haverá a *possibilidade* de a sentença arbitral ser modulada para disciplinar direitos que se restrinjam às partes constantes no processo arbitral,[23] ou então, caso contrário, novamente é um processo que deve ser extinto, pois sem qualquer efetividade caso não ingresse na relação processual o terceiro recalcitrante.[24]

Quanto àquele que pode ser atingido, ainda que reflexamente pela sentença arbitral, entendemos legitimado (caso queira) o seu ingresso no processo arbitral na condição de assistente.

O E. Superior Tribunal de Justiça já teve oportunidade de analisar caso que ilustra a hipótese acima traçada. No Conflito de Competência 139.510/RJ (2015/0076635-2), relatora para o acórdão a Ministra Regina Helena Costa, o pano de fundo era o contrato de concessão firmado entre a Agência Nacional do

---

22. "[...] a distinção entre os conceitos de *indispensabilidade* do litisconsórcio e de '*unitariedade* da prestação jurisdicional', que ocorre quando 'o juiz não pode dar sorte diferente, no plano do direito material, às partes litisconsorciadas'. Lá, tem-se o litisconsórcio *necessário*; aqui, o *unitário*. A indispensabilidade não importa forçosamente unitariedade: o ponto, capital para evitar mal-entendidos, é daqueles em que mais insiste o autor. Quer dizer: nem todo litisconsórcio *necessário* (indispensável) é *unitário*. Por outro lado, registra-se – conquanto sem chamar para o fato a atenção que fora de mister – a existência de casos em que a solução do litígio não pode deixar de ser homogênea, *apesar de facultativo o litisconsórcio*" MOREIRA, José Carlos Barbosa. *Litisconsórcio unitário* cit., p. 121.

23. Carmona adota posição mais rigorosa: "parece ser a questão menos difícil de resolver: sendo imprescindível a presença na arbitragem de um terceiro que não firmou o compromisso ou que não celebrou o contrato em que se insere a cláusula compromissória, já se sabe que o processo arbitral não pode prosseguir, devendo ser providenciado o envolvimento do terceiro sob pena de o árbitro ter que extinguir o processo arbitral sem julgar o mérito" (CARMONA, Carlos Alberto. *Arbitragem e processo*: um comentário à Lei n. 9.307/96. 3. ed. rev., atual. e ampl. São Paulo: Atlas, 2009. p. 304. (Versão digital.)).

24. RECENA COSTA, Guilherme. *Partes e terceiros na arbitragem* cit., p. 188-195.

Petróleo, Gás Natural e Biocombustíveis - ANP e a Petróleo Brasileiro S/A - Petrobras, visando "Exploração, Desenvolvimento e Produção de Petróleo e Gás Natural no Bloco BC-60".

Ante o conflito emergente do referido contrato, a Petrobras, tendo em vista cláusula arbitral constante do pacto, instaurou procedimento arbitral em face da ANP. Para além da controvérsia advinda do fato de a ANP intentar a resolução do conflito na jurisdição estatal, o que foi afastado pelo v. *decisum*, reafirmado o princípio da competência-competência, também restou debatido nos autos o inconformismo do Estado do Espírito Santo, que sofreria os reflexos do quanto decidido no processo arbitral, mesmo não tendo subscrito a convenção arbitral.

Alegava referido Estado que não deveria ser submetido à sentença arbitral cuja cláusula não firmara, bem como não poderia ser impedido de demandar na jurisdição estatal na defesa dos seus interesses. A solução para tal impasse veio decidida nos seguintes termos:

> Nessa linha, considerando a evolução da natureza contratual para jurisdicional da atividade da arbitragem e o afastamento da jurisdição estatal, é possível a intervenção do Estado do Espirito Santo, na qualidade de terceiro interessado, decorrente da alegada alteração dos critérios de distribuição de *royalties*.

Nessa toada, questão interessante é avistada quando o conflito que iniciou o processo arbitral envolvendo EPC e participantes também tem relação com a patrocinadora ou instituidora. Há a possibilidade de a *patrocinadora* (por hipótese) ingressar na lide arbitral, mesmo não tendo firmada a convenção de arbitragem?

Novamente, segundo Guilherme Recena Costa,[25]

25. RECENA COSTA, Guilherme. *Partes e terceiros na arbitragem* cit., p. 27.

> [...] pode haver situações em que: a) um não signatário procura valer-se da convenção de arbitragem *inter alios*, obrigando um signatário a arbitrar com ele o litígio; ou, inversamente, b) um signatário pretende submeter um não signatário à arbitragem. Põe-se em relevo a diferença fundamental entre o terceiro que não concorda em participar da arbitragem (*unwilling non-signatory*) e o terceiro que está disposto a participar da arbitragem (*willing non-signatory*).

Já de antemão afastaremos a hipótese de a patrocinadora também ter firmado a convenção arbitral, pois, como visto, tal fato por si só já a credenciaria a ingressar no processo – havendo interesse, obviamente.

A primeira perspectiva a ser abordada para responder ao questionamento diz com o interesse da *patrocinadora* no litígio, melhor esclarecendo, o interesse da patrocinadora em participar de processo arbitral que pode lhe gerar dano reflexo.

Para tais casos, nos moldes das hipóteses aventadas *supra*, não vislumbramos óbice ao ingresso, que conta com o respaldo jurisprudencial anteriormente epigrafado.[26]

Hipótese mais complexa diz quando as partes (mantendo o exemplo: EPC e participantes) querem o ingresso da patrocinadora (que não firmou a convenção arbitral) na arbitragem que está sendo desenvolvida, e esta, por sua vez, não tem interesse em se juntar ao procedimento privado.

26. "O caráter consensual da arbitragem é o primeiro aspecto que deve ser considerado quando da análise dos limites subjetivos da convenção da arbitragem. O que determina a condição de parte é o consentimento. Por isso, o fato de um sujeito não ser um signatário, no sentido exato da expressão, não impede que seja parte, desde que com isso tenha consentido, mesmo que tacitamente. Em outras palavras, o não signatário poderá ser parte da convenção de arbitragem embora não tenha manifestado expressamente, por escrito, sua vontade de se vincular a ela, desde que o tenha feito por meio de atos e comportamentos que demonstrem de forma inequívoca o seu consentimento" (CARDOSO, Paula Butti. *Limites subjetivos da convenção de arbitragem* cit., p. 17).

Como já assinalamos no início deste trabalho, o contrato de previdência privada é um pacto complexo, que envolve a adesão dos participantes a um contrato que os inserirá num plano de benefícios com regramentos próprios, mas também pode contar com um patrocinador que, muitas vezes, deu início ao *processo* e foi quem firmou o convênio de adesão com a EPC.

Tal modelagem, que intitulamos *complexa*, pode ser entendida também como um contrato coligado, na medida em que este é definido

> [...] pela união de uma pluralidade de contratos individualizados, que se prestam a uma única finalidade, ou melhor, à realização de uma única operação econômica. Os contratos continuam a possuir um objeto individual e conservam a sua estrutura, aplicando-se-lhes o conjunto de regras próprias do tipo a que se ajustam, mas o objeto final a ser alcançado pelas partes apenas será atingido pela consecução do objeto de todos os contratos em conjunto, ou seja, os contratos visam à realização de uma operação complexa, porém unitária. O contrato passa a ser um instrumento para a realização de um negócio mais amplo visado pelas partes – há uma finalidade negocial supracontratual – de forma que a existência desses contratos não se explica senão em decorrência dessa finalidade comum.[27]

Contratos coligados, portanto, são aqueles que mantêm a individualidade própria de cada pacto, podem desdobrar-se em partes distintas, mas contam com uma relação recíproca, mantendo a característica de complementariedade de um em relação ao outro, e possui uma finalidade comum, que só é realizada por meio da execução simbiótica de ambos.

27. CARDOSO, Paula Butti. *Limites subjetivos da convenção de arbitragem* cit., p. 74-75.

Sendo assim, nos parece razoável afirmar que os contratos coligados podem corporificar exceção ao princípio da relatividade contratual, que limita os efeitos emanados dos *pactos* às partes que os firmaram.[28]

Diante de todas essas características, a resolução dos conflitos advindos de qualquer dos contratos conta com o interesse de todos, e, ante os fins vislumbrados (a "supracontratualidade"), a decisão deve ser unitária, única, sob pena de, em não o sendo (*e.g.*, decisões contraditórias advindas da justiça estatal e arbitral), gerar prejuízo a todos os envolvidos, ou mesmo inviabilizar o propósito contratual.

Não obstante todo o articulado, e começando a responder a hipótese em forma de questionamento acima formulada, não será possível atrair a parte que não firmou a convenção de arbitragem para o processo privado, ainda que seja parte em um contrato coligado. O motivo é simples e vem sendo insistentemente sustentado neste trabalho: não se detecta a vontade da parte em se submeter à arbitragem, motivo suficiente para não ser *forçada* a *litigar* na jurisdição privada.

Contrariamente, caso haja convenção arbitral nos contratos distintos, envolvendo as diferentes partes, há possibilidade de processamento único na arbitragem.

Vale ainda perscrutar se a doutrina americana do *Estoppel*,[29] aplicada à análise ora subscrita, implicaria em alguma alteração na conclusão.

---

28. CARDOSO, Paula Butti. *Limites subjetivos da convenção de arbitragem* cit., p. 80.
29. "As decisões dos tribunais norte-americanos que se fundamentam no *estoppel* são um reflexo da política favorável à arbitragem adotada naquele país. Esses tribunais, em prol da chamada *federal policy in favor of arbitration*, têm determinado a vinculação do maior número possível de indivíduos à convenção de arbitragem, muitas vezes independentemente da existência de consentimento, tácito ou expresso. Nessa linha de raciocínio, em havendo convenção, haverá uma presunção da existência de vontade das partes de submeter à arbitragem todas as disputas relacionadas ao contrato, a não ser que a redação da convenção imponha uma interpretação restritiva. A aplicação do *estoppel* tem como objetivo conferir mais força a essa presunção, estabelecendo critérios para identificar o consentimento das partes" (Idem, p. 133).

Importante inicialmente destacar que, não obstante o *arrastamento* que o *estoppel* acaba realizando para levar as partes à arbitragem, ele parte da análise *indispensável* do *consentimento* dos envolvidos na submissão ao processo arbitral. Pode-se dizer que o que diferencia a doutrina do *estoppel*, para além da política americana *pro arbitragem*, é a técnica desenvolvida para a verificação da intenção da parte em se submeter à jurisdição privada, especialmente tendo em vista a complexidade de relações jurídicas que pode se formar entre as partes envolvidas no conflito.

O *estoppel* vem fundado na boa-fé contratual e na vedação do *venire contra factum proprium.*[30] Das várias modalidades de *estoppel*, a de maior interesse para a discussão ora apresentada é o *direct-benefit estoppel*, que implica na vinculação de determinada pessoa que não firmou a cláusula arbitral em determinado contrato, mas dele se beneficia diretamente. Tal *benefício direto* do contrato firma o envolvimento daquele que não subscreveu a convenção arbitral constante desse mesmo contrato, no caso de lide a ser desenvolvida na jurisdição privada, é dizer, "[...] quando uma parte invoca os direitos com base em um determinado contrato será impedida (*estopped*) de negar que é parte da convenção de arbitragem nele contida".[31]

Há possibilidade de utilização de referida doutrina no direito brasileiro, não necessariamente partindo da doutrina estadunidense, mas com fundamento na boa-fé objetiva e no *venire contra factum proprium*. Todavia, não no caso ora sob análise. Ainda que se leve em consideração a *complexidade* da relação jurídica que envolve os participantes, não se pode dizer que o patrocinador conte com *benefício direto* da relação entabulada entre EPC e participantes, aliás, tal elucubração, de certa forma, finda por contrariar a ideia de contrato coligado.

30. CARDOSO, Paula Butti. *Limites subjetivos da convenção de arbitragem* cit., p. 134.
31. Idem, p. 135.

Da hipótese dos vários contratos, simbioticamente voltados para um único objetivo, não se abstrai *vantagem* decorrente para qualquer das partes, no sentido de identificar a *conivência* com cláusula arbitral que não firmou. Portanto, mesmo diante da doutrina do *estoppel* (ou da boa-fé objetiva e do *venire contra factum proprium*), também não se vislumbra a possibilidade de submissão da parte (no exemplo, a patrocinadora) que não firmou a convenção de arbitragem à jurisdição privada.

6.3 A ARBITRAGEM E OS DIREITOS COLETIVOS[32] (ARBITRAGEM COLETIVA – *CLASS*[33] *ARBITRATION*[34])

As relações jurídicas que se desenvolvem na previdência privada muitas vezes gerarão direitos, ou deveres, que serão

32. "[...] Coletivos são os direitos transindividuais e materialmente indivisíveis, e como tal são tutelados, assim chamados por Barbosa Moreira, como caracterizadores dos 'litígios essencialmente coletivos'. De outra espécie são os direitos que, nada obstante individuais, são tratados de forma coletiva, haja vista que ligados por um elemento que assim permite a sua tutela, e, por essa razão, há quem os chame de 'acidentalmente coletivos'. No primeiro grupo, encontram-se os direitos difusos e os coletivos *stricto sensu*. No segundo, os individuais homogêneos. Essa a terminologia/divisão utilizada pelo Código de Defesa do Consumidor e adotada por grande parte da doutrina especializada" (MARIANI, Rômulo Greff. *Arbitragens coletivas no Brasil*. São Paulo: Atlas, 2015. p. 34. (Coleção Atlas de Arbitragem / coordenação Carlos Alberto Carmona.)).

33. "Embora não haja direitos materialmente coletivos, a doutrina denomina *public interest litigation* litígios veiculados por *class actions* que tem grande repercussão social e visam a implementar políticas públicas de forma indireta num caso concreto. Não significa um conflito abstrato de direito público, pois precisa traduzir-se sempre em uma controvérsia com lesados concretos. Se forem muitos os interessados ou atingidos, permite-se processualmente a formação de uma *class action*, na qual estes podem ser representados por um dos lesados ou um conjunto deles. O importante é que o litígio possa ser reduzível a pelo menos um indivíduo. Ainda que o espectro da coisa julgada seja amplíssimo e o número de interessados incalculável, no momento da propositura da ação, é necessário pinçar um dos atingidos pelo ato ilícito do réu e este ser nomeado *adequate representantive* do grupo, preenchidos alguns requisitos legais e judiciais. Esse sujeito tem de estar apto, no entanto, a, em tese, propor uma ação individual no caso, do contrário, não há *standing*" (LEAL, Márcio Flávio Mafra. *Ações coletivas*. São Paulo: Revista dos Tribunais, 2014. p. 1586. Edição do Kindle.).

34. "A *Class Arbitration*, instituto tipicamente originado no direito norte-americano, é a primeira forma de arbitragem em grande escala, envolvendo um ou mais autores que, valendo-se de sua capacidade representativa, ajuízam ação em nome de um grupo de indivíduos que podem ser identificados ou identificáveis no início da arbitragem" (NERY, Ana Luiza. *Arbitragem coletiva*. São Paulo: Revista dos Tribunais, 2016. p. 157).

comuns a todo o grupo de participantes de um plano de previdência. Já tivemos a oportunidade de analisar como a *padronização* de certos direitos, ou no modo como são reguladas as relações jurídicas daqueles que são inseridos em um plano de previdência privada, é importante para o próprio equilíbrio do plano e a consecução dos seus objetivos.

Essa padronização no relacionamento, como já adiantado, pode gerar *direitos* ou *deveres* que recairão por todo esse conjunto de participantes submetidos às mesmas condições normativas, o que pode *credenciá-los* a desenvolver atividades que envolvam todo esse *grupo, categoria ou classe* de pessoas.

Contudo, antes de prosseguir no raciocínio, é importante bem delinear a respeito de *quais* direitos coletivos (transindividuais[35] ou coletivos *lato sensu*) estamos nos referindo, é dizer, se são direitos *difusos, coletivos (stricto sensu)*[36] ou os chama-

35. "Entre o *interesse público* e o *interesse privado*, há, pois, *interesses transindividuais* ou *coletivos*, referentes a um grupo de pessoas (como os condôminos de um edifício, os sócios de uma empresa, os membros de uma equipe esportiva, os empregados do mesmo patrão). São interesses que excedem o âmbito estritamente individual mas não chegam a constituir interesse público.

Mas sob o aspecto processual, o que caracteriza os interesses transindividuais, ou de grupo, não é apenas, porém, o fato de serem compartilhados por diversos titulares, reunidos pela mesma relação jurídica ou fática, mas, mais do isso, é a circunstância de que a ordem jurídica reconhece a necessidade de que sua defesa individual seja substituída por uma defesa coletiva, em proveito de todo o grupo" (MAZZILLI, Hugo Nigro. *A defesa dos interesses difusos em juízo*: meio ambiente, consumidor e outros interesses difusos e coletivos. 12. ed. rev., ampl. e atual. São Paulo: Saraiva, 2000. p. 43-44).

36. "Em sentido lato, ou seja, de maneira mais abrangente, a expressão *interesses coletivos* refere-se a interesses transindividuais, de grupos, classes ou categorias de pessoas. Nesse sentido mais abrangente é que a Constituição referiu-se a *direitos coletivos* em seu Título II, ou a *interesses coletivos*, em seu art. 129, III; nesse sentido largo é que o próprio CDC disciplina a ação *coletiva*, que se presta não só à defesa de direitos coletivos, mas também de direitos e interesses difusos e individuais homogêneos.

O CDC, entretanto, introduziu também um conceito mais restrito de interesses coletivos. *Coletivos*, para ele, são interesses transindividuais indivisíveis de um grupo determinado ou determinável, reunido por uma relação jurídica básica comum" (MAZZILLI, Hugo Nigro. *A defesa dos interesses difusos em juízo*: meio ambiente, consumidor e outros interesses difusos e coletivos cit., p. 46).

dos direitos *individuais homogêneos*. Para bem desenvolver a identificação que ora se intenta, é necessária a compreensão dos institutos que acabamos de mencionar.

Importante cuidado a ser adotado, inicialmente, é não confundir a tutela de direitos coletivos, que são *transindividuais* (não há possibilidade de fracionar unitariamente o grupo coletivo para identificar o detentor do direito, o titular não é "determinado") e com objeto materialmente indivisível, com a defesa coletiva de direitos,[37] voltada para a defesa dos direitos individuais homogêneos que, como o próprio nome diz, são direitos subjetivos *individuais* que contam com uma relação de *afinidade* a lhes qualificar a ideia de *homogeneidade*.

Os direitos coletivos têm como função a defesa dos interesses públicos, gerais ou difusos. Para essa espécie de ação coletiva é indiferente a quantidade de pessoas atingidas, devendo a atenção estar voltada para a ordem jurídica violada. Nesse diapasão, quanto maior o número de interessados com direitos violados, cresce em *objetividade* a natureza da tutela. A *dessubjetivização* é instrumento de agrupamento de numerosos interessados, logo, os titulares são considerados indeterminados.[38]

Direito coletivo é expressão que abarca os direitos difusos e os coletivos *stricto sensu*, e pertence a um grupo de pessoas, uma classe, coletividade ou mesmo a toda a sociedade. Já os direitos individuais homogêneos (também interesses coletivos)

37. ZAVASCKI, Teori Albino. *Processo coletivo*: tutela de direitos coletivos e tutela coletiva de direitos. Orientador Carlos Alberto Alvaro de Oliveira. Porto Alegre, 2005. Tese (Doutorado – Programa de Pós-Graduação em Direito) – Faculdade de Direito, Universidade Federal do Rio Grande do Sul, Porto Alegre, 2005. p. 26.

38. "Se ninguém é titular de um direito difuso individualmente, obviamente que o autor coletivo não está na "representação" ou "substituição" processual de alguma pessoa concreta. Assim, ao contrário das ações coletivas em sentido estrito e para tutela de interesses individuais homogêneos, em que se enxergam os titulares do direito material posto em juízo, é equivocado se falar em representação adequada na tutela de direito difuso. O autor coletivo, nesse caso, haure da lei diretamente o poder de agir, sem ter de se referir ou representar qualquer grupo" (LEAL, Márcio Flávio Mafra. *Ações coletivas* cit., p. 1822).

são, como o próprio nome diz, direitos subjetivos *individuais* que contam com uma relação de afinidade a lhes qualificar a ideia de homogeneidade.[39]

Por conta da distinção, alerta Teori Zavascki[40] que,

> Para fins de tutela jurisdicional coletiva, não faz sentido, portanto, sua versão singular (um único direito homogêneo), já que a marca da homogeneidade supõe, necessariamente, uma relação de referência com outros direitos individuais assemelhados. Há, é certo, nessa compreensão, uma pluralidade de titulares, como ocorre nos direitos transindividuais; porém, diferentemente desses (que são indivisíveis e seus titulares são indeterminados), a pluralidade, nos direitos individuais homogêneos, não é somente dos sujeitos (que são determinados), mas também do objeto material, que é divisível e pode ser decomposto em unidades autônomas, com titularidade própria. Não se trata, pois, de uma nova espécie de direito material. [...]. Quando se fala, pois, em "defesa coletiva" ou em "tutela coletiva" de direitos homogêneos, o que se está qualificando como coletivo não é o direito material tutelado, mas sim o modo de tutelá-lo, o instrumento de sua defesa.

O acima articulado se amolda à definição legal, expressa no Código de Defesa do Consumidor (Lei n. 8.078/1990), que rege as relações não apenas para esse microssistema, mas também espraia seu conteúdo para todo o ordenamento jurídico.

Referida lei define os direitos difusos e os coletivos *stricto sensu* como sendo os "interesses ou direitos difusos, assim

39. "Trata-se de interesses de pessoas concretas ou determináveis, indivíduos que, em tese, poderiam ou podem levar seu conflito ao tribunal autonomamente. Entretanto, por razões de natureza política, social e econômica ou de facilitação de acesso à Justiça, o legislador permite o processamento unitário da questão" (Idem, p. 1033).

40. ZAVASCKI, Teori Albino. *Processo coletivo*: tutela de direitos coletivos e tutela coletiva de direitos cit., p. 27-28.

entendidos, para efeitos deste código, os transindividuais, de natureza indivisível". Prossegue a definição legal, desta vez com distinção para cada uma das relações, expressando que os *titulares* dos direitos difusos são pessoas "indeterminadas e ligadas por circunstâncias de fato"; enquanto para os direitos coletivos a titularidade recai para o "grupo, categoria ou classe de pessoas ligadas entre si ou com a parte contrária por uma relação jurídica base".

Já os direitos individuais homogêneos, na expressa dicção do Código, são os *entendidos como decorrentes de origem comum*. Acresce Teori Zavascki,[41] para melhor compreensão do conceito, dizendo que

> [...] poder-se-ia adicionar, [...], os qualificativos do artigo 46 do CPC:[42] direitos derivados "do mesmo fundamento de fato ou de direito" (inciso II) ou que tenham, entre si, relação de afinidade "por um ponto comum de fato ou de direito" (inciso IV).

Transladando a ideia para a matéria objeto do presente trabalho, exemplificamos dizendo que o aumento irregular, ou ilegal, de determinada contribuição de entidade de previdência complementar, ou mesmo o repasse da lucratividade advinda das aplicações desenvolvidas pela EPC em dissonância com o normatizado no respectivo regulamento, gera interesse coletivo à reparação por parte de todos os participantes e beneficiários envoltos por essa mesma relação jurídica.

Atendo-se ainda ao exemplo anteriormente formulado, tem-se que o interesse em corrigir a ilegalidade ou a irregularidade é indivisível e não quantificável, isso porque a *ilegalidade*

41. ZAVASCKI, Teori Albino. *Processo coletivo*: tutela de direitos coletivos e tutela coletiva de direitos cit., p. 29.
42. A menção ao art. 46 é referente ao Código de Processo Civil de 1973, mas a redação encontra identidade no Código de Processo Civil de 2015, no art. 113.

não pode ser sopesada de forma diferente para os atingidos, ela os atinge por igual, independentemente do quanto esses participantes tenham em suas contas individualizadas nos fundos de previdência.

Todavia, é divisível e identificável a repetição do indébito de quem pagou a maior, ou de quem recebeu o impacto da irregular falta de repasse advindo dos lucros gerados pelas aplicações dos planos.

A *luta* pelo reconhecimento da *ilegalidade* é interesse coletivo; a consequência pecuniária da ilegalidade é interesse *individual homogêneo*. Certamente ambos os interesses podem ser pedidos na mesma *ação coletiva*,[43] sob pena de *perder* a agilidade lógica que é ínsita a esse tipo de *ação*.

Os eventuais óbices à implementação da arbitragem coletiva no âmbito do subsistema de previdência privada são os já analisados neste trabalho, especialmente os que dizem respeito ao contrato padronizado (e de consumo).

Apresentando novos argumentos impeditivos à arbitragem coletiva, André Roque[44] salienta que,

> [...] embora livremente negociadas as condições contratuais, as cláusulas compromissórias nesses contratos fossem todas suficientemente semelhantes a ponto de suportar o processamento coletivo (especialmente no que se refere à forma de nomeação dos árbitros, à instituição de arbitragem que administraria o procedimento, o direito material aplicável e o procedimento arbitral ajustado). E mais do que isso: seria preciso que ficasse

43. O exemplo supracitado é uma analogia do quanto desenvolvido por Hugo Nigro Mazzilli, em seu livro *A defesa dos interesses difusos em juízo*: meio ambiente, consumidor e outros interesses difusos e coletivos cit., p. 47.

44. ROQUE, Andre Vasconcelos. *Arbitragem de direitos coletivos no Brasil*: admissibilidade, finalidade e estrutura. Orientador: Prof. Dr. Aluisio Gonçalves de Castro Mendes. Tese (doutorado). Universidade do Estado do Rio de Janeiro, Faculdade de Direito, 2014. p. 195.

> evidenciada a concordância das partes em todos esses contratos com o próprio processamento coletivo, não se podendo extrair tal consentimento de uma convenção de arbitragem que diga respeito somente a procedimentos individuais.

Prossegue o referido autor trazendo mais uma característica do conflito que inviabilizaria a possibilidade de arbitragem coletiva. Explica o autor que

> [...] há um segundo motivo pelo qual seria inconveniente a celebração de uma convenção de arbitragem para fins de processamento coletivo. É que, como já se demonstrou (item 3.1.4, *supra*), a utilização do procedimento arbitral coletivo apenas se justifica em casos específicos, que versem sobre direitos patrimoniais e disponíveis, nos quais haja a perspectiva de evitar a litigiosidade seriada ou se exija alto grau de especialização dos julgadores. Como a cláusula compromissória é firmada antes de existir um litígio, não se poderia fazer essa avaliação antecipadamente, a não ser em situações peculiares, como os conflitos societários a que se aludiu.[45]

Com o máximo e devido respeito, discordamos de ambos os posicionamentos. Com relação ao primeiro ponto, não vislumbramos a necessidade de a cláusula arbitral, já de antemão, estipular em sua redação as condições ou a modulagem da eventual arbitragem coletiva. A lei não exige referido requisito, o que já se apresenta como forte indício da sua não necessidade e, pragmaticamente, também nas arbitragens coletivas há uma escolha do litigante em face das várias possibilidades que lhe são conferidas pelo sistema multiportas.[46]

---

45. ROQUE, Andre Vasconcelos. *Arbitragem de direitos coletivos no Brasil*: admissibilidade, finalidade e estrutura cit., p. 197.

46. Em sentido contrário já decidiu a Suprema Corte Estadunidense: "In Stolt-Nielsen, S.A. v. AnimalFeeds International Corp. this Court held that a court could not order arbitration

A cláusula arbitral não deve *transmutar* a depender do conflito. Ao contrário, a escolha daqueles que firmaram a cláusula já foi feita, é o juízo privado, o negócio jurídico que espelha a cláusula é que deverá se *amoldar* à vontade já expressa pelas partes e aos mais diversos conflitos que lhe poderão aparecer pela frente.

Quanto ao segundo ponto, novamente têm-se para o quanto estudado até o momento a disponibilidade do direito e o fato de que a arbitragem (como a ação coletiva) evitará uma série de processos de mesmo teor, pleiteando o mesmo objeto.[47] Ainda que se queira discutir sobre a arbitrabilidade dos direitos transindividuais, fato é que o pleito encetado na arbitragem é a recomposição do dano condizente com a ilegalidade/irregularidade que ensejou, impropriamente, a diminuição do patrimônio dos participantes e beneficiários, plenamente disponível e patrimonial.[48] Tanto o é que não se vislumbraria qualquer problema se algum dos participantes ou beneficiários não participassem do procedimento que visasse essa recomposição patrimonial, o que seria impossível em ações coletivas cujo objeto seja indivisível.

to proceed using class procedures unless there was a "contractual basis" for concluding that the parties have 'agreed to' class arbitration. 559 U.S. 662, 684 (2010) (emphasis in original). This Court explained that courts may not 'presume' such consent from 'mere silence on the issue of class arbitration' or 'from the fact of the parties' agreement to arbitrate" (Id. at 685, 687).

47. "Considerando-se como critérios para a definição da arbitrabilidade a relativa indisponibilidade e a transigibilidade do direito patrimonial, consoante exposto neste trabalho, é passível de submissão à arbitragem matéria de natureza transindividual desde que o pedido tenha natureza patrimonial" (NERY, Ana Luiza. *Arbitragem coletiva* cit., p. 239).

48. "Bernardo Lima defende a arbitrabilidade de conflitos envolvendo direitos individuais homogêneos com fundamento em sua essência individual e na possibilidade de discussão do aspecto econômico da violação do direito. Para o autor, o direito violado pode ser disponível ou indisponível, mas o objeto a ser alcançado com a indenização terá sempre, no plano individual, caráter disponível, razão pela qual a tutela coletiva de direitos individuais homogêneos pode ser prestada por árbitros" (NERY, Ana Luiza. *Arbitragem coletiva* cit., p. 240).

Sendo assim, adotamos o posicionamento de Ana Luiza Nery,[49] no sentido de que

> A cláusula compromissória para fins de arbitragem coletiva é mais uma forma de acesso à justiça, contribuindo para a resolução mais rápida e eficaz da lide. Desencorajar a utilização da arbitragem coletiva sob o argumento de que pode não ter tantos efeitos práticos igualmente vem na contramão do desenvolvimento dos métodos alternativos de solução de conflitos, além de se tratar de mera suposição, de argumento sem qualquer comprovação.

Argumentar aqui a impossibilidade da utilização da arbitragem coletiva para enfrentar eventual ilegalidade acometida em face de todos os participantes de um plano de previdência privada, sob o argumento de que isso implicaria na defesa de interesses coletivos *stricto sensu*, logo, indisponíveis, descura da diferença essencial entre os dois *interesses*: a limitação dos membros do grupo (que são determinados).

É óbvio que esse grupo, os participantes do plano de benefícios, tem como objetivo quando da referida contratação auferir *rendimentos* que suportem o padrão de vida do contratante do plano (ou da sua família) quando da inatividade.

Dúvida não haveria quanto à possibilidade do pleito por meio da arbitragem se o procedimento fosse individual, quando então a subsidiar o pedido principal de recomposição da lesão viria, subjacente, o afastamento da ilegalidade praticada.

Novamente, não se vislumbrando óbice na via do procedimento individual, anula-se a hipótese de discrímen, com os argumentos até então utilizados, para obstar a mesma via do juízo privado para a hipótese de ação coletiva.

---

49. NERY, Ana Luiza. *Arbitragem coletiva* cit., p. 237.

Sobre o assunto, define Rômulo Greff Mariani esse tipo de ação que estamos a analisar (envolvendo interesses coletivos *stricto sensu* e individuais homogêneos) como sendo *ações coletivas mistas*.[50] Em sua análise, aponta que as ações coletivas que tenham como pano de fundo interesses difusos ou coletivos *stricto sensu*, em regra, não ultrapassaram a análise positiva da arbitrabilidade, "[...] mesmo nas hipóteses em que consigo também carreguem litígio arbitrável, como seria o caso de tutela jurisdicional que tivesse por objeto direitos individuais homogêneos".[51]

Porém, prosseguindo no raciocínio e sem descurar do já alinhavado, conclui o autor salientando que, para os casos em que tais ações *mistas* forem levadas ao juízo privado, não há razões para obstaculizar todo o litígio, visto que

> Bastaria expurgar do seu objeto a tutela jurisdicional pleiteada com referência aos direitos difusos e coletivos *stricto sensu* que não ultrapassam o exame da sua arbitrabilidade. Quanto ao restante – e aqui se pensa em especial na tutela dos direitos individuais homogêneos –, cumpriria prosseguir com o processo arbitral.[52]

Questiona-se: e qual será, no processo arbitral, o fundamento para a recomposição do direito lesado (que é um

50. A assertiva decorre da constatação de que um mesmo fato pode dar origem a direitos de mais de uma espécie. Da violação de um direito na seara consumerista, pode-se pleitear que o ofensor cesse imediatamente a prática ilícita, pedido de natureza difusa, que se presta a tutelar uma coletividade indeterminada, a fim de que ela não tenha acesso ao produto oferecido. Na mesma hipótese, pode-se cogitar da possibilidade de que alguns consumidores já tenham sido lesados por meio da prática ilícita, o que também ensejaria a reparação em nível de direitos individuais homogêneos. E ao que aqui se pretende demonstrar, há de se reconhecer que esses pedidos – no exemplo dado, de natureza difusa e individual homogênea – podem ser cumulados numa mesma ação. Aqui, essas ações serão chamadas de "mistas" (MARIANI, Rômulo Greff. *Arbitragens coletivas no Brasil* cit., p. 80-81).

51. Idem, ibidem.

52. MARIANI, Rômulo Greff. *Arbitragens coletivas no Brasil* cit., p. 80-81.

interesse individual), que não, *e.g.*, a ilegalidade da conduta (interesse coletivo *stricto sensu*)?

O raciocínio mais está a corroborar o que já vínhamos desenvolvendo neste estudo, no sentido de que há plena viabilidade de trânsito de ação arbitral coletiva, que também tem como fundamento interesse coletivo *stricto sensu*, especialmente quando o resultado final do processo é um direito, um interesse individual homogêne,[53] sob pena de subverter toda a lógica de agilidade, celeridade e flexibilidade do procedimento arbitral, quando diante dos casos ora sob comento (previdência privada).[54]

Bem sintetiza a questão Mafra Leal explicitando que:

> [...] o conceito legal de interesse coletivo em sentido estrito, tal como definido na legislação brasileira, implica a tutela de direitos individuais agrupados, do mesmo modo que nas ações de interesses individuais homogêneos, com uma diferença em relação a este bem simples: não se trata de tutela indenizatória e, se o for, ela será uniforme para todo o grupo.
>
> O titular do direito material pode sozinho e sem maiores problemas ingressar em juízo para fazer valer o seu direito. Não há perda da titularidade individual do direito em questão em favor de uma pessoa coletiva. Entretanto, a situação jurídica dos envolvidos é tão semelhante ou

53. "Assim como no caso dos interesses coletivos em sentido estrito, materialmente, trata-se de direitos individuais, com credor determinado ou determinável, oriundos de responsabilidade civil, direitos do consumidor ou a este equiparável, conforme art. 17 do CDC. Tais direitos nada têm de especial em relação aos tradicionais de caráter patrimonial, apenas se dá um tratamento processual coletivizado, com as vantagens e desvantagens inerentes a esse processamento" (LEAL, Márcio Flávio Mafra. *Ações coletivas* cit., p. 7623).

54. "Os interesses coletivos em sentido estrito, tal como definido pelo Código de Defesa do Consumidor, referem-se a direitos materialmente individuais independentes um do outro, agrupados processualmente. Na verdade, não existem interesses coletivos como categoria material autônoma, característica que alguns reivindicam para os interesses difusos. Constituem-se as ações de grupo, assim, em pura construção processual de reunião de pretensões individuais e privadas, que podem muito bem ser tuteladas via ações individuais" (LEAL, Márcio Flávio Mafra. *Ações coletivas* cit., p. 6305).

> idêntica que uma solução uniforme (e, portanto, coletiva) se afigura altamente recomendável.[55]

Há que se concordar, portanto, com a viabilidade das ações arbitrais coletivas quando o pedido final espelha *indenização* de caráter disponível e plenamente identificável quanto aos detentores do respectivo direito advindo do contrato de previdência privada, sob pena de subversão de toda a lógica de ambos os sistemas (das tutelas coletivas e arbitral).

6.4 ARBITRAGEM INDIVIDUAL, ARBITRAGEM COLETIVA E OS EFEITOS DA DECISÃO ARBITRAL

Não se vislumbra impedimento para que, em virtude de irregularidade detectada, e que *pode* impactar todo o grupo de participantes de um plano de benefícios (mas que também gera *lesão* determinável, identificável e totalmente individualizável), determinado participante inicie procedimento arbitral visando a recomposição da lesão decorrente, tão somente defendo interesse próprio, ainda que haja pedido incidental que reflita matéria que poderia beneficiar todo o grupo conectado pela mesma relação jurídica (*e.g.*, uma possível ilegalidade). O *procedimento arbitral* individualizado, nesse caso, tem como objetivo a defesa de direito do participante.[56]

---

55. LEAL, Márcio Flávio Mafra. *Ações coletivas* cit., p. 6369.

56. "Já os direitos individuais homogêneos fazem parte da categoria dos direitos subjetivos. O objeto desses direitos é divisível, apesar da pluralidade de titulares. Em geral, são de natureza disponível. O direito individual homogêneo é, portanto, individualmente titularizado por cada integrante de uma pluralidade de pessoas e apresenta aspectos que o tornam idêntico ao de cada um dos demais. Essa natureza permite que a tutela jurisdicional desses direitos ocorra por iniciativa de um (ou mais) de seus titulares. Não obstante, por motivos de natureza política, social e econômica ou de facilitação de acesso à Justiça, é legalmente permitido que o litígio relativo a esses direitos seja processado de maneira unitária. Ou seja, existe a possibilidade de ação individual, mas sem que seja afastado o procedimento especial da ação civil coletiva nas hipóteses previstas em lei" (PEREIRA, Cesar; QUINTÃO, Luísa. *Arbitragem coletiva no Brasil*: a atuação de entidades representativas (art. 5º, XXI, da Constituição Federal). Disponível em: https://www.migalhas.com.br/arquivos/2015/9/art20150911-03.pdf. Acesso em: 26 abr. 2019).

Explanam quanto à viabilidade do acima aludido Cesar Pereira e Luísa Quintão,[57] ressaltando que,

> Diferentemente do que ocorre, portanto, com a tutela de direitos coletivos, que só é possível pela via coletiva, tutelar direitos individuais homogêneos mediante um procedimento arbitral coletivo, em sentido amplo, isto é, pela representação processual, é explorar um simples favor da lei. Esta confere a possibilidade de tutela desses direitos pela via individual, o que permite sua discussão em jurisdição arbitral. Nesse sentido, mesmo o tratamento coletivo não altera a essência dos direitos individuais homogêneos, que permanecem individuais.

Contudo, o ponto a ser observado é que referido procedimento pode ter seguimento acobertado pelo manto da confidencialidade. Não é ínsito ao procedimento arbitral o sigilo, mas também não é desconhecido que a esmagadora maioria das câmaras arbitrais (se não a totalidade) contam com a opção pelo procedimento confidencial em seus regulamentos (ressalvados os processos que têm a Administração Pública em um dos polos, por expressa disposição legal) – quanto ao tema, *vide* o quanto já desenvolvido na seção 5.6.

A confidencialidade do procedimento arbitral denota benefícios, mas também identifica prejuízos que são debatidos há anos, sem solução viável até o presente momento. Alguns temas findaram por angariar certa publicidade "obrigatória" no processo arbitral por conta da imperiosa transparência da informação decorrente do microssistema em que se desenvolvem (valendo questionar se tal necessidade não é premente a todo sistema), outros por imposição legal, como as arbitragens que envolvem a administração pública.

---

57. PEREIRA, Cesar; QUINTÃO, Luísa. *Arbitragem coletiva no Brasil*: a atuação de entidades representativas (art. 5º, XXI, da Constituição Federal) cit.

Os pontos nodais envolvendo a confidencialidade da arbitragem não serão objeto de estudo específico quanto ao tema desta seção, sob pena de ampliá-lo demasiadamente, mas, partindo das premissas supra-adotadas (o procedimento arbitral pode ser confidencial; há possibilidade de o participante, no exercício de interesse próprio, iniciar procedimento arbitral), o resultado é a possibilidade de correção de uma lesão, que, em tese, atinge a todos, apenas para um participante.

Em um primeiro olhar, se poderia entender que tal situação seria "ótima" para a EPC, na medida em que não teria (em hipótese) que *indenizar* a totalidade de participantes, mas apenas "um" deles. Porém, vemos tal situação como uma "bomba-relógio", na medida em que pode vir a lume, por diversas circunstâncias e meios (especialmente em um mundo cada vez mais *conectado*), em momento futuro, causando impacto de tamanha monta que pode colocar em risco a higidez e o equilíbrio do plano de benefícios e, quiçá, da própria entidade de previdência privada.

Nesse aspecto, o procedimento arbitral de natureza coletiva propicia duplo benefício a todos os envolvidos (inclusive à EPC), na medida em que o *problema* detectado poderá ser devidamente debatido por todos os envolvidos, com solução *rápida* e plenamente satisfatória (*vide* seção 5.3).

Outro importante benefício do processo arbitral coletivo destinado ao participante diz com o pagamento das custas do referido procedimento, na medida em que, a depender do *quantum* a se receber em decorrência da *indenização*, tal valor simplesmente seria totalmente dragado para o pagamento dos custos da arbitragem. Em verdade, novamente a depender do *montante indenizatório*, pode acontecer de o processo arbitral ser mais dispendioso do que o *valor* a ser recuperado (obviamente, todos esses exemplos para os casos em que a discussão repercute em valores monetários).

Com o processo coletivo arbitral, que conta com pouquíssima regulamentação das câmaras arbitrais até o momento,[58] o coletivo representativo dos participantes e beneficiários arcará com custo equivalente a "uma parte", é dizer, o rateio dos custos entre todos não só viabiliza o processo arbitral, como o torna consideravelmente econômico, além de garantir rapidez na recomposição da lesão econômica, mesmo que ela seja de pequena monta.

Obviamente que não se deve olvidar do conteúdo do art. 87 do Código de Defesa do Consumidor, que *isenta* do adiantamento de custas ou qualquer outra despesa por parte daquele que intenta litigar coletivamente, *isentando* também do pagamento no caso de eventual condenação, salvo nos casos de comprovada má-fé.

Isso significa que o processo arbitral se torna inviável economicamente tendo em vista o benefício legal da *isenção* dos custos do processo para a ação que tramitar na jurisdição estatal?

Entendemos que não. Os processos coletivos invariavelmente convolam em procedimentos de complexidade considerável, ante todas as circunstâncias que lhe são inerentes. A demora para um processo judicial ser concluído pode levar de sete a mais de dez anos,[59] valendo lembrar que a fase de execução do julgado advindo de ação coletiva normalmente é tão complexa quanto a fase de conhecimento, podendo levar período assemelhado para a sua conclusão, o que pode alongar consideravelmente o tempo de conclusão do procedimento coletivo.

Todo esse lapso também gera diversos impactos de caráter econômico, que vão desde a postergação da efetivação do direito buscado, que pode espelhar uma recomposição de

---

58. Sobre o assunto, vide: PEREIRA, Cesar; QUINTÃO, Luísa. *Arbitragem coletiva no Brasil*: a atuação de entidades representativas (art. 5º, XXI, da Constituição Federal) cit.

59. *Conselho Nacional de Justiça*: Justiça em Números 2018. Disponível em: http://www.cnj.jus.br/files/conteudo/arquivo/2018/09/8d9faee7812d35a58cee3d92d2df2f25.pdf. Acesso em: 24 abr. 2019. Ainda: NERY, Ana Luiza. *Arbitragem coletiva* cit., p. 284-286.

conteúdo monetário, até uma grave instabilidade no plano de benefícios, na medida em que os custos advindos do objeto da ação irão se avolumar, além da incerteza quanto à definição do que discutido nos autos. Tudo isso somado pode gerar um custo econômico que a *isenção* legal não consegue suplantar ou minimante equilibrar.[60] A verdade é que os cartórios estatais não estão devidamente estruturados para a execução de demandas coletivas com contingente expressivo de *representados* em um dos polos.[61]

Ressaltando-se, ainda, que a breve análise *supra* restringiu-se ao caráter *celeridade, duração razoável do processo*, uma análise comparativa de maior abrangência pode aumentar o abismo relacionado aos *custos* do processo.

Com relação aos efeitos da sentença arbitral quando proferida em ação *coletiva*,[62] vale sublinhar que o Código de Defesa do Consumidor confere efeito *erga omnes* às sentenças que envolvam conflitos que dizem respeito a interesses ou direitos difusos. Isso se dá porque os direitos difusos têm como beneficiados um plexo indeterminado de agentes com

60. "A razão que justificaria o pagamento de parte das despesas pelo colegitimado – com as quais não incorreria na ação judicial – ou pelo demandado seria a mesma: a maior eficiência do processo arbitral com relação ao judicial, ao abreviar consideravelmente o tempo de duração de uma demanda coletiva até a prolação de decisão definitiva e à especialidade dos árbitros que julgarão a causa" (NERY, Ana Luiza. *Arbitragem coletiva* cit., p. 286).

61. "Na prática, a liquidação de direitos individuais na sentença coletiva se tornou um dos problemas mais tormentosos que a jurisprudência vem enfrentando. Afora a questão discutida no tópico anterior, da falta de critérios e parâmetros da sentença que estabelece a condenação genérica, as diversas varas e seções judiciárias no Brasil não estão devidamente treinadas para gerenciar liquidações individuais maciças, pois isso pode levar até a inviabilização das secretarias, envoltas em milhares de processos, cálculos, produção de prova, impugnações" (LEAL, Márcio Flávio Mafra. *Ações coletivas* cit., p. 7948).

62. "A lei mitiga a coisa julgada nas ações civis pública e coletiva, de acordo com o resultado do processo (*secundum eventum litis*): a) em caso de procedência, haverá coisa julgada; b) em caso de improcedência por qualquer motivo que não seja a falta de provas, também haverá coisa julgada; c) em caso de improcedência por falta de provas, não haverá coisa julgada; outra ação poderá ser proposta, com base em nova prova" (MAZZILLI, Hugo Nigro. *A defesa dos interesses difusos em juízo*: meio ambiente, consumidor e outros interesses difusos e coletivos cit., p. 34-35).

interesses indivisíveis por natureza. Daí por que a eficácia necessariamente geral das decisões desse jaez.

Como já observado, a característica que gera o efeito *erga omnes* das sentenças proferidas nesse tipo de demanda é a mesma que inviabiliza o seu trâmite na arbitragem, que exige serem os litígios relativos a direitos patrimoniais disponíveis.

No caso da defesa de interesses coletivos *stricto sensu*, a mesma legislação consumerista diz que a sentença gerará efeitos *ultra partes*, e a razão (analogicamente) é a mesma que tecemos para as decisões relativas a direitos difusos, qual seja, a relação jurídica subjacente que une as partes (art. 81, II, do CDC).

Finalmente, no caso de interesses individuais homogêneos, a decisão produzirá efeitos *erga omnes* no caso de procedência do pedido, beneficiando os detentores dos direitos lesados e sucessores, desde que (art. 104 do CDC), havendo ação individual, seja requerida a suspensão no prazo determinado no referido normativo.

Para o que interessa ao estudo que se está a desenvolver, e tendo em vista as considerações já tecidas na seção anterior quanto ao assunto, tem-se que possível o requerimento para iniciar arbitragem coletiva envolvendo interesses coletivos *stricto sensu* com resultado que se delineará como direito individual.

Rememorando que a Lei de Arbitragem, em seu art. 18, esclarece que o árbitro é juiz de fato e de direito, tem-se que a sentença em processo arbitral coletivo produzirá os mesmos efeitos que produziria se a lide tivesse sido desenvolvida no processo estatal.

Significa dizer que processo coletivo decorrente de plano de benefícios pode gerar sentença arbitral com efeito *ultra partes* que aproveite a todos os participantes desse plano, exceção feita (e para os casos de improcedência do pedido) para aqueles que preferiram manter suas *ações* individuais (art. 104 do CDC).[63]

---

63. "Há, entretanto, duas exceções à regra constante do dispositivo transcrito: a) haverá coisa julgada, mesmo em caso de improcedência, em relação aos que, atendendo ao

Resolvido o conflito coletivo por meio de sentença arbitral, a execução, ou liquidação, do *decisum* pode se dar no próprio processo arbitral (obviamente para os casos de cumprimento espontâneo, ou de *mera liquidação* de valores, visto que, não sendo assim, será necessário acionar a justiça estatal), diante do tribunal arbitral (ou árbitro) constituído para o caso.[64]

Ainda quanto à fase de liquidação do julgado coletivo arbitral, explica Ana Luisa Nery que,

> Para além das situações em que é possível desde logo fixar na sentença o valor dos danos, os árbitros poderão se valer da flexibilidade do procedimento arbitral para, por exemplo, estabelecer uma fórmula aritmética para a apuração dos danos, passíveis de imediata execução, ou um valor mínimo de indenização, permitindo que eventuais membros dissidentes do grupo lancem mão da liquidação tradicional para pleitear montante mais elevado.
>
> Além disso, se já puderem ser determinados os membros do grupo envolvido, será possível determinar ao réu que, desde logo, efetue o pagamento das indenizações mediante depósito em instituição bancária, independentemente da burocrática instauração da fase de liquidação e de execução por iniciativa dos indivíduos beneficiados.[65]

---

edital referido no CDC 94, intervierem com litisconsortes, como se depreende do CDC 103 § 2º; e b) não haverá coisa julgada, mesmo em caso de procedência, em relação aos que preferiram manter em curso ações individuais paralelas à ação coletiva, como se depreende do CDC 104.

Assim, se for julgada improcedente, sem ter sido por deficiência da prova, não poderá vir a ser repetida ação coletiva. Já com relação à ação envolvendo direito individual homogêneo, muito embora não seja cabível a propositura de nova ação coletiva, cabe ação individual para aqueles que não participaram do processo" (NERY, Ana Luiza. *Arbitragem coletiva* cit., p. 266).

64. "Pode a convenção de arbitragem já prever que a fase liquidatória seja realizada no juízo arbitral. Em se tratando da liquidação no plano coletivo, deve o colegitimado que iniciou a demanda no juízo arbitral promover a liquidação da sentença perante o tribunal arbitral ou buscar o foro estatal para tanto" (NERY, Ana Luiza. *Arbitragem coletiva* cit., p. 276).

65. NERY, Ana Luiza. *Arbitragem coletiva* cit., p. 276.

De se notar, como já havíamos sublinhado neste capítulo, que, para além das qualidades ordinariamente lembradas para o procedimento arbitral, nos casos de demandas coletivas se somam à agilidade da análise, para controvérsias cuja definição e a estabilidade são prementes, também a flexibilidade na execução do que determinado na sentença arbitral passa a ser diferencial de considerável relevo.

CONCLUSÃO

O desenvolvimento do trabalho tal como planejado propiciou, *ab initio*, importante classificação da previdência privada, que também *importou* em grande desafio para o desenvolvimento doutrinário almejado. A análise histórica do instituto, sem perder de vista sua readequação topográfica constitucional (com a análise das consequências normativas decorrentes), que prosseguiu numa contemplação sistemática desse mesmo arcabouço normativo constitucional, redundou na importante conclusão de que a Seguridade Social é direito fundamental, regra que dá sustentáculo à dignidade humana, perfazendo, por expressa disposição constitucional, o que se pode denominar como direito social (expressão que, sinalizamos, busca sintetizar todo o peso normativo das características que já foram anteriormente citadas).

Em face de tal conclusão, o desafio da análise da viabilidade da utilização da arbitragem para temática tão sensível e cara para o sistema jurídico brasileiro foi superado positivamente, divisando a correta compreensão do quanto *indisponível*, eis que direito fundamental, e do quanto patrimonialmente negociável, *disponível*, eis que execução necessária da arquitetura jurídica que poderá gerar a proteção indispensável que se aglutina àquele direito.

Em verdade, notamos que a arbitragem, no mais das vezes, é instrumento que não descura da previdência privada, ao contrário, oferece características que fortalecem o regime, gerando proteção eficiente ao Sistema, que é importante faceta da proteção de direito fundamental.

Do enfrentamento das diferentes características dos *agentes* responsáveis pelo desenvolvimento da previdência privada (entidades *fechadas* e *abertas* de previdência complementar), o que redunda em feição protetiva diferente para os contratos que firmam, pudemos observar que a arbitragem é instrumento que se viabiliza em ambos os casos, com incidência mais contundente do quanto disposto no artigo 4º, § 2º, da LA para as EAPC.

O contorno condizente com a pluralidade de pessoas (*Participantes, Beneficiários e Assistidos*) possivelmente envolvidos em temática conflituosa (relação jurídica de previdência privada), ensejou análise que redundou não só na viabilidade da utilização da arbitragem, como também na observância de inúmeras características positivas advindas da opção por esse mecanismo de resolução de disputa.

Não suficiente a análise da resolução envolvendo a pluralidade de pessoas envolvidas na relação jurídica abstraída dos planos de benefícios, a análise das diferentes possibilidades (arbitragem individual ou coletiva) e dos efeitos decorrentes também restou consideravelmente satisfatória, na medida em que viabilizou a percepção das consequências dos vários caminhos possíveis para o enfrentamento do conflito.

O estudo também analisou as possibilidades oferecidas pela arbitragem com relação a terceiros que não firmaram a convenção arbitral, observação necessária em face aos efeitos antevistos da decisão arbitral. Utilizando da doutrina e jurisprudência atualizada, trazendo elementos do direito estrangeiro para cotejo das viabilidades, pudemos concluir no sentido da importância da participação do *interessado* no processo arbitral, mesmo sem a prévia anuência à convenção arbitral, tendo em vista o repique dos efeitos da decisão; como também observamos, para os demais terceiros, a importância em se manter incólume a autonomia privada, o respeito à vontade quanto à participação em processo de jurisdição privada, isso significando dizer da impossibilidade de participação *forçada* desse terceiro na arbitragem (contrariando doutrina estrangeira, mas respeitando os preceitos da doutrina pátria).

Ante todo o pormenorizadamente analisado, a conclusão que se chega é da viabilidade da arbitragem como ferramenta de resolução de conflitos no âmbito da previdência privada, com a eficácia que se necessita (e persegue) para a resolução desses *casos*.

REFERÊNCIAS

ALVIM, J.E. Carreira. *Direito arbitral.* 3. ed. Atualizada por Luciana Gontijo Carreira Alvim Cabral. Rio de Janeiro: Forense, 2007.

AMARAL FILHO, Léo do. *Previdência privada aberta.* São Paulo: Quartier Latin, 2005.

ARRUDA, Maria da Glória Chagas. *A previdência privada aberta como relação de consumo.* São Paulo: LTr, 2004.

BALERA, Wagner. *Competência jurisdicional na previdência privada.* São Paulo: Quartier Latin, 2006.

BALERA, Wagner. *Sistema de seguridade social.* 7. ed. São Paulo: LTr, 2014.

BALERA, Wagner (Coord.). *Comentários à Lei de Previdência Privada.* São Paulo: Quartier Latin, 2005.

BALERA, Wagner; FERNANDES, Thiago D'Avila. *Fundamentos da Seguridade Social.* São Paulo: LTr, 2015. Edição do Kindle.

BARROSO, Luís Roberto. *Curso de direito constitucional contemporâneo:* os conceitos fundamentais e a construção do novo modelo. 6. ed. São Paulo: Saraiva, 2017.

BARROSO, Luís Roberto. *Interpretação e aplicação da Constituição:* fundamentos de uma dogmática constitucional transformadora. 7. ed. rev. São Paulo: Saraiva, 2009.

BATISTA, Flávio Roberto. *Crítica da tecnologia dos direitos sociais:* uma contribuição materialista histórico-dialética. Tese (Doutorado). Universidade de São Paulo – Faculdade de Direito. São Paulo, 2012.

BERALDO, Leonardo de Faria. *Curso de arbitragem:* nos termos da Lei n. 9.307/96. São Paulo: Atlas, 2014.

BERBEL, Fábio Lopes Vilela. *Teoria geral da previdência privada.* Florianópolis: Conceito Editorial, 2012.

BERNSTEIN, Peter L. *Desafio aos deuses:* a fascinante história do risco. Trad. Ivo Korytowski. Rio de Janeiro: Campus, 1997.

CAHALI, Francisco José. *Curso de arbitragem:* mediação: conciliação: Tribunal Multiportas. 7. ed. rev., atual. e ampl. São Paulo: Thomson Reuters Brasil, 2018.

CARDOSO, Fábio Luiz Lopes Cardoso. *A influência do relatório Beveridge nas origens do Welfare State* (1942 – 1950). p. 01/02. Disponível em: http://sinteseeventos.com.br/bien/pt/papers/fabioluizlopesAINFLUENCIADORELATORIOBEVERIDGE.pdf. Acesso em: 2 fev. 2019.

CARDOSO, Paula Butti. *Limites subjetivos da convenção de arbitragem.* Orientador Carlos Alberto Carmona. São Paulo, 2013. Dissertação (Mestrado) – Programa de Pós-Graduação da Faculdade de Direito da Universidade de São Paulo, 2013.

CARMONA, Carlos Alberto. *Arbitragem e processo:* um comentário à Lei n. 9.307/96. 3. ed. rev., atual. e ampl. São Paulo: Atlas, 2009. (Versão digital.)

CARMONA, Carlos Alberto. *20 anos da Lei de Arbitragem:* homenagem a Petrônio R. Muniz. Coordenação Carlos Alberto Carmona, Selma Ferreira Lemes, Pedro Batista Martins. São Paulo: Atlas, 2017.

CARMONA, Carlos Alberto; LEMES, Selma Ferreira; MARTINS, Pedro Batista. *20 Anos da Lei de Arbitragem* – Homenagem a Petrônio R. Muniz. São Paulo: Atlas. Edição do Kindle.

CAPPELLETTI, Mauro; GARTH, Bryant. *Acesso à justiça.* Tradução e revisão Ellen Gracie Northfleet. Porto Alegre: Sergio Antonio Fabris, 1988.

CASSA, Ivy. *Contrato de previdência privada.* São Paulo: MP Ed., 2009.

CASSA, Ivy. *Natureza jurídica da reserva matemática nos planos de previdência privada aberta.* Dissertação (Mestrado) – Faculdade de Direito da Universidade de São Paulo, 2014.

CASTRO, Marina Grimaldi de. *Previdência complementar aberta:* estrutura, regulação, os planos de benefícios, o contrato de previdência complementar aberta e o regime jurídico conferido ao patrimônio formado com base nas contribuições realizadas pelos participantes. Rio de Janeiro: Lumen Juris, 2017.

CAZETTA, Luís Carlos. *Previdência privada:* o regime jurídico das entidades fechadas. Porto Alegre: Sergio Antonio Fabris, 2006.

CIFUENTES LILLO, Hugo. *El Sistema de Seguridad Social Chileno:* Descripción y aspectos generales (Spanish Edition). Ediciones UC. Edição do Kindle.

CINTRA, Antônio Carlos de Araújo; GRINOVER, Ada Pellegrini; DINAMARCO, Cândido Rangel. *Teoria geral do processo*. 19. ed. São Paulo: Malheiros, 2003.

COIMBRA, J. R. Feijó. *Direito previdenciário brasileiro*. 11. ed. Rio de Janeiro: Edições Trabalhistas, 2001.

CORREIA, Marcus Orione Gonçalves. Os direitos sociais enquanto direitos fundamentais. *Revista de Direito do Trabalho*, v. 117, p. 7, jan.-mar. 2005 (Revista dos Tribunais online).

COSTA, Eliane Romeiro. *Previdência complementar na seguridade social:* o risco velhice e a idade para a aposentadoria. São Paulo: LTr, 2003.

COSTA, Nilton César Antunes da. A convenção de arbitragem no contrato de adesão. *Revista de Arbitragem e Mediação*, São Paulo: Revista dos Tribunais, ano 3, jan.-mar. 2006.

COSTANZI, Rogério Nagamine et al. *Reforma da Previdência social*. Disponível em: http://repositorio.ipea.gov.br/bitstream/11058/8465/1/Reforma%20da%20previd%C3%AAncia%20social.pdf.

DIAS, Eduardo Rocha; MACÊDO, José Leandro Monteiro de. *Curso de direito previdenciário*. 3. ed. Rio de Janeiro: Forense; São Paulo: Método, 2012.

DOLINGER, Jacob; TIBURCIO, Carmen. *Direito internacional privado*. 13. ed. rev., atual. e ampl. Rio de Janeiro: Forense, 2017. (Versão digital.)

DURAND, Paul. *La política contemporánea de Seguridad Social*. Madrid: Centro de Publicaciones Ministerio de Trabajo y Seguridad Social, 1991.

DRUCKER, Peter Ferdinand. *A revolução invisível:* como o socialismo fundo de pensão invadiu os Estados Unidos. Trad. Carlos A. Malferrari. São Paulo: Pioneira, 1977.

FERREIRA, Olavo Augusto Vianna Alves; ROCHA, Matheus Lins; FERREIRA, Débora Cristina Fernandes Ananias Alves. Lei de arbitragem comentada artigo por artigo. – São Paulo: Juspodivm, 2019.

FICHTNER, José Antonio; MANNHEIMER, Sergio Nelson; MONTEIRO, André Luís. *Teoria geral da arbitragem*. Rio de Janeiro: Forense, 2019. (Versão digital.)

FICHTNER, José Antonio; MONTEIRO, André Luís. A cláusula compromissória nos contratos de adesão submetidos ao Código de Defesa do Consumidor. *In*: *Temas de Arbitragem:* Primeira Série. Rio de Janeiro: Renovar, 2010.

FINKELSTEIN, Claudio; ESCOBAR, Marcelo Ricardo. Arbitra na Administração Pública. Revista Comercialista – direito comercial e econômico – v. 7, n. 17, 2017.

FONSECA, Rodrigo Garcia da. O segredo de justiça e a arbitragem. In: WEBER, Ana Carolina et al.; MELO, Leonardo de Campos; BENEDUZZI, Renato Rezende (Coord.). *A reforma da arbitragem*. Rio de Janeiro: Forense, 2016. (Versão digital.)

GALLO, Ronaldo Guimarães. Mediação não é conciliação: a importância da técnica no desenvolvimento dos processos autocompositivos. *Revista de Arbitragem e Mediação*, São Paulo: Revista dos Tribunais, ano 14, n. 54, jul.-set. 2017.

GOMES, Orlando. *Contratos*. Coord. Edvaldo Brito. Autlizadores: Edvaldo Brito e Reginalda Paranhos de Brito. 27. ed. rev. e atual. Rio de Janeiro: Forense, 2019. Edição do Kindle.

GOMES, Orlando. *Contrato de adesão:* condições gerais dos contratos. São Paulo: Revista dos Tribunais, 1972.

GRAU, Eros Roberto. *A ordem econômica na Constituição de 1988* (interpretação e crítica). 17. ed. atual. São Paulo: Malheiros, 2015.

GRINOVER, Ada Pellegrini; GONÇALVES, Eduardo Damião. Conferência sobre arbitragem na tutela de interesses difusos e coletivos. *Revista de Processo*, São Paulo: Revista dos Tribunais, n. 136, ano 31, jun. 2006.

GRION, Renato Stephan. Procedimento II. In: LEVY, Daniel; PEREIRA, Guilherme Setogutti J. (Coord.). *Curso de arbitragem.* São Paulo: Thomson Reuters Brasil, 2018.

GUERRERO, Luis Fernando. *Convenção de arbitragem e processo arbitral.* 2. ed. São Paulo: Atlas, 2014. (Coleção Atlas de arbitragem / coordenação Carlos Alberto Carmona – Versão digital.)

HESSE, Konrad. A força normativa da Constituição. Trad. Gilmar Ferreira Mendes. *In: Temas fundamentais do direito constitucional*; textos selecionados e traduzidos por Carlos dos Santos Almeida, Gilmar Ferreira Mendes, Inocêncio Mártires Coelho. São Paulo: Saraiva, 2009.

HORVATH JR., Miguel. *Direito previdenciário.* 11. ed. São Paulo: Quartier Latin, 2017.

JÚDICE, José Miguel. Confidencialidade e publicidade. Reflexão a propósito da Reforma da Lei de Arbitragem (Lei n. 13.129, de 25 de maio de 2015). In: CAHALI, José Francisco; RODOVALHO, Thiago; FREIRE, Alexandre (Org.). *Arbitragem:* estudos sobre a Lei n. 13.129, de 26-5-2015. São Paulo: Saraiva, 2016. (Versão digital.)

LEAL, Márcio Flávio Mafra. *Ações coletivas.* São Paulo: Revista dos Tribunais, 2014.

LEVY, Daniel; PEREIRA, Guilherme Setogutti J. (Coord.). *Curso de arbitragem.* São Paulo: Thomson Reuters Brasil, 2018.

LIM, Benson; USON, Adriana. *Relloking at consente in arbitration.* Disponível em: http://arbitrationblog.kluwerarbitration.com/2019/02/12/relooking-at-consent-in-arbitration/?_ga=2.264157256.511421726.1557360075-953886193.1557360075. Acesso em: 8 maio 2019.

LOBO, Carlos Augusto da Silveira. História e perspectivas da arbitragem no Brasil. *Revista de Arbitragem e Mediação – Rarb,* v. 50, jul.-set. 2016. Disponível em: http://www.mpsp.mp.br/portal/page/portal/documentacao_e_divulgacao/doc_biblioteca/bibli_servicos_produtos/bibli_boletim/bibli_bol_2006/RArbMed_n.50.06.PDF.

LÔBO, Paulo. *Direito civil:* contratos. São Paulo: Saraiva, 2011.

MARIANI, Rômulo Greff. *Arbitragens coletivas no Brasil.* São Paulo: Atlas, 2015. (Coleção Atlas de Arbitragem / coordenação Carlos Alberto Carmona.)

MARTINEZ, Wladimir Novaes; FERRAZ, Ana Flávia; KOSUGI, Dirce Namie. *Curso de previdência complementar.* São Paulo: LTr, 2014.

MARTINS, Danilo Ribeiro Miranda. *Previdência privada:* limites e diretrizes para a intervenção do estado. Curitiba: Juruá, 2018.

MAZZILLI, Hugo Nigro. *A defesa dos interesses difusos em juízo:* meio ambiente, consumidor e outros interesses difusos e coletivos. 12. ed. rev., ampl. e atual. São Paulo: Saraiva, 2000.

MELO, Leonardo de Campos. In: WEBER, Ana Carolina et al.; MELO, Leonardo de Campos; BENEDUZZI, Renato Rezende (Coord.). *A reforma da arbitragem.* Rio de Janeiro: Forense, 2016. (Versão digital.)

MIRANDA, Custodio da Piedade Ubaldino. *Contrato de adesão.* São Paulo: Atlas, 2002.

MOREIRA, José Carlos Barbosa. *Litisconsórcio unitário.* Rio de Janeiro: Forense, 1972.

MOSES, Margaret L. The principles and practice of international commercial arbitration. Cambridge University Press, 2017.

MUNIZ, Joaquim de Paiva; BONIZZI, Marcelo José Magalhães; FERREIRA, Olavo A. V. Alves (Coord.). *Arbitragem e Administração Pública:* temas polêmicos. Ribeirão Preto, SP: Migalhas, 2018.

NANNI, Giovanni Ettore. Cláusula compromissória como negócio jurídico: análise de sua existência, validade e eficácia. In: LOTUFO, Renan; NANNI, Giovanni Ettore; MARTINS, Fernando Rodrigues (Coord.). *Temas relevantes do direito civil contemporâneo:* reflexões sobre os 10 anos do Código Civil.São Paulo: Atlas, 2012.

NERY, Ana Luiza. *Arbitragem coletiva.* Apresentação Patrícia Miranda Pizzol; Prefácio S. I. Strong; Posfácio Giovanni Ettore Nanni. São Paulo: Revista dos Tribunais, 2016.

NOGUEIRA, Rio. A crise moral e financeira da previdência social. São Paulo: DIFEL, 1985.

NUNES, Rizzatto. *Curso de direito do consumidor.* 13. ed. São Paulo: Saraiva Educação, 2019.

OLIVEIRA, Francisco Eduardo Barreto; BELTRÃO, Kaizô Iwakami; FERREIRA, Mônica Guerra. *Reforma da previdência.* Texto para discussão n. 508. Rio de Janeiro: IPEA, ago. 1997.

PACHIKOSKI, Silvia Rodrigues. A Cláusula escalonada. In: SALOMÃO, Luis Felipe; ROCHA, Caio Cesar Vieira (Coord.). *Arbitragem e mediação:* a reforma da legislação brasileira. 2. ed. rev. e atual. São Paulo: Atlas, 2017. (Versão digital.)

PARENTE, Eduardo de Albuquerque. *Processo arbitral e sistema.* Coordenação Carlos Alberto Carmona. São Paulo: Atlas, 2012.

PEREIRA, Cesar; QUINTÃO, Luísa. *Arbitragem coletiva no Brasil:* a atuação de entidades representativas (art. 5º, XXI, da Constituição Federal). Disponível em: https://www.migalhas.com.br/arquivos/2015/9/art20150911-03.pdf. Acesso em: 26 abr. 2019.

PERSIANI, Mattia. *Direito da Previdência Social.* Prefácio à edição brasileira: Wagner Balera. São Paulo: Quartier Latin, 2009.

PÓVOAS, Manuel Sebastião Soares. *Previdência privada.* Filosofia, fundamentos técnicos, conceituação jurídica. São Paulo: Quartier Latin, 2007.

PULINO, Daniel. *Previdência complementar:* natureza jurídico-constitucional e seu desenvolvimento pelas entidades fechadas. São Paulo: Conceito Editorial, 2011.

REALE, Miguel. *Visão geral do Projeto de Código Civil.* Disponível em: http://www.miguelreale.com.br/artigos/vgpcc.htm. Acesso em: 19 jun. 2019.

RECENA COSTA, Guilherme. *Partes e terceiros na arbitragem.* Orientador Paulo Henrique dos Santos Lucon. São Paulo, 2015. Tese (Doutorado – Programa de Pós-Graduação em Direito Processual) – Faculdade de Direito, Universidade de São Paulo, 2015.

REDECKER, Ana Cláudia. *Comentários à Constituição Federal de 1988.* Coordenadores científicos: Paulo Bonavides, Jorge Miranda, Walber de Moura Agra; coordenadores editoriais: Francisco Bilac Pinto Filho, Otávio Luiz Rodrigues Júnior. Rio de Janeiro: Forense, 2009.

RODOVALHO, Thiago. *Cláusula arbitral nos contratos de adesão* – Contratos de adesão de consumo, contratos de adesão civis, contratos de adesão empresariais. Coimbra: Almedina. Edição do Kindle.

ROQUE, Andre Vasconcelos. *Arbitragem de direitos coletivos no Brasil:* admissibilidade, finalidade e estrutura. Orientador: Prof.

Dr. Aluisio Gonçalves de Castro Mendes. Tese (Doutorado). Universidade do Estado do Rio de Janeiro, Faculdade de Direito, 2014.

SALDAÑA, Javier. *La dignidade de la persona*. Fundamento del derecho a no ser discriminado injustamente. Disponível em: https://www.conapred.org.mx/userfiles/files/BD-DND-8.pdf. Acesso em: 6 maio 2019.

SALOMÃO, Luis Felipe; ROCHA, Caio Cesar Vieira (Coord.). *Arbitragem e mediação:* a reforma da legislação brasileira. 2. ed. rev. e atual. São Paulo: Atlas, 2017. (Versão digital.)

SARLET, Ingo Wolfgang. Neoconstitucionalismo e influência dos direitos fundamentais no direito privado: algumas notas sobre a evolução brasileira. In: SARLET, Ingo Wolfgang (Org.). *Constituição, direitos fundamentais e direito privado*. 3. ed. rev. e ampl. Porto Alegre: Livraria do Advogado, 2010.

SARLET, Ingo Wolfgang. Notas sobre o regime jurídico-constitucional dos direitos sociais na condição de direitos fundamentais, com ênfase na "aplicabilidade imediata" das normas de direitos fundamentais. In: COPETTI NETO, Alfredo; LEITE, George Salomão; LEITE, Glauco Salomão (Coord.). *Dilemas na Constituição*. Belo Horizonte: Fórum, 2017.

SARLET, Ingo Wolfgang; MARINONI, Luiz Guilherme; MITIDIERO, Daniel. *Curso de direito constitucional*. 7. ed. São Paulo: Saraiva Educação, 2018. (Versão digital.)

TARTUCE, Flávio. *Direito civil:* teoria geral dos contratos e contratos em espécie. 14. ed. Rio de Janeiro, 2019. v. 3.

VERBICARO, Dennis. A arbitragem coletiva de consumo na Espanha através da atuação qualificada das associações representativa de defesa do consumidor e sua possível e salutar influência no direito consumerista brasileiro. *Revista de Arbitragem e Mediação*, São Paulo: Revista dos Tribunais, ano 14, n. 53, abr.-jun.2017.

WEINTRAUB, Arthur Bragança de Vasconcellos. *Previdência privada* – Doutrina e jurisprudência. São Paulo: Quartier Latin, 2005.

WOLKMER, Antonio Carlos. Antecedentes históricos dos direitos sociais no Brasil. In: TOLEDO, Cláudia (Org.). *Direitos sociais em debate*. Rio de Janeiro: Elsevier, 2013.

ZANIN JUNIOR, Hernani. *Autonomia privada e liberdade de contratar*. Disponível em: https://www.conjur.com.br/2009-jan-28/nao-real-distincao-entre-autonomia-vontade-liberdade-contratar. Acesso em: 6 maio 2019.

ZAVASCKI, Teori Albino. *Processo coletivo:* tutela de direitos coletivos e tutela coletiva de direitos. Orientador Carlos Alberto Alvaro de Oliveira. Tese (Doutorado - Programa de Pós-Graduação em Direito) - Faculdade de Direito, Universidade Federal do Rio Grande do Sul, Porto Alegre, 2005.

EDITORA
*Jus*PODIVM
www.editorajuspodivm.com.br